QINGZANG GAOYUAN
SHENGTAI HUANJING BAOHU
FAZHIHUA WENTI YANJIU

青藏高原生态环境保护法治化问题研究

孙崇凯　孙璐　吴秀兰◎著

中国政法大学出版社

2022·北京

图书在版编目（ＣＩＰ）数据

青藏高原生态环境保护法治化问题研究/孙崇凯，孙璐，吴秀兰著. —北京：
中国政法大学出版社，2022.12
ISBN 978-7-5764-0756-3

Ⅰ.①青… Ⅱ.①孙… ②孙… ③吴… Ⅲ.①青藏高原－生态环境保护－
环境保护法－研究 Ⅳ.①D927.750.268.4

中国版本图书馆CIP数据核字（2022）第252414号

出 版 者　中国政法大学出版社

地　　址　北京市海淀区西土城路25号

邮寄地址　北京100088信箱8034分箱　邮编100088

网　　址　http://www.cuplpress.com（网络实名：中国政法大学出版社)

电　　话　010-58908289(编辑部) 58908334(邮购部)

承　　印　北京九州迅驰传媒文化有限公司

开　　本　880mm×1230mm　1/32

印　　张　9.75

字　　数　220千字

版　　次　2022年12月第1版

印　　次　2022年12月第1次印刷

定　　价　49.00元

C ONTENTS 目 录

绪 论

一、研究的背景

《寂静的春天》[1]开启了现代环保运动的先河，为人类孕生环境意识的启蒙点燃了一盏明灯。

随着现代工业文明的不断发展，生态环境问题已经客观地呈现在各国政府面前，为应对生态环境带来的种种问题，各国政府纷纷采取应对措施，各种环境保护组织也相继成立，环保运动在全球如火如荼地开展起来。生态环境问题和环保运动促使联合国于1972年6月在斯德哥尔摩召开人类环境会议，并由各国签署《人类环境会议宣言》，[2]标志着世界性生态环境保护

---

〔1〕 此书及作者不仅受到与之利害攸关的生产与经济部门的强烈抨击，而且也引起广大民众的强烈反响。他们声称蕾切尔·卡逊为"歇斯底里的女人"，来自化学工业界的反响更为强烈。尽管在实业界和学术界存在不同的声音，但丝毫未能改变《寂静的春天》播下了新行动主义的种子这一事实。虽然，蕾切尔·卡逊在其著作中未能指明人类今后的发展道路，但她惊醒的不但是美国，甚至是整个世界。可以说，蕾切尔·卡逊在唤起人类生态环境保护意识方面是"盗火种"的人，是人类的"普罗米修斯"。

〔2〕 《人类环境宣言》是联合国人类环境会议的主要成果。该宣言阐明了与会各国和国际组织所取得的7项共识和26项原则，用以指导世界各国人民保护和改善人类环境事业。时任我国燃料化学工业部副部长唐克率团参加了联合国人类环境会议。他代表中国政府指出，维护和改善人类环境是关系到世界各国人民生活和经济发展的一个重要问题，中国政府和人民积极支持和赞助这个会议。唐克团长指出："我们代表团来到这里，愿意同大家一道为维护和改善人类环境共同努力，争取会议

事业开始发展。

　　随着全球气候变暖[1]和人类活动的日益频繁，全球生态环境恶化现象愈来愈严重，特别是青藏高原地区[2]（以下简称青藏高原，在章、节题目中使用"青藏高原地区"）生态环境恶化现象更为突出，这一问题已经引起我国政府乃至世界各国的高度关注。为有效应对青藏高原生态环境日益恶化问题，党中央国务院将该地区的生态环境保护工作提到了国家战略高度，全面推进"五位一体"重大战略决策，从政策、法律法规、人力、物力和财力等诸多方面提供支持和保障。我国政府和人民经

（接上页）取得积极成果"。在维护和改善人类环境问题上，唐克团长指出，我们的主张是支持发展中国家独立自主地发展民族经济，按照自己的需要开发本国的自然资源，逐步提高人民福利，我们愿意学习世界各国在维护和改善人类环境方面的一切好经验。特别是我国实行改革开放政策以后，尽管我国的经济和社会各项事业取得了举世瞩目的成就，实践证明，我国政府有关维护和改善人类环境主张和态度是一贯的和积极的。

　　[1]　2017年，我国启动第二次青藏高原综合科学考察研究。2018年9月5日，科考首期成果被发布。科考成果认为，过去50年来，青藏高原大于1平方公里的湖泊数量从1081个增加到1236个，湖泊面积从4万平方千米增加到4.74万平方千米。青藏高原及其相邻地区冰川面积退缩了15%，高原多年冻土面积减少了16%。该地区增温速度是全球平均值的两倍。详见 http://m. news. cctv. com/2018/09/06/ARTIDqc7w4w7KJHsN0N1FSp8180906. shtml。

　　[2]　青藏高原，亦被称为"第三极"或"世界屋脊"，它是我国面积最大、世界海拔最高的自然地域单元。东西长约2700千米，南北宽达1400千米，总面积250万平方千米，包括我国西藏自治区、新疆维吾尔自治区以及青海、甘肃、四川和云南等省区的一部分。青藏高原平均海拔4000米，是近几百万年以来地壳强烈隆起的结果，它经历了由海洋变为陆地，而陆地则随着地壳的上升由过去的低海拔热带和亚热带环境向现在的高寒环境发展的演变过程。青藏高原是长江、黄河、印度河、恒河、雅鲁藏布江、怒江和澜沧江等的发源地，也是亚洲古老文明发源地的最上游。这里物产丰富，自然资源富饶，是我国未来发展的后续力量，也是我国的西南门户和天然屏障。详见洛桑·灵智多杰：《青藏高原环境与发展概论》，中国藏学出版社1996年版，第1页。

过不懈努力已经探索出了青藏高原生态环境保护与治理的新路径，取得了显著成效。

二、研究目的和意义

本课题立足于青藏高原生态环境保护与建设的实际，对该地区的生态环境保护地方性法规[1]和国家生态环境保护的政策、法律法规进行深入研究，总结我们在青藏高原地区生态环境保护方面的立法、司法和执法等方面的经验，借鉴相关研究学者的学术成果，利用先进的立法技术和手段，起草一部《青藏高原生态环境保护条例（学者稿）》。这对青藏高原的生态环境保护与建设具有理论和现实意义，具体表现为：

一是为我国建立青藏高原的生态环境保护相关法律制度提供立法建议。

二是填补我国在青藏高原层面上生态环境保护方面的立法空白。青藏高原生态环境问题已经向我们敲响了警钟，也引起政府和法学界同仁的密切关注。该地区的各级立法机关和政府，特别是省（区）、州、县（市）各级立法机关和政府纷纷结合本地实际制定了生态环境保护法规，这些法规对本地的生态环境保护具有重要意义，也发挥了应有的作用。但是，国家在青藏高原层面上则缺失针对当地生态环境保护的法律制度回应。笔者正是从这一方面考虑和切入，起草一部《青藏高原生态环境保护条例（学者稿）》，为青藏高原生态环境保护提供法律制度支持。

---

〔1〕　这些法规包括青藏高原地区所在的省（区）、州、市的生态环境保护法规和各县（区）级关于生态环境保护的实施办法等。

同时，研究者也考虑到，青藏高原地域辽阔，蕴含丰富的自然资源，对我国未来的可持续发展、经济安全和生态安全[1]等具有重要意义。该地区少数民族众多，宗教因素复杂，又地处边疆，对我国边疆稳定乃至全国稳定同样具有重要意义。青藏高原生态环境保护工作涉及经济社会发展、民生、民族关系和宗教关系等诸多方面。因此，做好青藏高原生态环境保护工作对进一步巩固"平等、团结、互助、和谐"的社会主义民族关系，维护祖国统一，推动各民族共同走向社会主义现代化，实现各民族共同团结奋斗，"善于通过改革和法治推动贯彻落实新发展理念"，[2]共同繁荣发展和"建设中国特色社会主义法律体系"[3]也具有深远的历史意义。

三、研究的主要内容

本课题研究的内容包括四章，主要有：

第一章，青藏高原生态环境保护立法成就和立法思考。包括立法成就和立法思考等。

第二章，青藏高原生态环境保护法律原则。包括环境责任原则、环境正义原则、风险预防原则和污染者付费原则。[4]

第三章，青藏高原生态环境保护法律制度的构建。包括生

---

[1] 详见鞠昌华等：《生态安全：基于多尺度的考察》，载《生态与农村环境学报》2020年第5期。

[2] 习近平：《习近平谈治国理政》（第2卷），外文出版社2017年版，第221页。

[3] 习近平：《坚持走中国特色社会主义道路　更好推进中国特色社会主义法治体系建设》，载《求是》2022年第4期。

[4] 另外，作者在设计本课题架构时考虑到，生态环境保护法律原则具有共性，因此，作者在本章中仅就青藏高原生态环境保护条例学者稿中应当具备的法律原则进行讨论，这些原则并没有地域性特色。

态补偿制度、环境

影响评价制度、环境责任保险制度和环境损害责任制度。

第四章，青藏高原生态环境保护立法建议。包括《青藏高原地区生态环境保护条例（学者稿）》起草说明和该条例的所有内容。

四、研究方法

实践是法律存在和法学研究的安身立命之处，"实践性构成法学的学问性格。"[1]因此，笔者始终秉持"实践—问题—实践"的研习路径，尽其所能地使本课题研究成果立基于青藏高原生态环境保护的实践土壤之中。

鉴于青藏高原是多民族和多宗教地区，笔者在研究过程中始终坚持社会主义方向，用马克思主义和中国特色社会主义民族理论统领一切研究工作，深刻领会习近平总书记的"各民族一家亲思想"[2]"民族工作思想"[3]和"民族团结是我国各族人民的生命线思想"[4]"学习和实践马克思主义关于人与自然

---

〔1〕 舒国滢等：《法学方法论问题研究》，中国政法大学出版社2007年版，第3页。

〔2〕 2013年10月，在中央民族大学附属中学纪念100周年校庆之际，习近平总书记在给全校学生的回信中指出，我国是统一的多民族国家，我国各族人民同呼吸、共命运、心连心的奋斗历程是中华民族强大凝聚力和非凡创造力的重要源泉。2014年9月，习近平总书记在中央民族工作会议上的讲话中指出，中华民族和各民族的关系，形象地说，是一个大家庭和家庭成员的关系，各民族的关系是一个大家庭里不同成员的关系。

〔3〕 详见吴月刚等：《试论习近平新时代民族工作思想体系》，载《民族研究》2017年第6期。

〔4〕 贺新元：《全面理解"中国特色解决民族问题的正确道路"——学习中央民族工作会议和〈关于加强和改进新形势下民族工作的意见〉》，载《西藏研究》2015年第2期。

关系思想"，坚持"人与自然和谐共生"[1]理念，铸牢中华民族共同体意识，[2]"坚定不移走中国人权发展道路"，[3]全面贯彻新时代党的宗教工作理论，坚持我国宗教中国化方向，积极引导宗教与社会主义社会相适应。

同时，笔者也考虑三个方面的问题：一是如何将我国关于生态环境保护立法思想和政策发展变化与青藏高原地方立法目的和思路的变化相协调；二是如何将法律理论（立法理论）和青藏高原的实际相结合；三是如何将涉及的法律制度与执法和司法实践相统一。[4]为有效解决上述"三个如何问题"，笔者主要采用以下方法对本课题展开研究：

一是田野调查法。为获取第一手资料并确保所获资料的可靠性，研究者以"问题"意识为导向，深入青藏高原城市、农村和牧区等，运用科学方法进行田野调查，对调研数据进行定性和定量分析。笔者通过分析数据总结归纳出青藏高原地区各地立法经验，在总结经验的基础上，为青藏高原生态环境保护作出制度性回应奠定基础。

二是比较分析法。"比较"包含四个方面的内容：西方发达国家生态环境保护立法、执法和司法经验教训与我国青藏高原地区的比较；青藏高原内的省（区）、州、县（市）生态环境

---

[1] 2018年5月4日，习近平在纪念马克思诞辰200周年大会上的部分讲话内容。

[2] 参见麻国庆：《民族研究的新时代与铸牢中华民族共同体意识》，载《中央民族大学学报（哲学社会科学版）》2017年第6期。

[3] 详见习近平：《坚定不移走中国人权发展道路 更好推动我国人权事业发展》，载《求是》2022年第12期。

[4] ［美］罗斯科·庞德：《法律史解释》，邓正来译，中国法制出版社2002年版，第2页。

保护立法、执法、司法与全国和国内其他地区的比较；青藏高原地区内的省（区）、州、县（市）之间生态环境保护地方立法的比较；省（区）、州、县（市）地方生态环境立法自身的比较。需要强调的是，在西方发达国家与我国以及青藏高原生态环境法律进行比较时，笔者将始终秉持马克思主义批判的态度来关注西方发达国家关于生态环境保护方面的立法、执法和司法经验在我国的"移植借鉴"问题。

三是学科交叉方法。由于青藏高原地区生态环境保护法律问题涉及生态学、地理学、水文学、经济学、民族学、马克思主义民族理论和环境管理学等诸多学科。笔者认为，仅用法学研究方法解决青藏高原生态环境保护与治理法律问题确显单薄，可能会出现面对现实问题"法学研究方法"无法切入的尴尬局面。学科交叉方法恰能弥补现有法学研究方法之不足。可以说，这种研究方法的本质就是系统论的方法论。[1]

四是文献法。在收集相关资料时首先对资料进行"海选"，在"海选"的基础上进行"筛选"，对经"筛选"的资料，笔者进行研读并进行综合分析，形成和提出自己的学术价值评判，并对相应的学术理论和观点进行"扬弃"。

---

〔1〕　钱学森先生指出，我们所提倡的系统论，既不是整体论，也非还原论，而是整体论和还原论的辩证统一。转引自于景元：《系统科学和系统工程的发展与应用》，载《科学决策》2017年第12期。

第一章
青藏高原地区生态环境保护立法成就和立法思考

本章讨论的内容主要包含两个方面，一是青藏高原生态环境保护立法成就，这一问题的切入点是生态环境保护的国际背景以及青藏高原生态环境的主要现状。为对青藏高原生态环境状况的实际做出政策性回应，我国立法机构特别是青藏高原各级立法机构结合本地实际，制定并颁布了诸多关于生态环境保护的地方性法规，为本地区的生态环境保护做出了重要和可能的贡献，也积累了较为丰富的经验。二是青藏高原生态环境保护立法建议，此部分主要包括努力做到树立新立法理念与新时代发展相契合，立法要体现地方、民族特色，并借鉴相关立法经验并为制定青藏高原地区生态环境保护条例做好铺垫。

第一节 青藏高原地区生态环境保护立法成就

一、青藏高原地区生态环境保护立法背景

（一）国际背景

20 世纪中叶，工业污染在欧美和日本等国发生了一系列公

害事件，[1]引起了人们对环境问题的高度关切。蕾切尔·卡逊在1962年出版的《寂静的春天》开启了人类环境保护的先河，无论是政府还是民间都对生态环境问题做出了积极应对，这些应对措施包括政府的立法、国际社会的通力合作和各种各样的生态环境保护活动（运动）等。

1972年，罗马俱乐部发表了《增长的极限》之环境报告，报告采用了数学模型的手段和方法分析了人类社会的发展与生态环境的联动关系并进行了合乎理性的科学预言。报告认为，在21世纪，人口的膨胀和各国经济总量的增加将产生的直接后果就是地球有限的资源被消耗殆尽，生态环境遭到严重破坏，为阻止人类不得不接受自造恶果的事实，必须从现在开始不断限制人口增长和提高工业发展的自觉性。

为有效应对全球化的生态环境危机，1972年6月5日，联合国在斯德哥尔摩召开了由113个国家（地区）和机构参加的第一次世界性的人类环境会议，[2]并通过了《联合国人类环境会议宣言》。《宣言》的主要内容包括7点共同看法和26项基本原则，旨在呼吁各国政府和人民共同努力维护和改善人类赖以生存的生态环境，为全人类造福祉，为后代谋福利。《宣言》首次将"只有一个地球"作为全人类保护生态环境的口号，将每年的6月5日定为"世界环境日"。这一宣言为团结各国政府和民众共同维护和改善全球的生态环境发挥了重要作用。

---

〔1〕　如马斯河谷烟雾事件、洛杉矶光化学烟雾事件、多诺拉烟雾事件、伦敦烟雾事件和日本水俣病事件等。

〔2〕　1972年6月10日，中华人民共和国代表团团长、燃料化学工业部副部长唐克在会议上代表中国政府发言，他指出，中国政府和人民积极支持与赞助这个会议，为保护人类环境，我国政府始终坚持关于全面禁止和彻底销毁核武器的一贯主张。

1980 年，联合国针对世界性的自然资源保护问题，委托国际自然和自然资源保护联合会起草了《世界自然资源保护大纲》，大纲要求国际社会和各国政府应当采取行动，来实现大纲所确定的生态环境保护目标。大纲还认为，鉴于人口过度增长和各国经济的不断发展，短期利益会刺激人们对生物资源需求量的急剧增加，人类对生物资源造成的破坏力度也会不断加大。因此，人类社会应展开形式多样的合作并齐心协力保护好地球生物资源。[1]

1982 年 5 月 10 日至 18 日，为更好地维护和保护全球的生态环境，国际社会成员国在肯尼亚首都内罗毕召开会议，会议通过了《内罗毕宣言》，宣言提出，人类若能使环境无害且保持人类经济社会的可持续发展，行之有效和切实可行的办法就是采取一致行动共同应对全球生态环境恶化问题，把工作的重心力量着力在预防污染和破坏生态环境方面。同时，宣言号召各国民众要重点关注全球目前的环境状况，为改善人类自身的生存环境而倍加努力。

世界环境与发展委员会（WCED）于 1987 年 2 月通过了《我们共同的未来》的报告，首次提出了可持续发展[2]概念，并对概念的内涵进行相应的解释。报告认为，可持续发展应当包含两方面内容，即当代人的发展需要不能对后代生存发展的需要造成必要的威胁或危害。报告还对可持续发展所包含的三

---

〔1〕 1987 年 5 月 22 日，国务院环境保护委员会正式发布了《中国自然保护纲要》，这是我国第一部保护自然资源和自然环境的宏观指导性文件。

〔2〕 有学者认为，可持续发展应具备三要素：发展的"动力"、发展的"质量"和发展的"公平"。详见牛文元：《可持续发展理论内涵的三元素》，载《中国科学院院刊》2014 年第 4 期。

个原则进行了解释。[1]这三大原则为人类社会理解可持续发展提供了一把钥匙。

尽管国际社会和国际组织采取了诸多手段和方法号召全人类采取一致行动维护和改善人类赖以生存的地球环境，但全球环境恶化的趋势仍然在继续进行。为遏制这一恶化趋势，1989年，联合国大会通过了第 44/228 号决议，决定召开由各国政府首脑参加全球环境与发展会议。为使全球环境与发展会议达到预期效果，1990 年，联合国起草了《21 世纪议程》。该议程对全球资源的管理、社会组织的作用以及应对环境问题的方法和手段为世界各国提出了建设性意见。

1992 年 6 月 3 日至 14 日，联合国环境与发展大会（地球高峰会议）在巴西里约热内卢召开，180 多个国家和地区的政府首脑出席会议并通过了《里约环境与发展宣言》，100 多个国家首脑共同签署了《21 世纪议程》。[2]"里约宣言"再次强调和重申各国政府和民众在全球环境保护方面展开真诚的合作，宣言所体现的精神应贯穿于各国政府和民众的实际行动之中。《21 世纪议程》实际上是与会各国首脑为全世界在如何处理环境与经济发展问题领域采取一致行动而勾画的一个蓝图。从这个意义上

---

〔1〕　该定义包含三个原则：一是公平性原则，包括代内公平、代际公平和公平分配有限资源；二是持续性原则，人类的经济和社会发展不能超越资源和环境的承载能力；三是共同性原则，全球的整体性和互相依赖性，一个国家或地区不可能离开世界而实现自身的可持续发展，可持续发展应该是全球发展的总目标。

〔2〕　时任国务院总理李鹏同志在会议上代表中国政府讲话，他指出，环境与发展是当今国际社会普遍关注的重大问题。保护环境和发展经济，关系到人类的前途和命运，影响着世界每一个国家、每一个民族以至每一个人。解决世界环境与发展问题，必须开展广泛和有效的国际合作，这也是中国政府解决环境与发展问题的一贯主张。

说，《21世纪议程》是人类应对环境问题的工作议程。

1997年12月，由于人类自身活动对全球气候影响力越来越大，工业废气、汽车尾气等更加剧了全球气候变暖趋势，给人类的生存和发展带来了严重威胁。为应对和有效解决类似环境问题，全球近150个国家和地区的代表齐聚东京召开了《联合国气候变化框架公约》缔约方第三次会议，并签署了《〈联合国气候变化框架公约〉京都议定书》。从性质上讲，该议定书是《联合国气候变化框架公约》的补充条款。

2000年12月，第55届联合国大会对世界各国践行《21世纪议程》的执行情况等进行审议和评估，并作出了联合国大会第55/199号决议，决议定于2002年8月26日至9月4日在约翰内斯堡召开第一届可持续发展世界首脑会议，该会议又被称为"RIO+10"高峰会议。会议主要讨论的问题是提高人们的生活水平，保护自然资源，解决食物、水资源和能源以及经济安全等方面的问题。[1]

2012年6月20日，联合国又在里约热内卢召开可持续发展大会，这次会议又被称为"RIO+20"峰会，参加会议的有130多个国家的元首和政府首脑。大会主要讨论的议题有两个：永续发展及消弭贫穷之语义下的绿色经济；永续发展的体制架构。大会确定的目标主要有：一是各国对可持续发展应当重新向国际社会作出政治承诺；二是各国对自身可持续发展的进展状况

---

〔1〕 时任国务院总理朱镕基同志在会上阐明了我国政府促进可持续发展的五点主张：深化对可持续发展的认识；实现可持续发展要靠各国共同努力；加强可持续发展中的科技合作；营造有利于可持续发展的国际经济环境；推进可持续发展离不开世界的和平稳定。同时，朱镕基同志也宣布中国已核准《〈联合国气候变化框架公约〉京都议定书》。

以及存在差距进行检视；三是各国政府应当主动迎接在环境保护中新出现的问题带给自身的挑战。

2015 年 11 月 30 日至 12 月 11 日，世界气候大会在巴黎召开，会议达成了一项新的全球气候协议，为 2020 年后全球应对气候变化行动作出了原则安排。[1]

除国际社会和官方机构外，民间、社会组织也充分发挥自身的优势积极参与到全球的生态环境保护中来。1951 年，美国成立了旨在保护代表地球生物多样性的动物、植物和自然群落的大自然协会。1971 年，国际绿色和平组织成立，该组织以保护地球、环境及其各种生物的安全和持续性发展为其使命。19 世纪 70 年代末至 80 年代初，欧洲大陆也出现了一大批环保主义政党，也称绿党。目前，大部分欧洲国家都有绿党组织的存在。日本也有 4000 多个由志愿者组成的非营利性质的民间环境保护机构。[2]国际自然及自然资源保护联盟（前身为国际自然保护协会，1956 年更名）也宣告成立。[3]

我们可以看到，在联合国框架下，联合国和世界各国政府为应对全球性的环境问题和生态危机做了大量卓有成效的工作，民间、社会组织也积极参与到改善和保护环境工作，体现了全

---

〔1〕 习近平主席在会上发表了题为《携手构建合作共赢、公平合理的气候变化治理机制》的讲话，他指出，"万物各得其和以生，各得其养以成。"我国将把生态文明建设作为"十三五"规划重要内容，落实创新、协调、绿色、开放、共享的发展理念，通过科技创新和体制机制创新，实施优化产业结构、构建低碳能源体系、发展绿色建筑和低碳交通、建立全国碳排放交易市场等一系列政策措施，形成人与自然和谐发展现代化建设的新格局。

〔2〕 蔺运珍：《经济全球化对世界环境保护的影响》，载《理论学习》2004 年第 11 期。

〔3〕 该组织是半民间机构，既有政府成员又有非政府组织，我国政府于 1996 年 10 月 20 日加入该组织。

人类共同应对生态环境问题的信心和决心。通过国际组织包括联合国的历次会议，我们可以清晰地把握到"行动""方法"和"团结"等字眼，这些字眼无不包含着国际组织应对生态环境问题的理念和思路。全球的人类环境问题理应是全人类的事情，需要各国政府和民众团结一致，统一行动，这也是全球生态环境问题向人类所提出的要求。

（二）国内背景

如上所述，生态环境问题影响和威胁着人类社会的生存和发展，国际组织和各国政府通过会议和框架的形式展开深层次领域的合作，以形成合力解决人类社会日益复杂的环境问题。世界组织召开的关于生态环境方面的国际性会议，我国国家主席或国务院总理均参加会议并发表重要讲话，向国际社会表达和传递了中国政府关于生态环境保护与建设的主张，并将大会形成的宣言或议程付诸于本国政府的实际行动。在我国，宣言或议程的原则和精神有的通过党和国家的政策表现出来，成为用以指导国家和地方政府在生态环境保护方面的纲领性文件；有的已经通过我国政府的核准转化为国内法，使其在国内具有相应的法律效力；有的在我国执法和司法领域得到贯彻和适用。这些都充分表明中国政府是负责任的政府、有担当的政府，中国对世界环境问题之应对责无旁贷。

1. 党和国家的政策

在一定意义上说，保护生态环境的目的就是促进人类社会的可持续发展。

早在1987年世界环境与发展委员会就提出了可持续发展概念，时任国家主席江泽民同志对可持续发展概念也有类似的表述，他形象地指出，我们当代人不能吃掉祖宗的饭，断了子孙的路子。他在可持续发展方面作过很多重要论述，他认为"可持续发展，是人类社会发展的必然要求，现在已经成为世界许多国家关注的一个重大问题。中国是世界上人口最多的发展中国家，这个问题更具有紧迫性。"〔1〕"在（社会主义）现代化建设中，必须把实现可持续发展作为一个重大战略。要着眼于未来，确保我国实现可持续发展的目标"。〔2〕

总之，江泽民同志对可持续发展观的论述包含着生态文明思想，为党的十七大提出建设生态文明奠定了基础。

时任国家主席胡锦涛同志关于建设生态文明思想主要集中在党的十七大、十八大报告之中。我们知道，党的"十七大"报告首次提出了"生态文明"术语，表明了我党执政理念的更新和与时俱进。其实，早在 2005 年，胡锦涛总书记就指出，要不断完善有关生态建设的法律制度和政策体系，制定生态保护规划，在全社会大力进行生态文明教育，提高公民的生态保护意识。同年，《国务院关于落实科学发展观加强环境保护的决定》也明确要求："依靠科技进步，发展循环经济，倡导生态文明，强化环境法治，完善监管体制，建立长效机制。"

党的十七大报告和十八大报告都将生态文明建设提高到国家战略高度，通过生态文明建设不断提高我党的执政能力，促进我国经济的可持续发展，为人民谋福祉，为民族谋未来。

党的十九大报告指出，要加快生态文明体制改革，建设美丽中国，推进绿色发展，着力解决突出环境问题，加大生态系

---

〔1〕　中共中央文献研究室：《江泽民论有中国特色社会主义》（专题摘编），中央文献出版社 2002 年版，第 279 页。

〔2〕　中共中央文献研究室：《江泽民论有中国特色社会主义（专题摘编）》，中央文献出版社 2002 年版，第 283 页。

统保护力度，改革生态环境监管体制。并号召全党要牢固树立社会主义生态文明观，推动形成人与自然和谐发展的现代化建设新格局，为保护生态环境作出我们这代人的努力。我们可以看到，正是在这一全新的社会主要矛盾框架下，十九大报告不仅提出了解决生态文明问题的总体指导思想，还提出了切实可行的具体措施，为我国的生态环境保护工作指明了方向，提出了指引。[1]

我国的"十二五""十三五""十四五"规划及国务院总理的历年政府工作报告等，均将生态建设和保护作为重点工作来进行规划和汇报。

特别一提的是，2011 年 6 月，针对青藏高原地区生态环境保护问题，国务院印发了《关于印发青藏高原区域生态建设与环境保护规划（2011—2030 年）的通知》，要求地方六省区[2]将《规划》所确定的目标、任务、重点工程等纳入本地区经济社会发展规划和生态环境保护规划之中，并根据实际情况制定生态建设与环境保护年度实施方案，多方筹措资金，采取有力措施保障生态环境项目顺利进行。

2. 青藏高原生态环境存在的问题梳理

青藏高原是我国生态系统最为脆弱的地区，其中"三江源"最为典型。通过调研和研读相关资料，研究者认为，青藏高原目前生态环境的状况主要表现为：

（1）水土流失严重。青藏高原独特的地形、地貌和气候条

---

〔1〕 早在 2005 年 8 月，时任中共浙江省委书记的习近平同志在浙江省安吉县天荒坪镇余村考察调研时就指出，"绿水青山就是金山银山"。理论界将这一重要思想称为"两山理论"。详见卢国琪：《"两山"理论的本质：什么是绿色发展，怎样实现绿色发展》，载《观察与思考》2017 年第 10 期。

〔2〕 西藏、青海、四川、云南、甘肃、新疆 6 省（区）27 个地区（市、州）179 个县（市、区、行委）。

件等造成了水土流失严重。调研资料显示，由于三江源一期和二期工程的实施，该区水土流失面积有所减少，中度以上的水土流失面积约为 8.32 万平方千米，占源区总面积的 22.9%，极强度侵蚀面积约为 2.56 万平方千米，约占源区总面积的 7.1%。西藏自治区的水土流失面积主要集中分布在东部地区、雅鲁藏布江中游及其主要支流拉萨河、年楚河流域。全国 2012 年的第一次水利普查数据显示，西藏水土流失面积约为 43 万平方千米，经过多方治理，"十二五"期间，西藏治理水土流失面积约为 1500 平方千米，现仍有约为 41.5 平方千米的水土流失面积需要治理，约占全区总面积的 34%。青海省的水土流失面积约 36 万平方千米，占全省总面积的近一半。2013 年至 2018 年，青海累计投资约 260 多亿元，治理水土流失面积约 4900 平方千米，但目前仍有近 30 平方千米水土流失面积需要治理，水土流失治理任务异常繁重。

（2）草地退化、沙化和土地荒漠化现象严重。20 世纪 90 年代以来，由于自然和人为因素的共同影响和作用，三江源区的沙化土地面积约为 5.6 万平方千米，约占三江源区总面积的 15%，草产量明显下降近四成。2003 年数据显示，三江源区黑土滩面积约为 4000 多万亩，到 2010 年，经过生态保护和建设工程的实施，黑土滩面积下降了约 1500 万亩，现仍存在 2000 多万亩的黑土滩。[1]西藏沙漠化和荒漠化土地面积约为 20 多万平方千米，潜在沙漠化土地 1.4 万平方千米，这两项之和的面积约占全区总土地面积的 18%左右。西藏草地退化面积约为 11 万平

---

[1] 为有效治理三江源区黑土滩，2017 年国家三江源黑土滩治理标准化示范区项目开始实施，该示范区以果洛州玛沁县大武乡为核心区域，示范区面积约为 1800 亩，示范带动牧户约 100 户，有望为三江源黑土滩治理积累宝贵经验。

方千米，约占全区草地面积的 14%。土地荒漠化面积近 40 万平方千米，约占全区总面积的 74% 左右。河湟地区草地退化面积已达 17.69 万平方千米，约占该区草地面积的 55.32%。[1]

（3）森林资源减少、灌丛退化、水源涵养功能下降。西藏的森林资源主要分布在东部和东南部，2000 年，西藏的林地面积约为 7 万平方千米，活木蓄积量约为 21 亿立方米，居全国之首。后来，由于自然和人为因素影响，西藏天然林面积以每年近 1 万平方千米的速度在减少，且呈递减态势。尽管西藏加强人工造林建设，但人工造林面积将近一半被自然林面积减少所抵消。经过西藏生态安全屏障工程建设，西藏近年来的森林覆盖率和蓄积量明显增加。[2]三江源区灌丛的退化现象也十分严重，由于源区产水量减少，黄河上游连续 7 年出现枯水期，年平均径流量减少约 23%，到 1997 年第一季度降到历史最低点。近年来，三江源区生态环境有好转趋势，但保护灌丛并增强其涵养水源能力的任务仍然十分艰巨。[3]河湟地区的祁连山、达坂山和拉脊山是黄河上游支流重要的水源地，由于森林减少等原因也使该地区的产水量明显减少。同时，这些地区也出现了森林和灌丛岛屿化现象。

（4）生物种群和数量急剧减少。据调查，青藏高原部分生

---

〔1〕 河湟地区的草场主要分布在青海的共和、贵南、贵德、同仁和尖扎等县。

〔2〕 2014 年的全国森林资源清查结果显示，西藏森林覆盖率约达 12%，森林面积约为 1472 万公顷，森林蓄积量约为 23 亿立方米。这完全得益于国务院在 2009 年通过的《西藏生态安全屏障保护建设规划（2008—2030）》，按规划要求，国家拟投资 155 亿元，用于西藏生态保护建设，预计到 2030 年建成西藏生态安全屏障。

〔3〕 研究者在三江源头所看到的灌丛生长状况不容乐观，调研期间时值冬季，由于缺水的缘故，有些灌丛出现小面积的死亡现象，研究者顺手拔了小部分灌丛（草），发现有些草根已经坏死。

物和种群数量呈现锐减态势，生物多样性和动物生活栖息地环境遭到严重破坏，植物生境出现破碎化和岛屿化现象。据统计，青藏高原由于生态环境恶化受到威胁的生物物种占总种数的比例高于20%左右，这一数值明显高于世界10%~15%的平均水平。生活在河湟地区山区的马鹿、豹、熊、猞猁、獐子、雪鸡、马鸡等由于森林资源减少和草地退化等原因，种群和数量也急剧减少，导致鼠害和兔害等日益严重。[1]

　　青藏高原生态环境存在的问题还包括：生态移民[2]逐年增加、草场超载放牧、[3]偷捕乱猎、滥采乱挖、农业土壤次生盐渍化面积增大、[4]水资源供需矛盾突出、水体污染严重、生物灾害与自然灾害频发和全球气候变暖等。[5]

---

　　〔1〕《河湟地区生态环境保护与可持续发展》编辑委员会：《河湟地区生态环境保护与可持续发展》，青海人民出版社2012年版，第217页。

　　〔2〕为保护三江源生态环境和守护"中华水塔"，自三江源生态环境保护工程实施以来，已经有5万藏族牧民离开了世代繁衍生息的草原前往城镇居住生活。青海省委省政府对这些牧民的生产、生活高度重视，要求各级政府采取综合措施安置好生态移民。但仍然存在诸多问题，例如，这些牧民还存在"生态梦""培训梦""住房梦"和"教育梦"。为此，孙发平先生认为，三江源生态移民的最大问题在于牧民的适应性，这一问题突出地表现在生产（生产方式的转变）、生活、文化和语言等方面，也出现了再就业难度大等现象，一些生态移民甚至演变为"发展难民""城镇游民"。详见 http://www.cma.gov.cn/2011xzt/2013zhuant；杜发春：《三江源生态移民研究》，中国社会科学出版社2014年版；祁进玉、陈晓璐：《三江源地区生态移民异地安置与适应》，载《民族研究》2020年第4期。

　　〔3〕由于三江源区人口增加数是20世纪50年代的3倍，家畜数量亦成倍增长，每个羊单位占有可利用的草场从1953年的35.3亩降到2000年的12.3亩。

　　〔4〕如河湟地区，次生盐渍化面积已达0.195万平方千米，占青海省次生盐渍化总面积的79.27%，并且土地盐渍化趋势还在扩大。

　　〔5〕目前青藏高原气温与20世纪70年代相较，年平均气温升高了0.2℃~0.4℃，特别是冬季气温升幅较大，造成冰川萎缩，雪线上移、沼泽（湿地）旱化，高原多年冻土面积也在萎缩。如西藏地区年平均气温每10年以0.32℃的速度上升，高于我国和全球的增温率。

二、青藏高原地区生态环境保护主要立法（政策）综述

（一）国家层面的主要立法

1979 年 9 月 13 日，第五届全国人民代表大会第十一次常务委员会原则通过了《中华人民共和国环境保护法（试行）》，该法经 1989 年 12 月 26 日修订后正式实施，标志着我国生态环境保护工作进入了法制化建设的轨道。

我国关于生态环境保护方面的法律主要有：《青海省矿产资源管理条例》（2018 年修正）（以下省略青海省）、《生态文明建设促进条例》（2015 年修正）、《动物防疫条例》（2016 年）、《旅游条例》（2022 年修正）、《绿化条例》（2020 年修正）、《三江源国家公园条例（试行）》（2020 年修正）、《饮用水水源保护条例》（2020 年修正）、《大气污染防治条例》（2020 年修正）、《实施〈中华人民共和国草原法〉办法》（2020 年修正）、《实施〈中华人民共和国森林法〉办法》（2018 年修正）、《实施〈中华人民共和国水法〉办法》（2013 年修订）、《实施〈中华人民共和国节约能源法〉办法》（2020 年修正）、《湟水流域水污染防治条例》（2020 年修正）、《湿地保护条例》（2020 年修正）、《实施〈中华人民共和国水土保持法〉办法》（2020 年修正）、《盐湖资源开发与保护条例》（2020 年修正）、《青海湖流域生态环境保护条例》（2022 年修正）、《可可西里自然遗产地保护条例》（2022 年）、《生态环境保护条例》（2022 年）和《关于深化生态环境保护综合行政执法改革进一步加强生态环境执法的实施意见》（青生发〔2021〕268 号）等。

从以上法律法规来看，我国关于生态环境保护的法律种类

（部门）已经较为齐备，但针对青藏高原这一特定地区的生态环境保护立法则出现缺位现象。

（二）省（区）级层面的主要立法（政策）

（1）青海的主要立法和政策。《青海省矿产资源管理条例》（2018 年修正）（以下省略青海省）、《生态文明建设促进条例》（2015 年修正）、《动物防疫条例》（2016 年）、《旅游条例》（2022 年修正）、《绿化条例》（2020 年修正）、《三江源国家公园条例（试行）》（2020 年修正）、《饮用水水源保护条例》（2020 年修正）、《大气污染防治条例》（2020 年修正）、《实施〈中华人民共和国草原法〉办法》（2020 年修正）、《实施〈中华人民共和国森林法〉办法》（2018 年修订）、《实施〈中华人民共和国水法〉办法》（2018 年修正）、《实施〈中华人民共和国节约能源法〉办法》（2018 年修订）、《湟水流域水污染防治条例》（2020 年修正）、《湿地保护条例》（2020 年修正）、《实施〈中华人民共和国水土保持法〉办法》（2020 年修正）、《盐湖资源开发与保护条例》（2020 年修正）、《青海湖流域生态环境保护条例》（2022 年修正）、《可可西里自然遗产地保护条例》（2022 年）、《生态环境保护条例》（2022 年）和《关于深化生态环境保护综合行政执法改革进一步加强生态环境执法的实施意见》（青生发〔2021〕268 号）等。

（2）西藏的主要立法和政策。《实施〈中华人民共和国野生动物保护法〉办法》（2002 年修正）（以下省略西藏自治区）、《地质环境管理条例》（2003 年）、《实施〈中华人民共和国森林法〉办法》（2006 年）、《湿地保护条例》（2010 年）、《矿产资源管理条例》（2011 年修正）、《实施〈中华人民共和国土地管理法〉办法》（2011 年修订）、《环境保护条例》（2018 年修订）、

《生态环境保护监督管理办法》（2013 年）、《实施〈中华人民共和国水土保持法〉办法》（2013 年修订）、《实施〈中华人民共和国水法〉办法》（2013 年修订）、《实施〈中华人民共和国草原法〉办法》（2015 年修订）、《气候资源条例》（2019 年修正）、《旅游条例》（2021 年修正）、《水资源管理监督检查办法（实行）的通知》（2020 年）、《国家生态文明高地建设条例》（2021 年）和《地方级自然保护区调整管理规定》（藏政办发〔2017〕28 号）等。

三、立法效果和主要成就

（一）立法效果

为增强说服力，研究者对这一问题仅以西藏和青海 2016 年两地环境状况报告为基础进行讨论。需要说明的是，青藏高原地区在生态环境保护方面所取得的成就归功于各级党委和政府的正确领导和各族人民的共同努力，但地方生态环境立法以及法律得到贯彻实施的作用也不容忽视。

（1）西藏主要情况。为进一步加强水环境治理工作，西藏自治区颁布了《西藏自治区水环境治理管理办法》，在依法治理水环境的同时，西藏人民政府也投入资金进行小流域环境治理。比如，投入资金约 0.8 亿元，实施纳木措和羊卓雍措湖泊等的生态环境保护工程。经过治理和管理，雅鲁藏布江等主干河流干流水质已经达到国家Ⅱ类水质标准，拉萨河和年楚河等水质也达到国家Ⅲ类水质标准，绒布河水质已达到国家Ⅰ类水质标准。拉萨市全年空气质量优良天数已达 300 多天。西藏地级以上城市垃圾集中处理率已高达 89%，危险废物（医疗废物）集中处理量已超过 1200 多吨。到 2016 年底，西藏共建立国家湿地公园 18 处（含试点公园 14 处），总面积约超过 23 万多公顷。西藏共完成造林绿化面积约为 84 万亩，其中人工造林面积已超过 60 多万亩，封山育林面积已超过 19 万亩，完成森林抚育面积约 37 万亩。西藏已建立的各类自然保护区、生态功能保护区共 69 个，保护区总面积约 41 万平方千米，约占西藏总面积国土面积的 34%。近 5 年来，西藏全区用于生态补偿资金累计超过 56 亿元。[1]落实 2016 年中央农村节能减排资金和土壤污染防治专项资金分别约为 1.5 亿元和 0.8 亿元。2016 年征收上缴排污费超过 1800 万元。经过政府努力，西藏的生态环境状况将会更加好转。

党的十八大以来，西藏自治区党委政府认真贯彻习近平生态文明思想，坚决贯彻执行党中央的部署，结合自治区生态环境保护之实际，立足于构建国家生态安全屏障，加强制度建设，先后出台《关于建设美丽西藏的意见》《关于着力构筑国家生态安全屏障加快推进生态文明建设的意见》《西藏自治区环境保护条例》《西藏自治区湿地保护条例》《西藏自治区生态环境保护监督管理办法》和《西藏自治区矿产资源勘查开发监督管理办法》等地方性法规和政府规章，用绿色发展践行"两山"理念且取得了显著成效。[2]

（2）青海主要情况。统计数据表明，2016 年，青海省市

---

〔1〕 这笔资金用于森林生态效益补偿的资金约 14 亿元，用于草地生态保护补助奖励资金约 29 亿元，用于国家重点生态功能区转移支付资金 12.73 亿元，重要湿地生态效益补偿资金 1.158 亿元。

〔2〕 详见王娜：《习近平生态文明思想在西藏的成功实践》，载《新西藏》2020年第 3 期。

（州）级以上城市环境空气质量平均达标率约为 88%，例如，玉树州玉树市的城市环境空气质量平均达标率超过 98%，果洛州玛沁县的城市环境空气质量平均达标率也超过 95%。经检测，黄河与长江上游干流、青海境内的澜沧江段设有的近 42 个断面水质均达到国家Ⅱ类水质标准以上。为有效治理工业和生活污水，青海安排水污染防治项目 17 项，总安排资金 4 亿多元，这笔资金主要用于 3 个湖泊生态保护的项目，每个项目使用资金 1 亿元，安排省级专项项目 5 项，总资金约 1 亿多元。2016 年底，按照省委省政府的年度计划安排，考核小组在对 30 个国家重点生态功能区所在县的工作考核中，有 28 个县生态环境状况良好，良好率超过 93%。可可西里和青海湖流域生态环境状况已出现明显好转趋势。祁连山区的 2016 年水资源总量约为 85.36 亿立方米，比多年的平均值增加了近 16 个百分点。2020 年，青海林地面积 1092.72 万公顷，森林覆盖率由 2019 年的 7.3% 提高到 2020 年的 7.5%，2020 年水土流失治理面积为 2020.03 千公顷，造林面积为 460 067 公顷。[1]

2005 年，国务院批准了《青海三江源自然保护区生态保护和建设总体规划》，并计划投资超过 75 亿元进行三江源一期工程的生态保护和建设，工程内容主要包括退化草地、水土流失和黑土滩治理等，一期工程的总面积超过 36.3 万平方千米，一期工程的预期目标包括，保护区内草地、湿地等增加面积约为 25 平方千米，荒漠面积约相应减少 25 平方千米，已经退化的草地明显好转的占退化草场总面积的 7% 左右。自一期工程实施以

---

〔1〕 青海省统计局、国家统计局青海调查总队：《青海 2021 统计年鉴》，中国统计出版社 2021 年版，第 202~203 页。

来，三江源地区出境水量逐年增加，年均增加量约为 105 亿立方米。[1]这就说明三江源区水源涵养功能逐渐恢复。

（二）立法主要成就

（1）相对完善的法律法规体系已基本建成。我国生态环境保护立法工作与发达国家相较起步较晚，但发展速度之快令世界瞩目。在中央和国家级层面上，全国人民代表大会及其常委会、国务院及其各部委以宪法为依据，以我国环境保护法为基本法，不断加强立法和法律体系内部的法律整理和法律清理工作，在全国范围内形成了较为完善的生态环境保护法律体系。西藏、青海省人民代表大会及其常委会和区（省）政府根据国家层面的生态环境保护基本法并结合本地实际，制定并颁布了地方性生态环境保护法规。两区省的各州、县级的立法亦相应跟进，最终形成了既有生态环境保护的综合性法规，也有专项法律法规，既有高位阶机关的立法，也有低位阶机关的立法，基本形成了涵括青藏高原生态环境保护的各个领域的具有不同效力和层次的法律法规体系。

（2）法律法规与政策的相互配合与补充。一般而言，无论是党的政策抑或是国家政策在关于生态环境保护立法方面都会起着引领和指向作用。党的"十八大"报告指出，要全力推进"五位一体"化建设，树立和贯彻以人为本的理念，推进我国经济社会全面可协调可持续的科学发展，并将我党的生态文明理念和思想写进《中国共产党章程》（2017 年 10 月 24 日通过）。[2]

---

〔1〕 详见 https://view. inews. qq. com/k/20210617A0COAJ00？web _ channel ＝ wap&openApp＝false。

〔2〕《中国共产党章程》在总纲中规定，中国共产党领导人民建设社会主义生态文明。树立尊重自然、顺应自然、保护自然的生态文明理念，增强绿水青山就是

党的十八届三中全会主题之一就是要以建设美丽中国为抓手，不断深化生态文明体制改革，加快构建完善的生态文明制度，实现人与自然和谐相处。党的十九大报告第九部分重点阐明了加快生态文明体制改革和建设美丽中国的重大战略部署。党的十九届五中全会指出，"十四五"时期的目标之一就是，生态环境持续改善，生态安全屏障更加牢固，城乡人居环境明显改善；民生福祉达到新水平。实际上，早在 2011 年，我国环境保护法就已经被列入第十一届全国人大的立法规划。从将党的政策转化为国家法律层面上讲，党的路线方针和政策起着引领和至关重要的作用。

2003 年 1 月，国务院批准设立三江源国家级自然保护区。为全面贯彻执行党中央国务院的战略决策和保护青海宝贵的湿地资源，在国家层面缺失湿地保护法律法规的情况下，[1]青海地方立法机关根据国家和青海省政府的相关文件和政策颁布了《青海省湿地保护条例》，使青海在湿地保护方面有法可依，率先将青海的湿地保护工作纳入法治化轨道。可以说，青海在湿地保护方面先于国家立法而立法，这种先行先试和大胆创新的做法值得肯定。

2013 年 5 月 30 日，青海省人大常委会又根据我国的《湿地保护管理规定》并结合本地区实际，对 2003 年颁布的《青海省

（接上页）金山银山的意识，坚持节约资源和保护环境的基本国策，坚持节约优先、保护优先、自然恢复为主的方针，坚持生产发展、生活富裕、生态良好的文明发展道路。着力建设资源节约型、环境友好型社会，实行最严格的生态环境保护制度，形成节约资源和保护环境的空间格局、产业结构、生产方式、生活方式，为人民创造良好生产生活环境，实现中华民族永续发展。

〔1〕 我国的《湿地保护管理规定》（国家林业局令第 32 号）于 2013 年 3 月 28 日公布，自 2013 年 5 月 1 日起施行。当时，我国对湿地的保护仅限于政策层面。

湿地保护条例》进行了修订，重新颁布了《青海省湿地保护条例》（该条例共6章42条），并于2013年9月1日起施行。

为有效保护湿地资源，青海人大常委会多次开展《青海省湿地保护条例》实施情况执法检查工作，对做出成绩的部门和个人予以肯定，对存在的问题提出具体整改意见。实践证明，这种做法成效显著。[1]深层次地说，法律法规颁布的目的就是"法的实现"，如果不重视执法、司法和守法等环节，纸上的法就不可能变成行动中的法和实践中的法。因此，法与实践的有机融合应当是我们追求的理想境界。

（3）立法对法律规范和法律原则的规定具有科学性和专业性。从法律专业角度讲，法律原则经验地存在于各种法律之中，从法律体系的逻辑层面看，法律原则不可或缺。一般而言，法律制度、法律原则和法律责任是法律的核心内容。法律原则更能体现法律之精神，但整个法律除了一般原则外，法律规范和法律解释等就需要灵活性和机动性的因子，以保障法律面对变动不居的情势有所作为，还可以防止法律因其他因素所产生错误。[2]在生态环境保护的立法实践中，青藏高原各地区立法在法律原则以及法律规范等方面的设计上积累了各自的宝贵经验，为本课题研究成果的最终形成起到了一定的借鉴作用。

---

〔1〕　根据青海省人大常委会2018年工作要点及监督计划安排，5月上中旬，省人大常委会执法检查组将在全省开展《青海省湿地保护条例》实施情况的执法检查。5月4日，省人大常委会执法检查组召开全体会议，听取省政府关于贯彻实施《青海省湿地保护条例》的汇报，同时听取省农牧厅、省水利厅等相关部门负责同志的补充汇报。省人大常委会副主任、执法检查组组长吴海昆参加会议并讲话。详见 http://sh.qihoo.com/pc/98fe1e09209f0b30b? sign＝360_e39369d1。

〔2〕　张文显：《法理学》（第4版），高等教育出版社、北京大学出版社2011年版，第73~74页。

可以说，青藏高原生态环境保护地方立法始终将法律原则作为立法的重要组成部分。比如现行《西藏自治区环境保护条例》第3条就开门见山地规定了本条例的基本原则，[1]并采取列举的方式对法律原则一一进行表述，以此来彰显立法者对法律原则在条例中的重视程度。对法律原则如此的表述方式，一方面可使法律原则在整个法律中起到灵魂的作用，另一方面，也有助于执法者、守法者和司法者等正确地把握本条例的法律精神。

《青海省盐湖资源开发与保护条例》（2020年）第5条、第6条[2]也规定了该法规的法律原则，该条例将法规原则分别写在两个条文之中。笔者认为，这种做法显然不可取。可以看出，《西藏自治区环境保护条例》在法律原则的规定上比青海的《盐湖资源开发与保护条例》要更加直接和明快。研究者认为，法律原则在法律中"如何立"只是一个价值判断，而不是一个优劣判断，这完全取决于立法者的立法理念、立法技术和立法手段等。但研究者认为西藏的立法理念、技术和方法显然比青海要略胜一筹。

不管怎样，青藏高原各地区的生态保护环境立法都对法律原则及法律的灵活性予以高度重视，都关注了法的实用性和操作性，具备了法律所应具备的科学性和专业性之品性。

（4）地方性特色在立法中有所考虑和考量。研究者在翻阅

---

[1] 该条例第3条规定："环境保护坚持保护优先、预防为主、综合治理、公众参与、损害担责的原则。"

[2] 第5条、第6条规定，盐湖资源的开发利用实行开发与保护并重的原则，坚持统筹规划、科学布局、合理开发、综合利用的方针，实施可持续发展战略。开发盐湖资源应当遵循有关环境保护的法律、法规，坚持谁开发、谁保护，谁破坏、谁赔偿，谁污染、谁治理的原则，保护盐湖资源和矿区生态环境。

青藏高原各地方关于生态环境保护的法规时都会发现每一地方性法规都有"结合本省实际""结合自治区实际"等字样，但将本地实际情况结合的程度如何研究者则颇有微词。可以肯定地说，结合本地区仅限于在文字上的表述。对此问题研究者在后文将进行讨论。不管怎样，地方立法一定要体现地方特色，只有如此，地方立法才能立足于本地的法律实践，才能对当地的生态环境保护问题进行法律（制度）回应，才能提高立法的"靶向性"、针对性和可操作性，解决实践中的法律问题。这无疑是立法者的共识。

《甘肃省甘南藏族自治州发展藏医药条例》（2001年）也有"结合自治州实际，制定本条例"的字样。笔者认为，这一地方性法规就是立足、立基于本地区丰富的藏药资源这一基础之上而制定的。我们知道，甘南州（被誉为甘肃的"绿色宝库"）藏药资源非常丰富。该州的资源状况在前文已有表述，在此不再赘述。甘南州的《藏药条例》[1] 就是立足于本州丰富的藏药材资源基础之上而制定的。因此，可以说，甘南州的这个条例在结合本地实际情况方面的立法是成功的。研究者始终认为，法律只有立基于本土实际，它的活力才能被彰显，立法者本意才能得到充分实现。

总的来说，青藏高原地方生态环境保护立法的经验还表现在：法律责任的设定逻辑性较强、法规的可操作性和与修订前

---

〔1〕　该条例第10条规定，自治州各级人民政府及有关部门要重视保护和合理开发利用野生藏药材资源，严禁乱采、滥捕、滥挖。第32条规定，加强藏医药基础理论和藏医药应用技术研究。充分利用藏药材资源和优势，开展藏药研究工作，积极开发、推广、应用新技术、新成果，推进科研成果产业化。笔者认为，条例对甘南州地方性特色体现较为明显。

的法规相比有所提高等方面。

第二节　青藏高原地区生态环境保护立法思考

一、做到立法理念与新时代发展相契合

所谓理念，就是指人们对某一事物的看法、思想，它是思维活动的结果。具有区域性、概括性、间接性、客观性、逻辑性、思辨性和灵活性等特点。理念不是一成不变的，世界上也从来没有固定不变的理念，它随着变动不居的情势而发生变化。一般而言，理念都要通过实践并糅合周围的物质环境不断地进行磨砺和淳化而加以完善和发展的。理念在国家治理、个人成长等方面发挥着至关重要的作用。笔者始终坚持认为，理念不变，人的行为必然不变。哈佛大学的校训也在说明理念转变的重要性。[1]

习近平总书记非常重视理念在发展中的作用，总书记认为，针对我国发展中的突出问题，要"以新的发展理念引领发展"，并要求"新发展理念要落地生根、变成普遍实践，关键在各级领导的认识和行动。"[2]

我们知道，立法是由立法主体，在法律规定的职权范围内，严格依照相应的立法程序，运用立法技术和手段，制定或认可规范性法律文件的活动。[3]可见，立法主体要适格合法，要符

---

〔1〕　该校校训认为，一个人的成长不在于经验和知识，更重要的在于他是否具有先进的观念和思维方式。对于治国理政而言，同样如此。

〔2〕　习近平：《习近平谈治国理政》（第2卷），外文出版社2017年版，第219页。

〔3〕　张文显：《法理学》（第4版），高等教育出版社、北京大学出版社2011年版，第189页。

合相关法律之规定。立法者的权力范围应该由法律来界定。立法者在立法过程中应当严格遵守事先设计就绪的立法程序，以此来保证立法的公正性和严肃性。立法应当是法律人的活动，这类人必须具备深厚的法律功底，运用法律技术和手段较为娴熟，对法的精神要有一定的参悟力。立法的最终结果是制定或认可一部规范性的法律文件。

从一定的层面来看，立法实际上是"公共政策"的制定过程，是"对现实问题和危机的回应，"[1]为获得这种回应的有效性，公共政策的制定者要进行政策分析，这一分析完全是一种智力活动，这一活动同时也受政治、心理和文化因素等的影响。因此，笔者认为立法绝对不是简单的公务活动，它拥有较高的技术含量和智慧因子。

十九大报告指出，要坚持党对一切工作的领导，立法理念的建立同样离不开党的领导。习近平总书记对新发展理念（当然包括笔者所讲的立法理念）的树立和落实提出了方法论。他指出，新发展理念要落地生根，关键在于各级领导干部。毛泽东同志对此早就有所表述，他认为，党的政治路线确定以后，干部因素就起着决定性的作用。[2]因此，干部，特别是立法机关的干部树立新立法理念具有重要的意义。需要说明的是，习近平总书记所讲的新发展理念同样适用于生态环境立法方面。

同时，在环境立法过程中，要充分重视和发挥社会公众参与环境保护立法的积极作用，要借助于社会各种力量对环境保护

---

〔1〕　［美］威廉·N. 邓恩：《公共政策分析导论》（第4版），中国人民大学出版社2011年版，第30页。

〔2〕　毛泽东：《毛泽东选集》（第2卷），人民出版社1952年版，第492页。

的积极意愿，进行有效的环境公共治理。[1]

总之，在不断的学习过程中，各级领导干部特别是立法机关的干部要在学习中提高理论水平和业务能力，在实践中增长将理论和实践有机结合起来的本领，努力做到新立法理念与新时代发展相契合。

二、体现地方和民族特色

（一）"习惯法"与地方特色

青藏高原生态环境立法与本地区丰厚的乡土文化资源[2]有关，这一文化资源最有可能对立法做出贡献的主要是习惯法。[3]对于习惯法的界定，学界有不同的理解。有学者认为，习惯法就是习惯、惯例和通行或被大家认可的做法在特定的地区或特定

---

〔1〕 详见（英）格里·斯托克：《作为理论的治理：五个论点》，载于俞可平主编之《治理与善治》，社会科学文献出版社 2000 年版，第 35～45 页。

〔2〕 详见王佐龙：《西部社会民族法律文化研究》，中国民主法制出版社 2006 年版，第 3～4 页。

〔3〕 研究者认为，与习惯法相联系的有习俗和习惯。习俗即风俗习惯，是人或集体的传统风尚、礼节和习性，有良俗与恶俗之分。习惯是多数人对同一事项经过长时间反复而为同一行为。习俗更多地运用在人们的生活领域，侧重于伦理性，习惯对人的约束力较习俗要强，侧重于人行为的规范性。一般而言，习俗与习惯没有严格的区别。详见张洁：《藏族习惯法在现代化立法上重构的理论探讨》，载《江西青年职业学院学报》2013 年第 4 期。少数民族生态保护习惯法是否具有司法功能是一个值得探讨的问题。我国《民法总则》第 10 条规定，处理民事纠纷，应当依照法律；法律没有规定的，可以适用习惯，但是不得违背公序良俗。有学者认为，商事习惯具有实体法和程序法功能，那么少数民族生态保护习惯法与商事习惯一样是否具有同样功能，是一个需要进一步思考的问题。笔者在调研中发现，少数民族的生态保护习惯更多地与宗教规范缠结在一起。因此，笔者在此讨论少数民族生态保护习惯法旨在表达自己的观点，但在立法中是否将少数民族生态环境习惯法写进法律，我们必须采取谨慎的态度。详见陈彦晶：《商事习惯法之司法功能》，载《民商法学》2018 年第 5 期。

的族群中，被人们普遍公认其已经具备了同法律一样的拘束力和效力，在此时，这些习惯、惯例和通行或被大家认可的做法则可以被理解为习惯法。[1]也有学者将习惯法理解为："起源于一个被一般的遵守的行为，在那里行为人并不有意识地旨在创造法律，但是他们一定认为他们的行为是符合有拘束力的而不是任意选择的事情。"[2]

青藏高原各民族的生态环境保护习惯法（规范）[3]根植于肥沃的民间土壤之中，各族群众在生于斯长于斯的自然中，进而领悟自然并以"理性和智慧的劳动受益于自然。"[4]正如庄子所言："知天之所为，知人之所为者，至也"，实际上，"这种"天人合一"、人们对生命的理解——"生命的存在及其本质的'意欲'……是一种精神的趋向、动机，又是某种超越的实体"[5]的最高智慧和境界是中华优秀传统文化对人类的巨大贡献。

法律是理性的，[6]也是说理的艺术。这种艺术之所以能够

---

〔1〕[美]戴维·M.沃克：《牛津法律大词典》，北京社会科技发展研究所组织翻译，光明日报出版社1989年版，第236页。

〔2〕[奥]汉斯·凯尔森：《法与国家的一般理论》，沈宗灵译，中国大百科全书出版社2000年版，第129~130页。

〔3〕笔者认为，生态环境保护习惯法是一种"地方性知识"，这种知识应当经过知识论的考察而转化为社会规范，是其与构造法律形成良性互动格局。参见吴元元：《认真对待社会规范——法律社会学的功能分析视角》，载《法学》2020年第8期。

〔4〕[德]罗尔夫·克尼佩尔：《法律与历史——论〈德国民法典〉的形成与变迁》，朱岩译，法律出版社2003版，第1页。

〔5〕郑家栋：《断裂中的传统：信念与理性之间》，中国社会科学出版社2001年版，第71页。

〔6〕亚里士多德将人的理性分为两种，即理论理性和实践理性，前者的目标是科学的原理和理论的真理，后者的目标是把握伦理原理。托马斯·阿奎那认为，理性是一种认识本质的精神能力，但是，他却认为理性是天使具有的那种精神。笛卡尔提出"我思，故我在"的观点，他认为，思维主体是根据自己的理性活动确定

存在，就在于人自身理性的存在。人类理性思维存在的手段和目的是将纷繁复杂、乱而无序的社会秩序化，并使人们拥有完善的生活方式和享验和谐的社会环境给自身带来的助益，最终达到无须法律秩序的境界。笔者认为，人类理性是人的一种德性，这种德性与人类自身始终勾连在一起，若离开了人的德性也就无所谓人的理性。从这个意义上说，人的理性既是手段又是目的。法律规则和人的理性关系如何呢？笔者认为，法律规则是人类理性的外化，法律在这里似乎只剩下一种形式，在这种形式的背后所潜藏的内容则是人的理性或德性。

那么，青藏高原少数民族的习惯法是否具有理性呢？答案绝对是肯定的。笔者认为，对少数民族习惯法具有理性的认识应肇端于对少数民族民众本身的认识，因为，就直接需求和实践利益而言，人仰仗于自然环境，人根本离不开自然环境，因此，环境对人的行为、思维方式、生产方式和生活方式将会产生这样或那样的作用，[1]这种作用的结果将使青藏高原各族群众的习惯法自然具有浓厚的地域特色。

习惯法与国家法划分的理论预设是必须存在一个二元架构的国家与社会之分这个基础之上，此问题显然不属于本课题讨论的内容之一。但不容忽视的是，青藏高原的习惯法特别是生态环境保护方面的习惯法普遍得到民众的遵从和践行是事实，并

（接上页）自身存在的，他的知识取决于自身的理性能力。不管怎样，笛卡尔完成了认识论意义上的理性概念界定工作。有学者对理性概念做了分类：本体论意义上的理性、认识论意义上的理性、价值论意义上的理性和行为意义上的理性。详见葛洪义：《法与实践理性》，中国政法大学出版社 2002 年版，第 21~22 页。

〔1〕 孙崇凯：《论藏族习惯法的法哲学基础》，载《青海民族研究》2011 年第 2 期。

且由于这种习惯法生成时的渐次性、融入性和渗透性便产生了对青藏高原民众行为影响的难以改变性，这种结果产生的直接原因则是理智、习俗和灵感，[1]即信仰的力量。

　　进入文化体系的内部，我们就会发现每一个文化都有其精华和糟粕部分，西方文化、汉族文化和少数民族文化同样如此。总的来说，无论哪一种文化类型都是特定的"族群"在其自身的发展历史以及与其朝夕相处的自然环境互动交流过程中所形成的对自身和自身以外世界的智慧思考，思考的内容非常宽泛，包括习俗、宗教、价值观、艺术和制度等。文化的表现形式既有物质的，又有精神的。从一定意义上讲，只要有人的地方就有文化，文化也就是人化。少数民族文化是中华民族文化系统中的子系统，其源远流长、博大精深，[2]都是这个文化系统中的瑰宝，每一个子系统文化都有其生成的独特历史，都有其自身的存在价值，都有其博大精深的一面。

　　亚里士多德认为，特殊的地理环境对民族个性和社会性的影响具有重要的作用。[3]孟德斯鸠则过分夸大了气候和地理条件对民族文化的作用。[4]可以肯定的是，青藏高原特定的地形、地貌和气候条件的确在青藏高原文化环境的塑造上起着不可或缺的作用。

　　正如高其才先生在《中国少数民族习惯法研究》结语中所

---

〔1〕　[法]帕斯卡尔：《思想录》，何兆武译，商务印书馆1995年版，第119页。

〔2〕　习近平：《把中国文明历史研究引向深入 增强历史自觉坚定文化自信》，载《求是》2022年第14期。

〔3〕　[古希腊]亚里士多德：《政治学》，胡寿彭译，商务印书馆1965年版，第413页。

〔4〕　[法]孟德斯鸠：《论法的精神》，张雁深译，商务印书馆1961年版，第227~303页。

指出的，少数民族文化非常重视包容性和自我发展性，它既重视群体自身的利益，又肯定文化主体的合理需求。在保护生态环境方面，当地少数民族对其生于斯长于斯的独特的地理条件和自然环境有自己独特的理解和领悟。生态环境地方性立法理所当然地要考虑少数民族的生态环境保护习惯法，当地的少数民族群众对当地的生态环境保护最有发言权，他们关于生态环境保护方面的习惯法理应被地方立法所汲取和借鉴。

（二）少数民族生态环境保护"习惯法"

（1）藏族生态环境保护习惯法。历经多年的积累和反复地使用，宗教教义、禁忌、传统风俗、部落法规和不同历史时期的地方政权颁布的法律等都是藏族生态环境保护习惯法的集中体现。

关于宗教、禁忌。大多数藏族民众信仰藏传佛教，宗教已经成为信教群众的生活方式，宗教中关于生态环境保护的规范也成为信教群众的行为准则。藏传佛教教义认为，万物有灵，神灵无处不在，人们应当敬畏神灵和崇拜自然。因此，在藏族人眼里，雪山、湖泊都具有神性，人们不能在神山上任意挖掘、砍伐和采集，不能将污秽之物投放于圣湖圣水之中，也不能捕捞水中的鱼类，以免触犯神灵和对周围生态环境的破坏与损害，否则，神灵将会惩罚不遵守宗教规范的人。佛教教义规定不许杀生，狩猎当然被禁止，特别不能捕杀宗教所认为的神兽等。

在长期发展过程中，宗教规范和禁忌（部落法规）主要集中在草原管理制度、农田保护制度、森林保护制度、狩猎采集禁许制度和对草地的保护制度等方面。寺庙对其所属草场林地也有保护性规定，僧人应当严格遵守"不杀生"戒律，要求每年在特定时间，所有僧人不许离开寺院外出，以避免踩死各类爬虫，可谓走路恐伤蝼蚁命，爱惜飞蛾纱罩灯。寺院每年也会举行放生仪式，号召人们善待自然，善待自然中的一切生物，以此祈求神灵的护佑。

除宗教规范外，西藏在历史上也颁布了诸多法律，用以规范人们的生态环境保护行为。[1]我们知道，当时的西藏实行"政教合一"制度，这些法律规范无疑也是宗教规范。比如，1860 年，摄政热振呼图克图次臣坚赞发布命令，为保西藏地区风调雨顺，得以丰收及保护土质等，在彼地区的神、龙住地——山、海和红庙（神鬼住地），需埋神瓶、龙瓶及药丸（为求雨而做，用布包起）等。[2]

（2）蒙古族生态环境保护习惯法。[3]蒙古族和藏族的生产

---

〔1〕　在松赞干布时期，他在佛教"十善"戒律的基础上制定了《法律二十条》，该律第 20 条规定，要相信因果报应，杜绝杀生等恶行。历世达赖喇嘛都相继颁布了有关生态环境保护的法旨，如五世达赖喇嘛的《十三法典》、十三世达赖喇嘛在 1932 年发布的法旨称："从藏历正月初至七月底，寺庙规定不许伤害山沟里除狼以外的野兽、平原上除老鼠以外的动物，违者皆给不同惩罚。"

〔2〕　关于藏族的生态环境保护法的论著主要有张济民：《青海藏族部落习惯法资料集》，青海人民出版社 1993 年版；张济民主编：《渊源流近——藏族部落习惯法法规及案例辑录》，青海人民出版社 2002 年版；陈庆英：《藏族部落制度研究》，中国藏学出版社 1995 年版；星全成、马连龙：《藏族社会制度研究》，青海民族出版社 2000 年版；王作全主编：《三江源区生态环境保护法治化研究》，北京大学出版社 2007 年版；华热·多杰：《浅谈藏区环保习惯法》，载《青海民族研究》2003 年第 3期；彭宇文：《关于藏族古代法律制度及法律文化的若干思考——借鉴梅因〈古代法〉进行的研究》，载《法学评论》2004 年第 2 期；常丽霞、崔明德：《藏族牧区生态习惯法文化的当代变迁与走向——基于拉卜楞地区的个案分析》，载《兰州大学学报》2013 年第 3 期等。

〔3〕　关于蒙古族生态环境保护习惯法方面的论著主要有乌云巴图：《蒙古族游牧文化的生态特征》，载《内蒙古社会科学》1999 年第 5 期；额尔登：《蒙古族习惯法的法理学分析》，载《西北民族大学学报》2008 年第 2 期；王孔敬、佟宝山：《论古代蒙古族的生态环境保护》，载《贵州民族研究》2006 年第 1 期；孟广耀等：《蒙古民族通史》，内蒙古大学出版社 2002 年版；奇格：《古代蒙古法制史》，辽宁民族出版社 2004 年版等。

方式和生活方式较为相似，蒙古族的大部分民众信仰藏传佛教，过着游牧生活。在长期的游牧生活中，蒙古族也形成了其独特的生态环境保护习惯法，这些习惯法集中体现在的民族禁忌、民族图腾、民族习惯和古代的法律之中。蒙古族在生态环境保护方面的民族禁忌表现在两个方面：对圣物的尊崇与敬畏；对受鄙视、不洁、危险之物的排斥。比如，蒙古族视水资源为自己的生命，严禁污染水资源，禁止在神山上狩猎、伐木、掘土、防火、取石和放炮等。据《蒙古秘史》记载，蒙古族先民曾有过动物（狼、熊和鹰等）崇拜，这对蒙古族民众保护野生动物具有一定的意义。

在民族习惯方面，蒙古族人的蒙古包的材料具有环保性，重复利用率较高。丧葬习惯有三种——天葬、火葬和土葬，这种丧葬形式比较环保，需要说明的是，蒙古族的土葬并不占用地表空间，也不立墓碑，墓地上可以长草放牧。

蒙古族在生态环境保护方面具有习惯法外，还存在相应的法律规范，[1]这些法律规范和藏族的法律规范也有相似之处。

（3）羌族的生态环境保护习惯法。羌族生态环境保护习惯法的表现形式与其他民族不同，往往缺少文字记载，主要靠口耳相传。但研究发现，羌族地区的石刻、碑文和文书契约中则存有少量的生态环境保护习惯法，同时，羌族多神论的宗教信仰对生态保护也具有重要意义。[2]

---

〔1〕 除宗教规范外，《阿勒坦汗法典》、《喀尔喀七旗法典》、《卫拉特法典》、《喀尔喀吉如姆》和《阿拉善蒙古律则》等都有生态环境保护方面的规定。

〔2〕 详见吴志辉：《论北川羌族习惯法的演化与我国现代法治的重构》，载《贵州民族研究》2016年第7期。

三、制定统一的青藏高原地区生态环境保护法律

青藏高原生态环境保护地方立法机构较多，保护对象涉及方方面面，包括水、大气、森林、草地、耕地、动物、植物、湿地、沙漠、矿产资源、石油、天然气资源和盐湖资源等，环境保护工作也涉及该地区经济社会的发展、边疆的稳定、我国经济社会的可持续发展、民族团结、国家安全和我国政治大局的稳定等，可谓是牵一发而动全身。

研究者认为，制定一部统一的青藏高原生态环境保护法主要应从以下方面着手：

一是加大青藏高原生态保护习惯法的研究力度，正确处理好国家法与习惯法的互动关系。我国现行《民法典》第 10 条规定："处理民事纠纷，应当依照法律；法律没有规定的，可以适用习惯，但是不得违背公序良俗。"此条规定体现了法律对人类所积淀的法律文化的认同和尊重，也能始终保持法律对变动不居的社会生活的开放性、灵活性和智慧性，以此来增强法律的实践性和可操作性，为将理论上和纸上的法律转变为实践中和行动中的法律奠定了基础。青藏高原生态环境保护法律法规也要体现这种精神。

问题就这样被提了出来，青藏高原各民族特别是少数民族的生态环境保护习惯法研究力度如何，能否适应时代发展的立法需要，这是我们每一位关注青藏高原生态环境保护者必须理性思考并加以解决的问题。

二是做好法律清理工作，建立青藏高原地区生态环境保护地方立法的法律体系。研究者在探讨青藏高原生态环境保护立

法成就和存在问题时对各地区的相关立法做了简单梳理。通过梳理我们可以发现，上位法和下位法的矛盾，不同地区法规对同一情势的规制不一致等问题时有出现。为克服这些现象，法律清理工作就显得尤为重要。实际上，从 2008 年起，全国人大常委会就集中对现行法律中存在的问题进行过清理，也组织了国务院各部门、最高人民法院、最高人民检察院、中央军事委员会法制局对各自工作领域的法律进行了清理。2010 年，全国人大常委会也集中展开过行政法规和地方法规清理工作。这些清理工作对及时更新法律，完善我国的法律法规体系起到了积极作用。针对青藏高原地区生态环境保护方面的法规清理工作，各地区都在按国家的部署有序推进，也取得了一定的成效。但笔者在此强调的是，各地要加大法规清理的力度，使青藏高原地区的生态环境保护法规更具协调性和统一性。

三是青藏高原生态环境保护法的设计要结合本地区的实际。为做到这一点，立法者应当考虑到本土法律文化资源的可能贡献。法律原则、法律制度和法律责任也是重点考虑的问题，除此之外，还要考虑使我国的《循环经济促进法》等法律法规更加细化[1]的问题。

---

〔1〕 2005 年，柴达木循环经济实验区首批列入我国 13 个循环经济产业试点园区之一，是国内面积最大、资源较为丰富、唯一布局在青藏高原的产业试点园区。2010 年 3 月，国务院批复《青海省柴达木循环经济试验区总体规划》。2016 年 8 月 22 日，习近平总书记在考察柴达木循环经济实验园区时指出："循环利用是转变经济发展模式的要求，全国都应该走这样的路。青海要把这件事情办好，发挥示范作用。"

第二章
青藏高原地区生态环境保护法律原则

　　伴随着生态环境法成为独立的法律部门，该法原则的体系化已成为一种趋势。由于国际组织和世界各国对生态环境法原则的理解不同，这一原则所包含的内容也不尽相同。欧盟认为环境法原则有广义[1]和狭义[2]之分，《法国环境法》（2003年）在总则部分规定了环境法的原则。[3]《芬兰环境保护法》第4条规定了预防和损害影响最小化原则、环境风险的小心与谨慎原则和最佳环境实践原则。[4]我国也有学者对环境法原则蕴含的法价值观念和我国环境法基本原则进行过讨论和评判。[5]我国现行《环境保护法》第6条规定了环境保护的原则，即保护优先原则、预防为主原则、综合治理原则、公众参

---

　　[1]　广义的环境法原则包括除欧盟宪法性条约原则条款规定外，还包括环境指令、条例和决定等法律和政策规定的原则、比例原则和辅助原则等。

　　[2]　《欧洲共同体条约》第130条规定了欧盟的环境法原则。狭义的环境法原则包括可持续发展原则、预防原则、污染者负担原则、高水平保护原则、一体化原则、源头控制原则、公众参与原则、国际合作原则和风险防范原则。

　　[3]　这些原则包括预防原则、预防与治理并举原则、污染者付费原则和公众参与原则。参见夏凌：《法国环境法的法典化及其对我国的启示》，载《江西社会科学》2008年第4期。

　　[4]　参见柯坚：《环境法原则之思考——比较法视角下的共通性、差异性及其规范性建构》，载《中山大学学报》2011年第3期。

　　[5]　参见冯嘉：《环境法原则论》，中国政法大学出版社2012年版，第81~101页、第105~131页。

与原则和损害担责原则。[1]笔者在此从本课题的研究目的出发仅对环境责任原则、环境公平原则、预防原则和污染者付费原则进行讨论，对其他原则将不再予以关注。

第一节　环境责任原则

一、环境责任原则概述

（一）环境责任

环境责任是法律责任的一种。所谓法律责任"是由特定法律事实所引起的对损害予以补偿、强制履行或接受惩罚的特殊义务，亦即违反第一性义务而引起的第二性义务"。[2]可以这样理解，法律责任应当包含的主要内容有：行为人违反法律或约定的义务；行为人有能力承担义务；行为人依法应当承担法律上的不利后果（包括物质层面和精神层面）。基于对法律责任的认识，有学者认为环境责任应包括"污染者付费、利用者补偿、开发者养护、破坏者恢复"，[3]除行为人承担环境责任外，有学者认为环境责任还包括政府责任，应依照"谁主管谁负责"原则由主管方承担责任。[4]也有学者认为政府的环境责任有广、

---

［1］　也有学者对此原则提出自己的见解，他认为："由于存在向上寻绎和向下演绎的双重失能'损害担责原则'仍难称环境法的基本原则。"详见王江：《环境法"损害担责原则"的解读与反思——以法律原则的结构性功能为主线》，载《法学评论》2018年第3期。

［2］　张文显：《法理学》（第4版），高等教育出版社、北京大学出版社2011年版，第122页。

［3］　详见陈泉生、周辉：《论环境责任原则》，载《中国发展》2004年第4期。

［4］　参见蔡守秋：《环境资源法学教程》，武汉大学出版社2000年版，第412~416页。

狭两义之分，广义的政府责任就是政府及其工作人员履行其职能的义务，狭义的政府责任是政府及其工作人员违反法律规定而应承担的不利后果。[1]

笔者认为，对环境责任的含义切不可机械地套用法律责任的内涵对其进行解释。因为，至少存在这一情形，即政府在履行生态环境管理职能过程中既无主观过错（故意、过失）又无违法行为，但政府的职权和社会则要求其承担相应的环境责任。

（二）环境责任原则的理论基础

笔者认为，关于环境责任原则的理论基础主要有：

（1）物权理论。由于认识的局限性，人类长期认为生态环境资源是无主物，人们对生态环境的破坏和产生的污染无须承担任何法律责任，因为，合法的行为不会产生（导致）相应的法律责任。随着生态环境危机的到来，政府不得不支付更多的财政收入用于治理污染和修复生态环境。有人开始质疑个别人为了追求自身经济利益最大化而对生态环境造成的外部不经济性由政府买单这一行为。人类开始由生态环境资源的无主物观念向生态环境的有主物观念转变，用物权理论解释对生态环境破坏和污染的行为，认为生态环境能够为人类提供物上的利益，且为物权人本身能够享受的利益。[2]传统民法上的排除妨碍和恢复原状等责任形式自然在环境责任中显现出来。

（2）债权理论。这一理论建立在物权理论基础之上。1972年，经济合作与发展组织委员会在债权理论基础上提出了环境民事法律责任的基础性原则——污染者负担原则，这一原则符

---

〔1〕　邓可祝：《政府环境责任的法律确立与实现——〈环境保护法〉修订案中政府环境责任规范研究》，载《南京工业大学学报》2014年第3期。

〔2〕　详见陈华彬：《物权法原理》，国家行政学院出版社1998年版，第5页。

合债的产生根据（债因），因此，这一原则现已被世界各国所采纳。

（3）（自然人或集体）环境权理论。环境权是法学界研究的热点话题之一，有学者认为这是一道"迷人的难题"，[1]国内著名学者对环境权问题也展开了相关的研究。[2]环境权作为一种自然权利为国际社会所普遍认同，它与人类社会的可持续发展息息相关。

（4）（国家）环境权。国际社会普遍认为，国家对本国领域内的自然资源拥有永久主权，政府作为国家主权的行使者和代表者，当然有权对本国领域内的生态环境拥有管理和利用的权力，这种权力本身也会产生环境责任。

（5）环境安全保障义务理论。国家作为管理者应当承担保障公共安全的义务，生态环境作为一种公共产品，国家有义务保障生态环境的公共安全（安全、健康、免于伤害）。

前三种理论是针对自然人、企业（公司）、事业单位和社会团体而言的，后两种理论是针对国家或政府而言的。

（三）环境责任的公平分配

人类是环境的组成部分，在繁衍生息和进行物质资料生产

---

〔1〕 胡静：《环境权的规范效力：可诉性和具体化》，载《中国法学》2017年第5期。

〔2〕 详见蔡守秋：《论环境权》，载《金陵法律评论》2002年春季卷；肖巍：《作为人权的环境权与可持续发展》，载《哲学研究》2005年第11期；王明远：《论环境权诉讼——通过私人诉讼维护环境公益》，载《比较法研究》2008年第3期；吕忠梅、刘超：《环境权的法律论证——从阿列克西法律论证理论对环境权基本属性的考察》，载《法学评论》2008年第2期；蔡守秋：《从环境权到国家环境保护义务和环境公益诉讼》，载《现代法学》2013年第6期；张震：《环境权的请求权功能：从理论到实践》，载《当代法学》2015年第4期；吕忠梅：《环境权入宪的理路与设想》，载《法学杂志》2018年第1期。

的过程中，由于受理性意识的支配，[1]可能产生破坏和污染环境的行为。在实践中，环境污染事故可能由单方主体所造成，也可能是多方主体形成合力共同作用而造成。对前者而言，我们顺着法律责任的逻辑不难找寻到承担责任的主体，但对于后者而言，找寻环境责任承担主体若离开相应制度的构建和理性的思考似乎显得较为困难，将环境责任公平地分配给每一主体也就缺乏相应的（法律）切入点。

我国现行《环境保护法》规定，承担环境责任的主体包括政府、企业事业单位、个人、社会团体和中介机构等。[2]

（1）政府的环境责任分配。从各国的立法和司法实践来看，政府在生态环境保护中居于主导地位。"生态文明建设"对我国政府提出了更高要求，呼唤需要"承担环境责任的强势政府"。[3]这种提法与《人类环境宣言》和《内罗毕宣言》等国际法律文件的要求相一致。政府承担环境责任的方式很多，比如政府对环境容量和资源总量的控制，解决"搭便车"的问题，设立环境责任制度，上下级政府或同级政府之间的环境责任协调，设计立法机关、行政机关、司法机关与社会力量所形成的监督体系等。一般来说，政府承担环境责任的主体是政府的行政首长，在实践中，因环境质量问题，对行政首长的约谈、行政处分等是行政首长承担领导责任的常见形式。

（2）企业的环境责任分配。企业的环境责任包含两个方面，

---

〔1〕　详见潘自勉：《理性与生活意义——关于责任伦理的思考》，载《广东社会科学》1991 年第 3 期。

〔2〕　参见我国现行《环境保护法》第 6 条。

〔3〕　张红杰等：《政府环境责任论纲》，载《郑州大学学报》2017 年第 3 期。

即产品的生产和制造过程中对生态环境产生的直接污染；[1]企业生态环境的责任延伸。前者被人类早已关注，后者主要是指对产品生命周期的处理责任，这就要求企业更多地关注产品被消费后的回收处理问题。

（3）消费者、个人的环境责任分配。有学者认为，通过征收消费税和实行预付费制度和押金制度能够解决这一问题。[2]笔者赞同这一观点。消费者对后消费行为环境责任承担的方式还有进行垃圾分类和定时定点丢弃垃圾等。

社会团体和中介机构的环境责任分配要依据其对生态环境污染和破坏作用与影响加以认定。总之，环境责任的分配是项复杂的工作（工程）。

二、域外环境责任原则

（一）国际组织的环境责任原则

世界经济合作与发展组织提出了污染者赔偿原则，这一原则很快被世界各国所汲取和采纳，并将其确定为本国保护生态环境的一项基本原则。

1972年，《人类环境宣言》指出，为确保世界生态环境免遭污染和破坏，提高人类生活环境质量，各国对本国领域内的自然资源有权进行开发利用和保护，但应当制定有利于维护和

---

〔1〕 一般而言，法律对企业承担环境责任的方式带有惩罚性，有学者从管理学角度认为，动态惩罚机制不能确保环境质量改善，应当运用综合手段，如绿色补贴、第三方监管核环境质量认证与审计等来解决"久治不愈"的环境问题。在特定地区，政府可通过不断提高环境质量阈值，逐步引导企业向环境友好型行为转化。金帅等：《动态惩罚机制下企业环境遵从行为演化动态分析》，载《管理科学》2018年第2期。
〔2〕 贾晓燕：《环境责任分配的公平性考量》，载《商业时代》2010年第31期。

改善生态环境的政策，确保在本国领域内的生态环境免于污染和破坏，特别是不能引起国外环境被损害和污染，这是世界各国应当履行的法律义务。

我们知道，在国际领域内，维护和改善全人类的生存环境并确保全球可持续发展绝不是世界成员国的纯粹"内政"，需要世界各国密切合作，共同应对全球化生态环境危机。为加强世界各国在生态环境保护方面的合作，《内罗毕宣言》提出了具体措施。措施6指出，各国应当根据本国保护生态环境的实际制定相应的环境政策，逐步制定环境法律。西方国家在生态环境保护方面积累了丰富经验，拥有先进的关于生态环境保护科学技术，各成员国应在科学技术和环境管理领域展开密切合作。措施9提出，每个人应当负起责任参与到促进环境保护工作之中，所有企业在采取工业生产方法和技术或将这些方法和技术出口到其他国家时应充分考虑自身的环境责任。

1992年的《里约环境与发展宣言》原则13重申了各成员国建立生态环境损害赔偿法律制度的重要性，要求各成员国法律更加关注对因环境污染和破坏而产生的受害者及其赔偿问题。原则16也重申了污染者承担责任原则，即污染和破坏生态环境者应当对其行为产生的损害承担责任。

《京都议定书》要求成员国减少温室气体排放，表面上看，这是各国政府的环境责任，但实际上是要求各国企业将这一责任内化为自身的环境责任。

（二）联邦德国的环境责任原则

2004年4月21日，欧盟通过了《欧洲议会和委员会防止和救济环境损害的环境责任指令》，指令规定由污染者对生态环境损害进行救济，试图通过建立使污染者或引起生态环境损害危险者承担对受害者的经济责任制度，以此来防范或预防污染损害事故的发生。

1990年12月10日，联邦德国通过的《环境责任法》（以下简称《责任法》）确立了在生态环境保护领域内的损害者赔偿（救济）原则。[1]联邦德国的《责任法》是一部民事责任法，这一法的性质是由德国人对环境责任性质的认识所决定的。但这并不排除德国人在公法和私法范畴中对环境责任的规制。可以说，在私法领域加强环境责任的立法，运用综合手段落实环境责任是德国人对世界的贡献。

德国人认为："民事责任的法律规定和对受污染者的补偿性规定对环境要素（即土地、水、空气）受到损害时的确认或多或少有着一定的标准"。[2]另外，既然德国《环境责任法》属于私法范畴，该法部分规范也就能够援引民法典的相关规定。如《责任法》规定，因环境污染致人死亡（《责任法》第12条）、身体伤害（《责任法》第13条）和定期给付的赔偿金或抚恤金（《责任法》第12条）的情形，准用《德国民法典》第843条第2款至第4款之规定。可见，德国人认为，环境损害责任属于民事责任范畴，应当运用民法规范进行调整，但他们也并不排除在环境责任的承担上运用行政和刑事的手段。

联邦德国《责任法》在环境责任认定上创立了因果关系推定制度。《责任法》附录1规定，受害人只要能够证明由于他人

---

〔1〕 德国《环境责任法》（1991年1月1日实施）该法第1条规定，因环境侵害而致人死亡，侵害其身体或者健康，或者使一个物发生毁损的，对于由此发生的损害，设备的持有人负有向受害人给付赔偿的义务。

〔2〕 ［德］约翰·陶皮茨：《联邦德国"环境责任法"的制定》，汪学文译，载《德国研究》1994年第4期。

或设备对其造成了损害，且这种损害是客观存在的，法律就可推定他人或设备与损害事实之间存在因果联系。笔者将这种责任推定原则称为"客观推定原则"，这种原则的好处在于强化他人或设备的所有人应当履行谨慎的义务，确保自身行为不对生态环境或他人造成环境损害。

（三）美国的环境责任原则

美国的环境责任散见于《联邦有害物质法》（1960 年）、《噪声控制法》（1972 年）、《美国环境教育法》（1970 年）、《酸雨法》（1980 年）和《综合环境反应、赔偿和责任法》（CER-CLA，1980 年）等中。笔者在此仅以 CERCLA 为例来说明美国的环境责任原则。

CERCLA 确立了较为严厉的侵权赔偿制度，该法案被评价为"美国环境法上有史以来最为严厉、最有争议但得到联邦法院最广泛支持的环境立法"。[1]CERCLA 建立了四项基本法律制度：信息收集和分析制度；应对危险物质泄漏、危险废弃物污染场地清理和受损自然资源的恢复，对联邦支付广泛授权制度；"危险物质信托基金"（超级基金）制度；污染者付费原则为基础的环境责任标准制度等。可见污染者付费（救济）原则是美国环境法的原则之一。

另外，CERCLA 为了将环境侵权责任能够有效落实，扩大了责任主体的认定范围。美国人在确定环境侵权责任主体范围上采取了"客观主义原则"，只要污染场地对周边生态环境造成污染和破坏，当地住民因此而受到损害，凡与污染场地有密切

---

〔1〕 转引自李冬梅：《论美国〈综合环境反应、赔偿和责任法〉上的环境责任标准》，载《长春市委党校学报》2010 年第 6 期。

联系的人〔1〕都可以被确定为环境侵权人。CERCLA 摆脱了传统的"行为"标准，而采用了"法律身份"标准。"客观主义原则"为确定环境侵权人提供了便捷而有效的路径，非常实用和管用。CERCLA 对侵权责任人认定范围的扩大，可有效解决环境侵权责任承担问题，亦可通过追究排污相关人员的责任达到保护生态环境的目的。

三、我国环境责任原则

（一）环境责任原则的法律规定

我国环境责任原则经历了发展和完善的过程。1979 年 9 月，我国首次颁布了综合性的《环境保护法》，该法确立了"谁污染，谁治理"原则，〔2〕以法律形式明确了承担环境责任的主体。1989 年 12 月，第七届全国人民代表大会常务委员会第十一次会议通过了《环境保护法》，该法将"谁污染谁治理"原则发展为"污染者治理"原则。〔3〕1990 年 12 月，国务院印发了《关于进一步加强环境保护工作的决定》（国发〔1990〕65 号），决定要求各级人民政府和有关部门按照"谁开发谁保护，谁破坏谁恢复，谁利用谁补偿"和"开发利用与保护增殖值并重"的方针做好环境保护工作。1996 年 8 月，国务院印发了《关于环

---

〔1〕 这类人主要包括污染场地的当前所有人或经营人、污染场地的过去所有人或经营人、危险物质处置安排人和危险物质运输人。

〔2〕 我国《环境保护法（试行）》第 6 条第 2 款规定："已经对环境造成污染和其他公害的单位，应当按照谁污染谁治理的原则，制定规划，积极治理，或者报请主管部门批准转产、搬迁。"

〔3〕 该法第 18 条规定："……已经建成的设施，其污染物排放超过规定的排放标准的，限期治理。"第 29 条第 1 款规定："对造成环境严重污染的企业事业单位，限期治理。"

境保护若干问题的决定》（国发〔1996〕31号），决定要求有关部门要按照"污染者付费、利用者补偿、开发者保护、破坏者恢复"的原则。这些法律和政策的规定使我国环境污染和生态破坏得到基本控制。

2014年4月，第十二届全国人民代表大会常务委员通过了《环境保护法》，该法第6条规定了环境保护法的基本原则，即保护优先、预防为主、综合治理、公众参与、损害担责的原则。同时，该法对政府的环境责任也进行了规定。[1]

（二）修复生态环境的责任

我国《民法总则》第179条和《侵权责任法》第15条对承担侵权责任的方式进行了规定，其中，恢复原状在环境责任追究中具有重要作用。生态环境被破坏，修复被破坏的地区和水体等使其恢复原有的生态功能是生态环境治理的重心。有学者从我国目前生态环境（被破坏）修复的实际情况出发并认为，施害者修复环境的目标是恢复原状，在具体实施过程将会面临两大问题：一是由于标准的缺失，施害者行为造成的损害程度、规模以及对未来生态环境功能的影响等无法认定；二是恢复原状的标准无法确定，施害者将生态环境恢复到何种程度的标准难以把握，修复的"妥贴度"也难以把握。[2]

在司法实践中，最高人民法院于2015年1月发布的《关于审理环境民事公益诉讼案件适用法律若干问题的解释》（法释〔2015〕1号）第20条涉及到生态环境修复问题，该条第1款规定，原告请求恢复原状的，人民法院可依法判决被告将生态环

---

〔1〕　详见我国现行《环境保护法》第6条第2款、第10条等。
〔2〕　详见吕忠梅、窦海洋：《修复生态环境责任的实证解析》，载《法学研究》2017年第3期。

境修复到损害发生之前的状态和功能。2015年6月，最高人民法院下发的《关于审理环境侵权责任纠纷案件适用法律若干问题的解释》（法释〔2015〕12号）第14条第1款规定："被侵权人请求恢复原状的，人民法院可依法裁判污染者承担环境修复责任，……"可以肯定，最高人民法院的上述司法解释对"恢复原状"这一环境责任承担方式进行了扩充，这种解释是我国环境责任在立法中的进步。

第二节　环境正义原则

一、环境正义原则的提出

美国学者罗尔斯认为，正义是社会制度的首要德性。[1]这种德性的最好表征是，一个社会不仅能够推进每一成员的利益发展，而且能够通过公共的正义观调解社会使其呈现"良序"的状态。在这种社会中，每个人都应当接受且知道他人也在接受大家所认同的正义原则，同时，社会基本的制度设计目标在于能够普遍地满足人们对正义原则的需求。

正义作为法律的基本性格是一种价值期待，也是衡量社会利益分配的天平。何为正义？有学者将时间与正义进行比对后认为，人类生活在时空之中，但任何人却不能给时间下一个准确定义，正义与时间一样，我们就生活在享受正义和不断追求正义的环境中，或者说，我们正在享受正义给我们带来的"奶乐文明"，我们正艰难地行走在追求正义的旅途之中，我们正在

---

〔1〕［美］约翰·罗尔斯：《正义论》（修订版），何怀宏等译，中国社会科学出版社2009年版，第4页。

与不正义的人或事做这样那样的斗争。尽管如此，我们仍然不能廓清正义的内涵和外延。[1]

人们对正义很难下一个普适性的大家都能够接受的定义，但并不等于说，人们对正义缺乏形而上或形而下的理解。恰恰相反，以边沁为代表的功利主义者认为，功利是法律的基础，法律是实现功利的手段，社会如果能满足"自利原则"和"最大幸福原则"，这个社会才是合理正义的社会。以契约为焦点的罗尔斯正义理论认为，正义即公平，它应包含两项原则，即自由平等原则、机会平等与差别原则，前者优于后者，且这两种原则必须对全体社会成员普遍开放。罗尔斯针对功利主义提出了自己的批判性观点，他认为，功利主义所主张的将"分离的个人设想为多种不同群类，以便实现需求的最大满足"具有偏差。在罗尔斯看来，人是独立的个体，他们之间存在着差异，功利主义将人类应当具有的品性强加给具有差异性的个体，这种做法是错误的。因此，他得出了"功利主义并不认真对待人与人之间的差别"[2]的结论。他认为，正义是一种道德原则，道德存在于人类最大的价值在于分配的公平或正义，只要社会将"自由和机会，收入和财富、自尊等社会价值作为平等分配的基础"，[3]我们就可以得出这个社会是正义的结论。

正义与人类社会形影相随，但它的确又是人类孜孜追求的

---

[1]　张文显：《法理学》（第 4 版），高等教育出版社、北京大学出版社 2011 年版，第 272 页。

[2]　[美]约翰·罗尔斯：《正义论》（修订版），何怀宏等译，中国社会科学出版社 2009 年版，第 22 页。

[3]　罗汉高、李明华：《环境正义理论视阈下社会正义问题的新进路》，载《江西理工大学学报》2015 年第 4 期。

目标之一。在古希腊神话里，人们为了追求正义创造了正义女神——忒弥斯（Themis），在希腊人正义理念的影响下，古罗马人也创造出了属于自己的正义女神——朱斯提提亚（Justitia）。罗马正义女神雕像背面就刻有罗马法谚："为实现正义，哪怕天崩地裂。"可见，正义就在人间，但人类为追求正义却应当具备"天崩地裂"的精神和勇气，甚至为正义而付出生命的代价。古罗马法学家乌尔比安在《查士丁尼民法大全》中也提到"正义乃是使每个人获得其应得的东西的永恒不变的意志"。[1]西方人将正义外化为"神"加以供奉，我国也不乏如此的智慧，"包公"就是很好的佐证。

　　讨论至此，我们很难找寻到对正义公因式的理解进路，但我们可以经验（排除先验和超验）地在自身周围看到不正义的情或事，这种感性的片段"知识"对我们领悟正义将有所助益。正如阿玛蒂亚·森指出，一个社会在可以防止饥荒的时候允许饥荒发生，就以一种明显的、显著的方式表明，这个社会是不正义的。因此，正义就像我们对"道"的理解一样，"道可道，非常道，名可名，非常名，无名，天地之始"。[2]我们认为，正义的最大价值是人们可以此为标准判断和认定明显的非正义，它并不要求人们通过正义得出自己所期望的结论，旨在帮助人们去认识自己所处世界是如何进行精细化管理的。[3]

---

　　〔1〕 转引自罗汉高、李明华：《环境正义理论视阈下社会正义问题的新进路》，载《江西理工大学学报》2015年第4期。

　　〔2〕 老子：《道德经》，载李安泰：《老子·庄子》，云南出版集团公司2010年版，第8页。

　　〔3〕 〔印〕阿玛蒂亚·森：《以自由看待发展》，任赜等译，中国人民大学出版社2013年版，第287页。

正义可浸润到社会的各个领域，包括政治、经济、法律、文化和国际关系等领域。环境正义被从正义体系中单独地抽离出来，并被赋予其特殊的理论意义。[1]这是因为环境不正义在人类周遭频频显现，人类不得不直面正视生态环境的正义或不正义问题。

笔者认为，人们所论及的环境正义或不正义的问题主要表现在：

一是全球领域的环境污染和生态破坏严重。由于人类活动的加剧特别是工业高度发展和全球变暖，人类面临三大危机：环境污染、生态破坏和资源短缺。环境污染主要包括大气污染、水污染、海洋污染、光污染和噪声污染等。生态环境破坏主要表现在森林被砍伐、植被遭到破坏、水土流失严重、土地沙漠化严重和动植物多样化减少等。资源危机主要表现在水资源短缺、资源能源危机。有学者对此总结道："环境正遭受着人类强加给它的种种痛楚：气候危机、水危机、生物多样性危机、植被危机、能源危机等，使环境患上了复合危机病。"[2]也有学者用数字来说明人类面临的生态环境危机，他指出，现代人类已经导致25%的鸟类销声匿迹，据估计还有11%的鸟类正濒临灭绝，面临同样困境的还有24%的哺乳动物和11%的植物种类。[3]

二是发达国家与发展中国家之间的环境问题。比如，环境

---

〔1〕　韩立新：《环境价值论》，云南人民出版社2005年版，第151页。

〔2〕　详见刘湘溶：《人与自然的道德话语——环境伦理学的进展与反思》，湖南师范大学出版社2004年版，第33~38页。

〔3〕　［美］格蕾琴·C.戴利、［美］凯瑟琳·埃利森：《新生态经济——使环境保护有利可图的探索》，郑晓光等译，上海科技教育出版社2005年版，第8页。

恶化与治理责任的划分、保护环境和发展经济的优先性、国际贸易中的绿色壁垒和环保技术的转让等问题。《京都议定书》的签订就是很好的说明，在《联合国气候变化框架公约》下，国际社会经过艰苦的谈判才达成了减排协议。

三是代际之间的环境问题。当代人无节制地使用自然资源和能源，导致能源和资源枯竭，这将直接威胁到人类自身的延续和经济社会的可持续发展。人们已经充分认识到，当代人不能剥夺后代人的生存权和发展权，在生态环境保护方面当代人应当有所作为。

二、环境正义理论

詹姆斯·奥康纳生态社会主义理论。奥康纳的代表作《自然的理由》一书立足于生态马克思主义，[1]揭示并诠释了在全球化背景下侵害环境正义的根本性因素，形成了实现环境正义的进路在于完成"分配性正义"向"生产性正义"转化的思想。马克思指出："作为资本家，他只是人格化的资本。他的灵魂就是资本的灵魂。而资本只有一种生活本能，这就是增值自己获取剩余价值。"[2]"（剩余价值的）生产过程是资本主义生产过程，是商品生产的资本主义形式。"[3]因此，可以说，资本的逻辑就是利润（手段）——目的（生产）——资本增值。奥

---

〔1〕 生态马克思主义的创始人是法兰克福学派的重要代表人物马尔库塞，阿格尔继承了法兰克福学派的传统理论，分析了资本主义生态危机的根源，力求探求新的解决生态问题的路径。

〔2〕 马克思、恩格斯：《马克思恩格斯全集》（第23卷），中共中央马克思、恩格斯、列宁、斯大林著作编译局译，人民出版社1972年版，第260页。

〔3〕 马克思：《资本论》（第1卷），中共中央马克思、恩格斯、列宁、斯大林著作编译局译，人民出版社1975年版，第223页。

康纳将生态社会主义建立在对"资本逻辑"批判基础之上，得出了现代性问题源于"资本逻辑"的结论。他认为，资本在生态领域和经济领域一样具有扩张性。我们知道，资本在经济领域扩张最彰显的表现形式就是经济危机，在生态领域同样如此，我们将这种危机称之为生态危机。[1]

奥康纳认为，在资本主义条件下，社会的矛盾聚焦于社会财富（剩余价值）之上，资产阶级和无产阶级的矛盾源于剩余价值，这两个阶级斗争的结果往往是资产阶级获得了胜利（无产阶级通过劳工组织获得一部分胜利）。如何将剩余价值进行公平分配？传统社会主义提出了自己的剩余价值"分配正义"理论。奥康纳针对传统社会主义"分配正义"提出了自己的观点，他认为，在当前社会高度发展的条件下，"分配正义"无法实现。为论证自己的观点，奥康纳将分配的正义分为经济正义、生态或环境正义和社区或公共的正义。前者涉及财富和负担的公平分配问题，中者涉及环境利益和环境成本的公平分配问题，后者涉及资本积累给某些特定群体所带来的利益与损害的公平分配[2]问题。这三种正义的实现都要求助于国家税收或福利政策。为解决上述问题，奥康纳提出了"生产性正义"理论，他指出："（用）'生态学社会主义'这个术语来界定这样一些理论和实践：它们希求使交换价值从属于使用价值，使抽象劳动从属于具体劳动，也就是说，按照主要（包括工人的自我发展

---

[1]　[美]詹姆斯·奥康纳：《自然的理由——生态学马克思主义研究》，唐正东等译，南京大学出版社 2003 年版，第 289 页。

[2]　详见刘颖、韩秋红：《奥康纳生态社会主义之正义观——生产正义亦或分配正义》，载《当代世界与社会主义》2012 年第 6 期；参见王柏文、崚峰：《詹姆斯·奥康纳的生态学马克思主义述评》，载《吉林师范大学学报》2016 年第 4 期。

的需要），而不是利润的需要来组织生产。"〔1〕提出了生态社会主义应该是"生产正义"的社会，只有在这种社会中环境正义才能实现的观点。

我们注意到，奥康纳所指的生态社会主义的核心问题是解决分配正义和环境正义问题，在他看来，资本主义制度的痼疾在于经济危机，在生态领域，这种痼疾就是生态危机。为有效解决生态危机，奥康纳主张应当建立生态社会主义，〔2〕发挥政府统筹社会力量的功能。需要强调的是，奥康纳所主张的生态社会主义和马克思所主张的社会主义有本质的区别。

彼得·温茨的环境正义理论主要集中在《环境正义论》中，为保证讨论问题的便捷性，笔者仅对温茨的"德性理论"和"同心圆理论"进行讨论。

"德性理论"。该理论源于新教伦理，其核心内容是，如果假设条件相同，财产越多的人越拥有更大的权利以有利于自己的方式解决争端。在人身上存有许多重要的品质，比如勤劳向上、冷静果断、自我管理和控制、诚实守信和生活简朴等都是人在道德上的善，这些善是人取得成功和获得财产的关键。与之相反，贫穷则与懒惰、怯懦、无节制、不诚实和吃喝玩乐形影相随。

温茨认为，"德性理论"在西方社会始终产生着持续的影响，这种影响表现在社会的诸多方面。比如，政府制定的环境政策更加关注中产阶级的需求，更多地忽视穷人的环境诉求，

---

〔1〕 ［美］詹姆斯·奥康纳：《自然的理由——生态学马克思主义研究》，唐正东等译，南京大学出版社 2003 年版，第 526 页。

〔2〕 社会主义是一种社会学思想，主张整个社会应作为整体，由社会拥有和控制产品、资本、土地、资产等，其管理和分配基于公众利益。

这种将富人的利益凌驾于穷人利益之上的德性理论只能是富人的正义而为人类社会所拒绝接受。从这个意义上说，环境正义恰能弥补德性理论之不足。

"同心圆理论"。温茨认为，人们论及的人权和财产权等均围绕人类的利益而展开，对动物权利的关注也只涉及高级动物，根本不关注植物和荒野（的权利）。因此，他提出了需要建立"所有生命个体都值得直接得到的关怀（生物中心主义）的观点，以及物种和生态系统同样也是'道德上值得考虑的'观点，即，也值得直接的道德关怀（生态中心整体论）"[1]的理论来解决现存的环境问题，其目的在于将正义的适用范围拓展到自然环境之中，并把自然权利与人类的权利、动物权利结合起来，"从而形成对环境上所有道德上值得考虑的成分都予以重视的新的环境正义理论。"[2]

在温茨看来，根据特定规则将所要讨论的对象全部分布于同心圆的平面之上，人们就会发现"我们与某人或某物的关系越亲近，我们在此关系中所承担的义务数量就越多，并且（或者）我们在其中所承担的义务就越重，亲密性与义务的数量以及程度明确相关。"[3]"同心圆理论"的重心在于承认同心圆中的"存在"，人类对这些"存在"的生存、自由和追求幸福的权利应当加以尊重。

---

〔1〕 ［美］彼得·S. 温茨：《环境正义论》，朱丹琼等译，上海人民出版社2007年版，第347页。

〔2〕 王雨辰、游琴：《基于"反思平衡"方法的环境正义论——评彼得·S. 温茨的"同心圆"理论》，载《吉首大学学报》2016年第1期。

〔3〕 详见［美］彼得·S. 温茨：《环境正义论》，朱丹琼等译，上海人民出版社2007年版，第372页。

环境正义的理论还包括功利主义、罗尔斯的正义理论、洛克的人权理论、德沃金为代表的社群主义、沃尔泽的正义理论[1]和池田大作生态观中的人本主义思想等。

三、环境正义运动

环境正义运动发轫于美国。[2]美国人首次将种族、贫困和环境问题扭结在一起，将生态环境的不正义问题通过游行示威方式展现在世人面前，促使公众意识到倾倒废弃物所产生的环境污染问题。"华伦游行"起初与美国的种族歧视政策并无瓜葛，"有心人"发现，美国的填埋垃圾场大都分布在非裔美国人和穷人地区，如果想要增强游行的威力和达到预期的目的，就必须将环境问题和种族歧视政策绑定在一起，使单纯仅为环境问题而引发的游行转化为政治性示威。美国的种族歧视政策为这种"转化"提供了催化剂，促使"有心人"的目的得以实现，美国的环境运动就被打上"反对种族歧视，实现环境正义"的烙印。1982年，本杰明·查维斯首次提出了"环境种族主义"术语，该术语所指的主要内容就包含环境政策、法律、法规在制定和执行过程中存在的种族歧视。[3]

华伦抗议之后，许多关注少数民族社区问题的人士和专业机构就工业污染与黑人和收入低下的白人的经济社会发展问题

---

[1] 参见［美］迈克尔·沃尔泽：《正义诸领域：为多元主义与平等一辩》，褚松燕译，译林出版社2002年版，第4~5页、第105页。

[2] 美国北卡罗来纳州的华伦县是有毒有害工业垃圾的集中倾倒和填埋点，倾倒和填埋场周遭居民多为非裔美国人和低收入白人。1982年，在联合基督教会支持下，华伦当地人举行游行示威抗议活动。

[3] 高国荣：《美国环境正义运动的缘起、发展及其影响》，载《史学月刊》2011年第11期。

展开调查，调查发现，美国东南部地区 4 个最大的垃圾填埋场有 3 座被建立在非裔美国人社区，并将这种情况以报告的形式进行公布，引起了人们对种族歧视问题的高度关注。

1987 年，美国联合基督教会种族正义委员会正式发表了《美国的有毒垃圾与种族：关于有害废弃物处理点所在社区的种族和社会经济性质的全国报告》，该报告分析了全美范围内的有毒废物处理、储存和排放设施的数据和相关人口信息，得出了少数民族特别是黑人的居住地区正面临着较高的环境风险的结论。"在国家环保局和州环保机构所确定的有毒废物填埋点中，有 40%集中在阿拉巴马州的埃默尔、路易斯安那州的苏格兰维尔、加利福尼亚州的凯特勒麦市，而这三个地方恰恰都是少数民族的聚集区（埃默尔的非洲裔人口占 78.9%，苏格兰维尔的非洲裔人口占 93%，凯特勒麦市拉丁美洲裔人口占 78.4%）。"[1]美国黑人学者罗伯特·布拉德在 1978 年就发现，在休斯顿就有 5 个市政垃圾场处在黑人社区，6 个市政焚化炉（全市 8 个）位于黑人社区。

可见，美国的环境正义运动表面上看似环保运动，其实质是民权运动，该运动将贫穷、种族和环境问题等联系在一起，在美国社会掀起了轩然大波。

1991 年 10 月，有色人种生态环境保护组织领导人召开环境会议，此次会议带有浓厚的政治色彩，会议主张要维护有色人种环境保护组织的自主性和话语权，要求政府采取措施维护和保障有色人种的人权，会议还通过了环境正义原则。这次会议

---

[1]　转引自王向红：《美国的环境正义运动及其影响》，载《福建师范大学学报》2007 年第 4 期。

将全美国的环境正义运动推向了高潮。

美国环境正义运动产生的因素。美国环境正义运动的导火索是有色人种的民权运动。为面对日益高涨的环境正义运动，美国政府颁布了诸多法律[1]要求联邦和各地政府制定规划，保障公民平等地享有环境权，美国环境正义运动所产生的结果正在美国显现。

四、世界环境正义

发达国家或地区的视角。发达国家或地区认为，人口问题是所有环境问题的根源，它导致了对自然资源的深度开发和破坏、环境污染、粮食问题、水资源危机和不良的经济增长模式等一系列问题。有学者（Pojman, L. P.）在其《环境伦理学：阅读理论和应用程序》中提出："世界上的人口太多，空间没有了，食物将要告罄。虽然有些人已经认识到了，但是我们已经没有时间了。"[2]基于这样的认识，发达国家或地区的主流思想是，大量的人口增长主要发生在发展中国家或地区，这些国家或地区导致了人类的环境问题，它们就应当承担更多的义务来解决当今世界的生态环境问题。

发达国家或地区还认为，大多数发展中国家所在地区森林覆盖率高，植被条件好，是全世界的"生态区"，这些国家为了

---

〔1〕 1993年，美国国会通过了《平等环境权利法案》，该法案肯定了环境状况恶劣社区（居民）提出的禁止修建废弃物处理设施的请求，还建立了对禁止修建废弃物处理设施请示的行政机关听证制度。1994年，美国总统克林顿发布了《第12898号行政命令——在执行联邦行动时为少数民族居民和低收入居民实现环境正义》，要求联邦各机构在12个月内制定环境公正规划，帮助公众实现环境正义。

〔2〕 转引自文贤庆：《环境保护与世界性的环境正义》，载《北京林业大学学报》2015年第3期。

发展本国或地区经济大量砍伐森林资源，对生态环境造成了严重破坏。发展中国家经济发展模式落后，这种不良的发展模式必然造成资源的大量消耗和浪费。发展中国家或地区为了发展本国或地区的经济，"自愿"承担了污染严重的工业企业或在生产过程中的重污染环节，从而加剧了世界环境进一步恶化的趋势。

发展中国家或地区的视角。发展中国家或地区认为，世界性生态环境问题源于国际社会存在的社会制度或结构而产生的贫富不均和经济的不平等。在一定意义上讲，发达国家或地区人们较高生活水平的基础是对能源和资源的消耗。比如，以2000年左右的耗能为例，美国人年均能源消费量约为中国人的11.5倍，约为印度人的30倍。[1]消耗的能源越高，排放的污染物自然也就越多，污染物就会相应增加环境的负荷，这是不言而喻的道理。

特别强调的是，西方发达国家或地区在早期的工业革命时期，为了发展本国或本地区的工业经济，大量地向自然界排放污染物，那时，发展中国家或地区则处于农业文明时期，它们对生态环境的破坏远比西方发达的工业文明时期要小得多。进入后现代主义时代，域外国家对人均资源的消耗不减则增，人均碳排放量一直居高不下。[2]

在全球经济一体化和世界分工的过程中，由于经济的不平

---

〔1〕　转引自文贤庆：《环境保护与世界性的环境正义》，载《北京林业大学学报》2015年第3期。

〔2〕　根据世界银行统计，世界人均碳排放排在世界前10位的国家是：沙特阿拉伯、美国、加拿大、澳大利亚、韩国、日本、德国、俄罗斯、伊朗和英国。西方国家一方面享受着中国廉价的商品，一方面在无端指责他国制造碳排放，是典型的双重标准。

等性，发展中国家或地区往往承担了发达国家或地区对生态环境破坏力度大、对劳动者身体产生危害巨大的生产行业和生产环节。

资本的逻辑必然导致"弱势群体"成为生态环境被破坏的最大受害者。日本学者宫本宪一为此提出了 3 条规律，即"生物学上的弱者"首先受害；"社会上的弱者"首先受害；造成"绝对的不可逆损失"。[1] 从污染物的源头来看，污染性企业主要集中在贫困地区和欠发达地区，有害的垃圾填埋地点往往设置在地价较低的地方，而这些地方则多为穷人居住的地区。

《京都议定书》是国际社会追求环境正义的代表性文件，该公约所构建的框架确定了气候保护的 5 项基本原则，其中一项原则就是要充分考虑发展中国家的愿望和要求。我们坚信，在我国政府及国际社会的共同努力下，世界性的环境正义一定能够实现。

第三节　风险预防原则

一、风险预防原则概述

风险的产生。工业革命后，科学技术飞速发展，人类在享受物质文明的同时，生态环境风险亦相伴而生、如影相随。如前苏联的切尔诺贝利核电站核泄漏事故、[2] 莱茵河污染事

---

〔1〕　转引自韩立新：《环境问题上的代内正义原则》，载《江汉大学学报》2004 年第 5 期。

〔2〕　1986 年 4 月 26 日，前苏联切尔诺贝利核电站发生爆炸，爆炸所泄漏的核燃料浓度达 60%，造成大规模的核污染，给人类带来了灾难。

件，[1]以及前文所提到的 20 世纪全球"十大环境污染事件"。针对这些事件（故），人类开始理性地反思科学技术的高速发展对人类造成环境风险的原因，究竟是人们未对风险进行评估还是对风险的论证不充分；也开始从环境视角审视因自身行为而产生的社会风险，特别是因生态环境遭到破坏或污染而产生的风险，以期阻断环境风险所产生的社会风险的因果必然联系。对于当今社会的风险，有学者如此形容："风险社会，人们就是生活在文明的火山上。"[2]因此，为应对科学的不确定性和防范环境风险，一种较为全新的理念——风险预防原则就被应用于环境法律法规之中。

环境风险的界定。环境风险的界定问题在学界尚未形成定论。有学者认为环境风险是指"因人类活动引起的环境负荷，通过各种环境因素，成为环境保护上的障碍之虞（对人类健康和生态系统造成影响的可能性）。"[3]有学者在"风险"特点的基础上，以国家的"危险防御"为切入点对环境风险进行了列举式界定："因损害大气、水、土壤等环境要素而对公众人身、财产权益的威胁。"[4]也有学者认为："环境风险，是指由人类活动引起的，或由人类活动与自然界的运动过程共同作用造成

---

〔1〕　1986 年 11 月 1 日，瑞士巴塞市桑多兹化工厂失火，近 30 吨剧毒硫化物、磷化物和含有水银的化工产品随灭火剂和水流进入莱茵河，造成莱茵河污染严重，使莱茵河"死亡"了近 20 年。

〔2〕　［德］乌尔里希·贝克：《风险社会》，何博闻译，译林出版社 2004 年版，第 13 页。

〔3〕　参见孟根巴根：《探析环境风险预防原则在我国的适用》，载《求是学刊》2012 年第 2 期，第 103 页。

〔4〕　陈海嵩：《环境风险预防的国家任务及其司法控制》，载《暨南学报》2018 年第 3 期。

的，通过环境介质传播的，能对人类社会极其生存、发展的基础——环境产生破坏、损害乃至毁灭性作用等不利后果的事件的发生概率。"[1]

尽管人们对环境风险的界定不能形成通说，但学者们关于对环境风险的认识仍存在共同之处，这些共同点在于，学者们都抓住了环境风险应当具备的核心点，即"风险""人类活动"和"可能性损害"等。

笔者在学者们诸多观点的基础上认为，环境风险的特点主要有：①环境风险产生与科学技术发展存在密切关系。在一定程度上讲，科学技术的发展为人类改造自然提供了理论和技术的可能性，一旦在规划和建设项目实施过程中，人们对自身行为所产生环境后果认识不足（或忽略或不愿意认识）就增加了环境风险的概率。②环境风险的可能性。③环境风险所产生的后果是对生态环境的破坏和对人类所带来的危害。④环境风险与人类活动的关联性。⑤环境风险一旦产生事实上的损害则具有不可逆转性。⑥环境风险产生的危害后果具有地域性。这一地域的范围取决于环境遭到实质性损害的力度。因此，笔者认为，环境风险是指人类利用自身手段对生态环境所施加的影响可能导致生态环境各要素给人类带来的不可逆转的不利后果的危险。

风险预防原则的提出。风险预防原则的理念产生较早，1982年10月28日，联合国大会通过了《世界自然宪章》，该宪章指出："旨在预防、控制或限制自然灾害、虫害和病害的措施……。"

---

[1] 徐祥民、孟庆垒：《国际环境法基本原则研究》，中国环境科学出版社2008年版，第182页。

《世界自然宪章》的遗憾之处在于仅仅提及了"预防灾害"的发生，却未将"预防原则"（用国际法的形式）肯定下来。一般认为，在国际社会中，风险预防作为一项生态环境保护原则源于德国，它经历三个阶段：①20世纪70年代（产生）。德国的《空气清洁法案》（第一次草案，1970年）就包含风险预防理念，这一理念在以后的德国国内环境法上被普遍采用。②20世纪80年代（初步发展）。《伦敦宣言》（1990年）就对风险预防原则所应包含的内容进行了解释。[1]③20世纪90年代（迅速发展）。风险预防原则更多地出现在国际规范性文件[2]中，标志着风险预防原则在世界范围内被普遍适用。

风险预防原则。从风险预防本身来看，该原则是一个无争议的生态环境法基本原则，[3]但学界对该原则的定义却尚未形成通说。有学者认为："预防原则是指一国的环境行政许可法律制度，应当以制止、限制、控制可能引发环境损害的活动为宗旨"。[4]有学者对预防原则如此理解："（预防原则）主要在说明环境政策与环境法非仅是对具体环境之反应，亦即不仅限于

---

〔1〕《宣言》序言认为，为保护北海免受最危险的物质的可能的损害影响，有必要采取预防措施以控制此类物质的进入，即使在完全明确的科学依据证明因果关系成立前。

〔2〕《生物多样性公约》（CBD）于1992年6月1日在内罗毕通过，于1993年12月29日正式生效。该公约在所规定的缔约国义务5中指出，防止引进威胁生态系统、栖息地和物种的外来物种，并予以控制和消灭。《联合国气候变化框架公约》第3条（原则）第3项规定，各缔约方应当采取预防措施。预测、防止或尽量减少引起气候变化的原因并缓解其不利影响。《里约环境与发展宣言》也称《地球宪章》，该宣言原则15规定，为了保护环境，各国广泛采取预防性措施……

〔3〕徐以祥：《风险预防原则和环境行政许可》，载《西南民族大学学报》2009年第4期。

〔4〕姜敏：《环境法基本原则与环境行政许可制度建构》，载《中国政法大学学报》2011年第4期。

抗拒对于环境具有威胁性之危害及排除已产生之损害，而是进一步积极地，在一定危险产生之前就预先去防止其对环境及人类生物危害性的产生，并持续性地致力于基本自然生态的保护和美化。"[1]金瑞林老师在论及"预防为主、防治结合原则"含义时指出，在国家的环境与资源管理中，通过计划、规划及各种管理手段，采取防范性措施，防治环境损害的发生。[2]王小钢老师认为："当初步的科学证据显示某项人类活动存在可能导致社会无法接受的环境损害之风险时，即使在缺乏充分确实科学证据的情况下，政府也应当采取适当的措施以避免或降低环境风险。"[3]他主张，我国未来的环境法典中应当确立风险预防原则。

笔者认为，风险预防原则应当包含的因素主要有：①预防的对象是生态环境损害。②预防的主体是国家或政府、企业等。③预防所采取的措施应当是积极主动的且发生在生态环境损害前，而不是消极被动的事后救济措施。④避免生态环境事故的发生，但当危害不能避免时，应将损害控制在尽可能小的范围内。基于这样的认识，研究者认为，风险预防原则是指国家或政府、企业等为防止生态环境事故发生或减少已经发生的生态环境事故损害程度而采取积极主动的提前预防措施的制度。

---

〔1〕 陈慈阳：《环境法总论》，中国政法大学出版社 2003 年版，第 197 页。

〔2〕 金瑞林：《环境与资源保护法学》，北京大学出版社 1999 年版，第 116 页。

〔3〕 王小钢：《环境法典风险预防原则条款研究》，载《湖南师范大学学报》2020 年第 6 期。

二、欧盟、美国风险预防原则

(一) 欧盟的风险预防原则

德国是最早确立风险预防原则且把这一原则介绍到欧盟[1]的国家。在欧盟一体化过程中，德国主张欧盟的环境政策应当包含风险预防原则，并尽力说服成员国将此原则写入欧盟相关法律文件之中。1957 年，欧共体通过了《罗马条约》，该条约旨在建立工业品关税同盟，为欧洲一体化奠定基础，但并未涉及环境风险预防问题，条约在环境政策方面仅仅赋予欧共体在紧紧围绕建立共同市场目的的基础上，各成员国可就环境领域的立法和实践展开多方面合作协商的权力。1972 年，欧共体首脑高峰会上制定的《第一个欧共体环境行动计划》（EAP，1973 年 7 月通过）规定的第 11 项原则中虽未明确规定风险预防原则，但其立法精神则包含着风险预防原则的内容。

为进一步建立欧洲统一市场，欧共体通过了《单一欧洲法》，[2]这一法律是对 1957 年的《罗马条约》首次进行修订，也为欧盟各国制定本国的环境政策和成员国在环境领域进行多方面合作提供了基本法依据（指令），[3]也成欧盟各成员国在环境法

---

〔1〕　1993 年 11 月 1 日，《马斯特里赫特条约》正式生效，标志着欧盟诞生。

〔2〕　1985 年，欧共体为制定单一欧洲法进行谈判，1986 年 2 月 17 日，各成员国签署了该法，1987 年 7 月 1 日该法生效。

〔3〕　《单一欧洲法》第 130R、130S、130T 条（环境条款）授予欧共体各国在保护环境方面的立法权。比如，第 130R 条规定：①共同体的环境政策应该致力于如下目标：保持、保护和改善环境质量；保护人类健康；节约和合理利用自然资源；在国际一级上促进采用处理区域性的或世界性的环境问题的措施。②共同体的环境政策应瞄准高水平的环境保护，考虑共同体内各种不同区域的情况。该政策应该建立在风险防范原则以及采取预防行动、环境损害应优先从源头上整顿原则和污染者付费等原则的基础上，环境保护要求必须纳入其他共同体政策的制定和实施之中。

律中的重要法源之一。1992 年 2 月 7 日，欧共体成员国正式签署《马斯特里赫特条约》（以下简称《马约》），该条约第 2 条和第 3 条都提及了 "环境" 术语。[1]之后，欧盟在制定的有关环境规范性文件中都将风险预防原则进行了规定，[2]这一原则成为欧盟成员国的共同原则。之后，欧盟对《马约》及其环境条款进行了修订，修订后的环境条款主要集中在第 174 条第 2、3、4 款中。[3]但风险预防原则的法律地位在欧盟环境政策中始终未得到改变。

值得一提的是，欧盟对风险预防原则的含义在法律上从未进行过界定，正因为如此，才引起了学术界的广泛探讨。[4]但这并不妨碍欧盟贯彻这一原则的决心和信心。欧盟的初审法院依据《马约》对风险预防原则就进行过适用，欧盟法院将这一原则不仅适用于环境案件，而且还扩展至食品、消费者权益保护等领域。[5]

---

〔1〕 该条约第 2 条规定："共同体的任务是……在整个共同体内促进经济活动的和谐的和均衡的发展，持续和非通货膨胀性的增长而不影响环境……"该条约第 3 条（K）规定，（为达到共同体确立的目标，按照本条约所规定的条件和时间表，共同体的活动应包括）环境领域的政策。

〔2〕 如欧盟制定的《欧洲共同体有关环境和可持续发展的政策和行动的规划（1993—2000）》（《欧共体第五个环境行动计划》），该计划的宗旨是可持续发展，并明确规定："欧共体与环境有关的行动应遵循以下原则，即采取预防措施原则。把环境危害作为优先事项控制在源头原则，以及污染者付费原则。环境保护要求应当是欧共体其他政策中的一个组成部分。"详见蔡守秋、王欢欢：《欧盟环境法的发展历程与趋势》，载《福州大学学报》2009 年第 4 期。

〔3〕 修订后的第 174 条第 2 款规定，共同体的环境政策应着眼于高水平保护，同时考虑共同体不同区域情况的差异性，这种保护应当以风险防范原则，采取预防原则、环境损害应优先从源头上整顿原则以及污染者付费……

〔4〕 详见高秦伟：《论欧盟行政法上的风险预防原则》，载《比较法研究》2010 年第 3 期。

〔5〕 详见欧盟委员会发布的《关于消费者健康和食品安全的通报》和《有关欧盟食品法一般原则的绿色文件》。

为进一步贯彻风险预防原则，2000年1月，欧盟委员会发布了《关于风险防范原则的公报》，该公报对其发布的目的、适用范围、适用方法、措施、原则和证明责任等问题进行了规定，以便为成员国提供可资实际操作的规范指引。

因此，可以说，从欧共体的风险预防原则的理念到《马约》对该原则的确立，欧盟（欧共体）所秉持的风险预防原则是一以贯之的。

（二）美国的风险预防原则

总体上说，美国人起初对风险预防原则持怀疑态度，但其判例和国内法（包括联邦和各州层面）却蕴含着风险预防这一原则，并且美国在转基因食品安全和生物多样性保护等方面适用风险预防原则的趋势也在进一步扩大。

美国的 Ethyl 案和 Reserve Mining 案。1976年的 Ethyl 案涉及到美国环境保护局要求逐年降低汽油中含铅量的规章。《美国清洁空气法》（以下简称《空气法》）第101条（B）款阐发了该法的目的之一是保护并提高国家空气资源的质量，以促进公众健康、福利以及生产力的可持续发展。为实现该目的，《空气法》第110条（a）（1）规定，各州在获得联邦环境保护局局长批准之后，应当制定一个规定达到国家环境空气质量标准的实施方案，这个方案包括一级标准（对于保护公众健康来说是必要的）和二级标准（对于保护公众福利来说是必要的）。该法第110条（a）（2）又规定，如果拟议的方案已经公布周知，（并）举行了听证会且符合八项具体标准，联邦环境保护局局长就应当许可该方案。环境保护局根据法律规定要求汽油生产厂家减少汽油中的含铅量，汽油生产厂家认为环境保护局违反法律规定并请求法院审核环境保护局的决定。哥伦比亚地方上诉法院首席法官 Bazelon 尽管在无技术手段证明含铅汽油对环境可能造成损害的情况下，仍然支持了联邦环境保护局的规定，要求各汽油厂家遵守环境保护局的决定（规定）。

Ethyl 案的判决基础就是环境预防原则。Bazelon 首席法官对此案也有过经典的论述，他认为，法院在涉及复杂技术问题时，不是让法官审查每项决定的技术判断，而是要建立能够经得起科学界和公众审查的决策过程。实践证明 Bazelon 法官是正确的。

在 Reserve Mining 案中，风险预防原则集中体现在证据认定方面。20 世纪 70 年代，美国的矿业纳税收入在国家经济中占据重要地位，特别对地方而言更具意义。伴随环境保护意识增强，人们关注采矿业发展对人体健康造成的影响。法院也在证据认定方面采用了"公众健康风险的存在要求在合理的期限内消除此种对健康的危险，是保护公众健康的风险防范性和防止性的措施。"[1]

在对 Reserve Mining 案审理程序中，尽管二审法院撤销了一审判决中关闭储备矿产公司的决定，但却在诸如对石棉是否致癌的不确定性等方面放松了标准。之后，美国第八巡回法院认为，虽然缺乏证据证明危害人体健康的存在，但储备矿产公司工作人员患肠胃癌的概率确实在增加。储备矿产公司排放污水污染苏必利尔湖，造成石棉污染，引起居民对自身健康的合理性关切，该公司就应当在合理期限内采取措施减少对公众健康可能造成的危害。事实上，上诉法院也作出了要求储备矿产公

---

〔1〕 参见薛雪：《美国风险预防原则研究及其对中国的启示》，载《教育教学论坛》2015 年第 22 期。

司修复被污染的空气和水源，为公司工作人员提供良好的工作环境的裁定。

美国的风险预防原则不仅表现在判例中，而且在更多的涉及生态环境保护成文法中也有所体现。[1]

三、我国风险预防原则

我国风险预防原则在法律法规中的表现主要体现在以下几个方面：

一是环境法律中的"风险预防原则"。总的来说，我国法律并未将风险预防原则作为一项基本原则在环境保护法中加以确立。尽管我国环境基本法——《环境保护法》（2014年）第5条规定了预防为主原则，但这一原则与风险预防原则有本质的区别，是两个不同的原则。[2]实际上，我国的风险预防原则至

---

〔1〕 美国的《清洁空气法》（1970年）确立了"新源控制原则"，即新建固定排放源企业或对原规定排放源企业进行实质性改建时，必须先行做"新源排放分析报告"，并将此报告报送环境监管部门备案，环境监管部门作出预防重大危害许可后建设单位方可施工。《清洁水法》（1972年）该法的规制对象之一就是将污染物排入集中污水处理系统的间接排放者受到国家预处理项目管控，并要求间接排放者在获得排污许可证后方可将污水排入处理厂。《濒危物种法案》（1973年）虽未对濒危名录之外的物种提供法律保护，但执法机构则积极主动地制定候选物种保护协议、候选物种保护担保协议和其他相关政策措施。这种提前预防的做法降低了物种进一步灭绝的风险。详见成克武等：《美国〈濒危物种法〉及其相关政策措施》，载《世界林业研究》2008年第4期。

〔2〕 有学者认为，我国环境保护法的原则之一是预防为主、防治结合，这一原则在我国《环境保护法》中有所体现。也有学者认为，预防为主、防治结合作为的基本原则在《环境保护法》（1989年）中有明确规定。但作者认为，"预防为主、防治结合原则"在我国环境法中处于"理念"状态。详见金瑞林等：《环境与资源保护法学》，北京大学出版社1999年版，第115页；王萌等：《我国环境法确立风险预防原则的思考》，载《中国环境管理干部学院学报》2013年第2期。

今仍然处于"理念"的层面。为了将"预防为主、防治结合"落实到生态环境保护的实践之中，我国《环境保护法》（1989年）第4条（环境保护规划）和第26条（"三同时"制度）等都是将"预防为主、防治结合"理念进行落实的具体制度。我国环境基本法以外的环境普通法也是将风险预防原则作为理念来加以确立的。[1]

同时，我国立法也未对环境损害、环境危险和环境风险等核心概念进行科学界分。在笔者看来，环境损害是指人为因素引起的对环境所产生的直接或间接的不利影响，这些不利影响的直接后果是对人体健康、财产或生态环境等方面的不利影响。环境危险仅指发生重大环境损害事件的某种可能性。环境风险则是指发生超过环境忍受限度而需要人们关注并予以减轻的严重环境损害后果的可能性。一般来说，环境损害包括一般环境损害和环境危险，对环境损害，适用损害预防原则。对于环境风险，则适用环境风险预防原则。

二是行政法规中的"风险预防原则"。笔者认为，我国的《新化学物质环境管理办法》[2]较好地体现了"风险预防原则"理念。比如，该办法第1条（立法目的）规定："为了控制新化学物质的环境风险，……制定本办法。"第26条（新特性报告及处理）第3款第1项规定："对于通过增加风险控制措施可以

---

[1] 我国《清洁生产促进法》（2012年）第1条规定："为了促进清洁生产，提高资源利用效率，减少和避免污染物的产生，保护和改善环境，保障人体健康，促进经济与社会可持续发展，制定本法。"清洁生产的目的之一在于从生产源头预防和控制环境污染，从而减少环境风险。我国的《环境影响评价法》（2016年）第1条规定："为了实施可持续发展战略，预防因规划和建设项目实施后对环境造成不良影响，促进经济、社会和环境的协调发展，制定本法。"

[2] 该办法于2009年12月30日修订通过，于2010年10月15日起施行。

控制风险的，在登记证中增补相关风险控制措施，并要求登记证持有人落实相应的新增风险控制措施"等。笔者将上述规定理解为"风险预防原则"在《新化学物质环境管理办法》中的体现。

三是我国参加的国际环境法律文件中的风险预防原则。笔者认为，我国作为联合国常任理事国和其他国际环境组织的成员国，加入的关于环境方面的国际条约或公约理应成为我国的环境法源之一。比如《保护臭氧层维也纳公约》[1]第2条第1款规定了成员国的一般义务，这一规定就包含着风险预防原则。[2]我国加入的《里约宣言》（1992年）和《生物多样性公约》（1992年）等中都含有风险预防原则。可见，我国政府对风险预防原则持肯定态度。

青藏高原的"环境风险预防原则"。笔者在此仅以青海地方立法来说明"环境风险预防原则"。《青海省生态文明建设促进条例》[3]第58条规定，省人民政府应当建立生态环境污染公共监测预警机制和生态环境监测系统，制定预警方案，对可能造成的环境风险进行预防和控制。《青海湖流域生态环境保护条例》[4]

---

〔1〕《保护臭氧层维也纳公约》于1985年3月22日签订，于同年9月22日生效。我国于1989年9月11日加入该公约，同12月10日，该公约在我国生效。

〔2〕该款规定，各缔约国应依照本公约以及它们所加入的并且已经生效的议定书的各项规定采取适当措施。以保护人类健康和环境，使免受足以改变或可能改变臭氧层的人类活动所造成的或可能造成的不利影响。

〔3〕2015年1月13日，青海省第十二届人民代表大会常务委员会第十六次会议通过了《青海省生态文明建设促进条例》，2015年1月27日，省人大常委会第十七次会议又通过了《关于修改〈青海省生态文明建设促进条例〉的决定》修正）。为将生态环境责任落到实处，青海省委和青海省人民政府办公厅下发《青海省生态环境保护工作责任规定（试行）》，该规定共9章26条。

〔4〕2003年5月30日青海省第十届人民代表大会常务委员会第二次会议通过了《青海湖流域生态环境保护条例》，该条例于2018年3月30日被修正。

第9条规定，省人民政府制定青海湖流域生态环境保护规划并纳入国民经济和社会发展规划，各州县也应将该地区的生态环境保护和建设纳入当地的国民经济和社会发展计划之中，并对计划加以实施。可见，风险预防原则在上述条例中同中央立法一样处在理念状态。

因此，笔者建议，在青藏高原生态环境保护法律制度设计中，法律应当明确规定风险预防原则，并借鉴欧盟和美国的做法，结合青藏高原之实际，注重解决环境风险预防原则具体落实的程序性设计问题。

第四节　污染者付费原则

一、污染者付费原则概述

污染者付费原则（Polluter-Pays Principle，PPP）的含义。学界对 PPP 含义讨论的学术成果较多。有学者认为："污染者付费是指对环境造成污染的单位和个人，有责任对其污染源和被其污染的环境进行治理。"[1]也有学者认为，PPP 亦被称为污染者负担原则，即一切向环境排放污染物的单位和个体经营者，应当按照政府的规定和标准缴纳一定费用，使其污染行为造成的外部费用内部化，促使污染者采取措施控制污染。[2]也有学者认为，环境污染的后果就是对人体健康和环境质量造成危害，这种危害将直接或间接地造成经济损失，为了消除由此造成的

---

〔1〕　曹明德：《论生态法的基本原则》，载《法学评论》2002年第6期。
〔2〕　王利：《论我国环境法治中的污染者付费原则——以紫金矿业水污染事件为视角》，载《大连理工大学学报》2012年第4期。

危害和补偿经济损失，就必须由污染者承担为此而支付的费用。[1]也有学者认为，PPP 要求污染者承担治理污染源，消除环境污染，赔偿受害人损失的费用，将外部成本内部化。[2]还有学者认为，PPP 要求污染者支付全成本（全成本付费，不污染不付费），以实现生态环境成本内部化，确保环境处于一种可接受的水平（环境质量不退化是衡量排放和付费标准的唯一尺度）。[3]学界尽管对 PPP 称呼不一，但其对该原则的含义基本形成通说。[4]

笔者认为，PPP 内涵应当包括污染者即付费主体、污染行为、损害结果（人体健康损害、环境质量损害与经济损失）和收费主体等。因此，研究者认为，污染者付费原则是指单位或个人因其污染环境行为造成人体健康和环境质量损害，直接或间接地产生一定的经济损失，国家依据相关法律法规向其征缴用以赔偿损害的相应费用原则。

PPP 的提出和发展。经济合作与发展组织（OECD）认为 PPP[5]的目的是分配污染防治措施的成本，以此来鼓励稀缺环

〔1〕　何文初：《环境法的"污染者负担"原则研究》，载《长沙电力学院学报》2002 年第 1 期。

〔2〕　王健：《OECD 国家的环境税及其对我国的启示》，载《中国资源综合利用》2004 年第 5 期。

〔3〕　刘康等：《中国污水处理费政策分析与改革研究——基于污染者付费原则视角》，载《价格月刊》2021 年第 12 期。

〔4〕　金瑞林老师将污染者付费原则称为"开发者养护、污染者治理原则"，韩德培老师将该原则称为"谁污染谁治理原则"，蔡守秋老师将该原则称为"环境责任原则"等。详见金瑞林：《环境与资源保护法学》，北京大学出版社 1999 年版，第 120～122 页；韩德培：《环境保护法教程》，法律出版社 1991 年版，第 61～64 页；蔡守秋：《环境法教程》，法律出版社 1995 年版，第 75～78 页。

〔5〕　1972 年，经济合作与发展组织（OECD）环境委员会在《环境政策的国际经济方面的指导性原则建议》中首次在国际场合对 PPP 进行界定。

境资源的合理利用并避免国际贸易和投资的扭曲。污染者应当承担政府当局决定的污染防治的费用，来确保环境处在一个可接受的状态。[1]可见，PPP 的本来目的并非针对环境问题而言，而是为了维护国际贸易公平，以防止国际贸易的扭曲。后来，OECD 对 PPP 进行了注释，并认为 PPP 并不包含将污染降低到某一最佳水平，而是使污染水平能够被市场所能接受，最终实现市场公平。1974 年，OECD 发布了《PPP 执行建议书》，该建议书确立了 PPP 的非补贴性并要求各成员国为遵守 PPP 而展开密切合作，不能通过补贴、税收优惠或其他措施帮助污染环境者承担污染者的内部成本。[2]1989 年和 1991 年，OECD 分别签署《关于突发性污染者应用 PPP 原则的建议》和《理事会建议》，强调将经济原则和法律原则结合起来和在环境政策中运用经济手段使损害成本内部化的必要性，要求运用各种经济手段，找寻"更富有弹性、更有效率和成本更有效的污染控制方法。"[3]

---

〔1〕 转引自杨喆等：《污染者付费原则的再审视及对我国环境税费政策的启示》，载《中央财经大学学报》2015 年第 11 期。

〔2〕 起初，人们对环境资源的认识出现偏差，认为自然资源取之不尽，用之不竭，自然环境本身具有无限的"自净"能力。工业革命后，工业化、城市化的发展给人类生于斯长于斯的环境带来了严重污染，直接威胁到人类自身的生存和发展。发达国家首先意识到要采取必要的措施对被破坏的生态环境进行保护和修复，生态环境属于公共产品，政府在这方面理应有所作为。历史表明，发达国家的政府的确投入了大量公共财政用于环境治理工作，这种做法不但未能有效遏制污染者的污染行为，反而进一步纵容了污染者转嫁污染成本的行为，同时也增加了纳税人的负担。从本质上讲，政府治理生态环境污染就是对污染者的变向"补贴"。人们开始对这一做法进行质疑，并提出了污染者自己承担破坏生态环境的修复费用等观点。经济合作与发展组织正是从上述实践层面来强调 PPP 的非补贴性，这对我们理解 PPP 具有重要意义。

〔3〕 [美] 阿尼尔·马康德雅等：《环境经济学词典》，朱启贵译，上海财经大学出版社 2006 年版，第 217 页。

联合国关于 PPP 的表述主要集中在《里约环境与发展宣言》[1]之中。笔者认为，《里约宣言》所强调的 PPP 适用范围可以被理解为仅限于贸易领域。后经历年发展，PPP 才逐步演变为各国制定的环境政策中的一项基本原则。

二、欧盟污染者付费原则

PPP 在欧盟的发展。欧盟始终对 PPP 持支持和肯定态度。为使 PPP 在欧盟范围内具有普遍法律效力，欧盟在其《第一个环境行动计划》就确立了 PPP。1975 年，欧洲理事会发布《理事会建议》，该建议指出，合理利用环境资源是 PPP 的最终目的。欧盟的《第三次环境行动计划》（1982—1986 年）对欧盟已有的环境政策进行了变革，要求各成员国将环境政策与共同体的其他政策综合起来进行考虑，强调了 PPP 在对资源优化利用策略中的"决定性意义"。[2]1986 年，欧盟将 PPP 作为基本环境政策加以确立，《欧洲单独行动法案》认为，污染者应当支付相应的费用。随着欧盟 PPP 的发展，理论界对 PPP 形成了两种解释，即效率解释和公平解释。前者着重强调用经济手段使环境成本内部化，后者则强调费用公平分配。

《欧洲水政策领域的行动框架指令》（2000/60/EC，以下简

---

〔1〕　1992 年 6 月 3 日至 14 日，联合国环境与发展会议通过了《里约环境与发展宣言》，也称《地球宪章》，该宣言涉及 27 项原则，其中第 16 原则重申了 PPP。该宣言第 16 原则规定，考虑到污染者原则上应承担污染费用的观点，国家当局应该努力促使内部负担环境费用，并且适当地照顾到公众利益，而不歪曲国际贸易和投资。

〔2〕　罗汉高、李明华：《欧盟"污染者付费原则"的新进路——基于欧盟成本回收和负担分配的判例法》，载《成都行政学院学报》2015 年第 1 期。

称《水指令》)。[1]《水指令》原则之一是水为商品,并要求成员国"将一系列措施包括定价及经济与财务工具综合到共同的管理方法中,以便实现指令的环境目标"。[2]即根据 PPP,《水指令》要求各成员国的水成本应当包括财政、环境和资源成本,更为重要的是各成员国的水价格政策应当能够促进水资源的保护和有效利用。

欧盟《关于预防和补救环境损害的环境责任指令》(2004/35/EC,以下简称《指令》)。《指令》根据《成立欧洲经济共同体条约》第 175 条第 1 款而作出。早在 20 世纪 80 年代后期,欧盟便开始对指令进行论证和讨论,其目的在于使环境破坏在一定程度上得到防止和补救,促使破坏环境的人承担一定的赔偿责任。《指令》第 2 条对环境损害进行了界定,且将"损害"认定为"可测量的自然资源的不利变化或者可能直接、间接出现的可测量的自然资源服务功能的损伤"。这一解释增加了 PPP 在实践中的可操作性。2004 年 4 月,《指令》获得通过,欧盟要求各成员国在 4 月 30 日之前将《指令》转换成各成员国的内国法。2007 年 4 月 30 日,《指令》开始实施,PPP 在欧盟正式生效。《指令》中的 PPP 目的在于使经营者对其破坏的生态环境行为进行控制并要求其承担相应的经济责任。[3]同时,《指令》

---

〔1〕《水指令》于 2000 年 10 月 23 日通过, 于 2000 年 12 月 22 日在欧盟官方公报上发表。

〔2〕[英]马丁·格里菲斯:《欧盟水框架指令手册》,水利部国际经济技术合作交流中心译,中国水利水电出版社 2008 年版,第 10 页。

〔3〕参见王宇博:《欧盟环境破坏责任指令解读——确保污染者付费》,载《中国标准化》2007 年第 11 期;王慧、赵胜营:《欧盟环境责任指令的法律解读及其启示》,载《南宁师范高等专科学校学报》2007 年第 1 期;王春婕:《欧盟环境指令的合法性分析——以 WEEE 和 ROHs 为对象》,载《河北法学》2006 年第 3 期。

也为如何确定拟采取的修复措施的标准和性质提供了指南（方向或指引）。[1]可以这样理解，《指令》所确定的责任人责任范围以及计算赔偿金的规则当然适用于 PPP。

值得一提的是，欧盟一直在推崇 PPP，甚至有些欧盟学者将 PPP 称为"无补贴原则"，这一说法与欧盟的实践有一定的差距。欧盟的环境执法告诉我们，欧盟在实践层面执行的环境政策是以 PPP 为主，以环境补贴为辅的体制。[2]

补贴与反补贴问题是国际社会争论不休的问题之一，乌拉圭回合谈判所达成的《补贴与反补贴措施协定》对补贴进行了界定。[3]在谈判中，成员国对农产品贸易问题各执一词，WTO 前总干事为此指出："为什么农产品贸易问题各方如此难以取得共识"完全在于农业问题并非仅仅是一个经济问题，一些国家从政治角度，有时甚至是文化角度看待农业问题，使得农产品贸易问题变得非常复杂，这一问题不仅关涉到一个国家的粮食安全，而且也关系到一个国家的政治、文化和国家安全等。[4]

事实上，发达国家或地区普遍采用保护和发展农业的政策，

---

〔1〕［荷］爱德华·H. P. 布兰斯：《2004 年〈欧盟环境责任指令〉下损害公共自然资源的责任——起诉权和损害赔偿的估算》，戴萍译，载《国际商法论丛》2008 年第 1 期。

〔2〕详见李本：《欧盟环境执法 PPP 原则及其例外考察——兼议对中国环境补贴制度设计的启示》，载《理论导刊》2009 年第 10 期。

〔3〕《补贴与反补贴措施协定》（第 1 条）认为，补贴是由缔约方境内的政府或任何形式的收入或价格措施。补贴是政府的财政性措施，其意图在于授予受补贴方某种利益，为生产者或销售者提供资助。这种政府授予生产者或销售者的"某种利益"也可以理解为"某种优势"。参见徐锋：《国际贸易中的政府补贴与反补贴》，载《世界贸易组织动态与研究》2002 年第 6 期。

〔4〕姜发根：《农业补贴与反补贴制度演进研究》，载《粮食科技与经济》2010 年第 1 期。

通过政府补贴的形式将国内农产品价格固定在国际市场价格之上，形成农产品贸易价格扭曲现象。欧盟的环境补贴同样如此，但这种补贴却符合《补贴与反补贴措施协定》第 8 条第 2 款第 3 项之规定。[1]可见，欧盟的环境补贴在国际条约的罩护下处在"灰色"区域之中。

三、我国污染者付费原则

我国环境基本法中的 PPP。从我国环境基本法[2]的规定来看，PPP 发展过程有三个阶段：一是"谁污染谁治理"阶段。这一阶段的法律要求污染者应当治理遭其破坏的环境，但并未提及付费问题，法律的关注点重在恢复已被破坏的环境。二是"污染者付费"阶段。这一阶段的法律条文并没有"污染者付费"的文字表述，笔者认为，从法律条文和立法者本意出发，可以推定出法律具有这样的思想。三是"损害担责"阶段。法律要求污染和破坏生态环境者应当承担责任，笔者理解这里的责任应当包含损害赔偿、修复（治理）、缴纳排污费和环境税等责任。因此，我国的"损害担责原则"比 PPP 包含的内容要丰富，尽管污染者付费原则和损害担责原则的概念在外延上存在

---

〔1〕《补贴与反补贴措施协定》规定第 8 条第 2 款第 3 项规定，对为促进现有设施适应由法律和/或条例所施加的给企业带来更大限制和更重财政压力的新的环境要求的资助，条件是该项资助：①是一种一次性的、非重复性的措施；②限于改进成本的 20%；③不包括弥补必须由企业全部承担的辅助投资的重新安装及操作费；④直接与企业减少废弃物和污染的计划有关并与之成适当比例，且不弥补任何可以获得的制造成本节约；⑤是所有能采用新设备和/或新生产工艺的厂商均可得到的。

〔2〕 详见 1979 年的我国《环境保护法（试行）》（1979 年）第 6 条第 2 款，《环境保护法》（1989 年）第 28 条、第 41 条，《环境保护法》（2014 年）第 5 条、第 59 条至 69 条等。

交集，但绝不能将我国的"损害担责原则"等同于PPP。[1]

　　我国涉及环境问题的单行法律和环境政策[2]将PPP有的表述为"污染者付费"，有的表述为"承担防治责任"，有的表述为"承担损害责任"等，但其表达的意思与我国环境基本法是完全一致的。

　　我国PPP的责任形式。我国的污染者付费责任形式包括民事、行政和刑事责任。这些责任主要通过污染治理、损害补偿和污染赔偿等制度加以实现。污染治理是在污染事故发生之后，污染和破坏生态环境者对其行为产生的后果进行生态修复和治理。损害补偿的法理基础是"环境权的私权性"[3]和"公益性"，这种责任的载体有两种：一是补偿救济费；一是环境税。[4]前者主要针对私权被侵犯后的补偿（污染者污染破坏生态环境后，当地居民或范围更大的居民身体健康和财产权受到损害的补偿），后者主要用于对生态环境公益权受侵犯的补偿。损害赔

---

　　[1]　为了表述方便和保持全文的一致性，笔者将污染者付费、损害担责和承担赔偿责任等一并称为PPP。

　　[2]　详见我国《矿产资源法》（2009年修订）第32条第3款，《大气污染防治法》（2015年修订）第7条、第69条第1款，《固体废物污染环境防治法》（2015年修订）第5条，《水污染防治法》（2017年修订）第49条第4款、94条第1款，《国务院关于环境保护若干问题的决定》（国发〔1996〕31号）第7部分，《国务院关于落实科学发展观加强环境保护的决定》（国发〔2005〕39号）之（十八）、（二十七）和《国务院关于加快发展节能环保产业的意见》（国发〔2013〕30号）之（六）等。

　　[3]　潘慧庆：《浅析我国的"污染者负担"原则》，载《科教文汇》2007年第6期。

　　[4]　我国《环境保护税法》由第十二届人民代表大会第二十五次会议于2016年12月25日通过，自2018年1月1日起施行。该法共5章28条，具体内容包括总则、计税依据和应纳税额、税收减免、征收管理与附则。2017年12月25日，国务院公布《环境保护税法实施条例》（国务院令第693号），该条例于2018年1月1日起施行。

偿责任的法律依据是我国现行的《民法典》和其他环境法律法规，[1]如果污染者共同产生侵权行为时，依据我国现行《民法典》之规定污染者就应当承担连带责任。[2]

承担环境刑事责任的前提条件是环境犯罪，即侵犯了为环境刑法所保护的环境法益。关于环境法益在学界存在不同学说，[3]属于环境刑法研究的范畴，笔者在此不作探讨。但笔者需要强调的是生态系统本身就具有其应当享有的权益，为此，有学者认为，自然具有的生存权可以归属为伦理的共同体，应将平等的伦理观扩大到全体生态系统中去。[4]笔者始终认为环境犯罪所侵犯的客体的确应该包括自然法益。对此，我国法律对环境犯罪及责任规定得也较为详细。[5]

青藏高原PPP的应用。笔者在此仅以《青海湖流域生态环

---

〔1〕 我国现行《民法典》第176条规定，民事主体依照法律规定或者按照当事人约定，履行民事义务，承担民事责任。我国《水污染防治法》（2017年修订）第85条规定，有下列行为之一的，由县级以上地方人民政府环境保护主管部门责令停止违法行为，限期采取治理措施，消除污染，处以罚款；逾期不采取治理措施的，环境保护主管部门可以指定有治理能力的单位代为治理，所需费用由违法者承担：（一）向水体排放油类、酸液、碱液的……

〔2〕 参见我国现行《民法典》第177条和第178条。

〔3〕 参见刘彩灵、李亚红：《环境刑法的理论与实践》，中国环境科学出版社2012年版，第41~42页。

〔4〕 参见［美］R. F. 纳什：《大自然的权利》，杨通进译，青岛出版社1999年版，第67~69页。

〔5〕 我国的环境法律主要有《中华人民共和国刑法》（1997年修订，以下简称《刑法》）、《〈刑法〉修正案（二）》、《〈刑法〉修正案（四）》、《〈刑法〉修正案（八）》、全国人大常委会的《关于〈刑法〉第228条、第342条、第410条》（2001年8月31日）、最高人民法院、最高人民检察院《关于执行〈刑法〉确定罪名的补充规定》、《最高人民法院关于审理非法进口废物刑事案件适用法律若干问题的解释》（法释〔1996〕24号）和《最高人民法院关于审理破坏森林资源刑事案件具体应用法律若干问题的解释》（法释〔2000〕36号）等。

境保护条例》（以下简称《条例》）为例加以说明。研究者初步统计，《条例》涉及"谁污染谁付费"的条款主要有第 22 条、第 29 条第 2 款、第 33~39 条、第 42 条，但《条例》未将 PPP 作为一项基本原则加以规定。青海生态环境保护中的 PPP 同全国一样，存在着诸多问题，比如污染主体、价值取向、"执行难"、"受理困境"、"审理困境"和"判决困境"等问题。[1]这就要求我们对"谁污染，谁付费"原则做进一步的深入研究。

　　笔者认为，尽管有西方人将 PPP 称为"污染者负担原则"，[2]但笔者认为，PPP 也更适合于中国式的表达，也便于为人们对 PPP 的理解和执行。因此，笔者建议在青藏高原生态环境保护的立法中应当将 PPP 以条文的形式加以规定。

---

　　〔1〕　参见阳相翼：《污染者负担原则面临的挑战及其破解》，载《行政与法》2012 年第 12 期。

　　〔2〕　详见柯坚：《论污染者负担原则的嬗变》，载《法学评论》2010 年第 6 期。

第三章

青藏高原地区生态环境保护
法律制度的建构

一般而言，生态环境保护制度有 8 种，即"三同时"制度、环境影响评价制度、排污收费制度、排污申报登记及排污许可证制度、集中控制制度、环境目标责任制度和城市环境综合整治定量考核制度。根据课题的要求，笔者仅对生态补偿制度、环境影响评价制度、环境损害赔偿责任制度和环境责任保险制度展开讨论。

第一节 生态补偿制度

一、生态补偿制度概述

随着全球经济的发展和气候变暖以及人口膨胀等因素，人与自然的矛盾越来越尖锐，这一矛盾突出地表现在资源的短缺和人类对资源需求量的不断增大之上，这一问题已引起各国政府和学者的高度关注。由于地理条件的差异，自然资源和生态资源地区分布不均，必然产生资源的供给者和使用者之间的经济关系，生态补偿问题便由此而生。

为建设生态文明，推动我国经济社会的可持续发展，"十一五规划"首次将我国国土空间划分为四大主体功能区，即优化开发区、重点开发区、限制开发区〔1〕和禁止开发区〔2〕。为实施国家战略规划，2010 年，国务院又印发了《全国主体功能区规划的通知》（国发〔2010〕46 号），〔3〕按照《通知》要求，青藏高原多为限制开发和禁止开发地区，其主体功能是生态功能区。

我国"十四五"规划对未来五年生态文明建设也提出了具体目标，即生态文明建设实现新进步。国土空间开发保护格局得到优化，生产生活方式绿色转型成效显著，能源资源配置更加合理、利用效率大幅提高，主要污染物排放总量持续减少，生态环境持续改善，生态安全屏障更加牢固，城乡人居环境明显改善。

面对青藏高原经济社会相对发展滞后和发挥生态功能区作用与发展地区经济社会的双重压力的挑战，如何发展青藏高原的优势产业、如何建立健全的生态补偿机制，诸如此类的问题就需要我们重点讨论和研究。

对生态补偿问题的研究，发达国家要早于我国，它们在补偿标准的制定、补偿的规划设计以及如何操作等方面积累了丰富的经验。20 世纪 70 年代，美国学者 Larsno 和 Mazzares 就认

---

〔1〕　限制开发区主要是指资源承载能力较弱，大规模聚集经济和人口条件不具备且关系到全国或较大范围生态安全的区域。

〔2〕　禁止开发区是指依法设立的各类自然保护区域或公园。如西藏自治区政府先后批准设立的墨脱、察隅、波密岗乡、林芝巴结、聂拉木樟木沟、吉隆江村和珠穆朗玛峰 7 个自然保护区；西藏雅鲁藏布江大峡谷国家级自然保护区、青海湖国家级自然保护区、祁连山国家公园和三江源国家公园等。

〔3〕　《通知》提出要构建"两屏三带"为主体的生态安全战略格局，青藏高原是生态屏障，要求重点保护好多样、独特的生态系统，发挥涵养大江大河水源和调解气候的作用。

为，在湿地开发利用方面，政府应当建立许可证制度和对湿地的生态效益进行评估机制。西方国家政府也因此建立了快速评价模型，这个模型就包含生态补偿机制。

1956 年，美国政府开始实施生态补偿计划。这一计划首先在农业政策上得以实施，美国建立土壤银行，只要农场主作为储户将自己土地的一部分存入银行，银行就给储户一定的"利息"（补助），这一费用由美国政府承担，目的在于鼓励农场主退耕部分土地，以减少对土地生产力的破坏。1961 年，美国政府面对谷物库存量的压力，加大实施土壤银行计划力度，农场主只要对其所有的土地停止耕作 20%，政府就以停止耕作土地的正常产量为标准进行核算，给予停止耕作户正常产量一半的补助（产量按市场价格折算成货币）。如果停止耕作的土地面积超过农场主所有土地面积的 20%，补偿的比例将再提高 10 个百分点。继此政策后，美国又推行鼓励退耕休耕计划，并对此类土地进行生态补贴。

欧盟和日本等国效仿美国，纷纷制定类似政策，推行绿色计划。

我国的生态补偿机制发展经历了三个阶段：

第一阶段（1985—1998 年）。1990 年 12 月 5 日，国务院颁布的《关于进一步加强环境保护工作的决定》（国发〔1990〕65 号）提出了"谁开发谁保护，谁破坏谁恢复，谁利用谁补偿"和"开发利用与保值并重"的方针，首次从政策层面确立了生态补偿制度，标志着我国的生态补偿在制度和实践上被运用。

第二阶段（1999—2005 年）。2004 年 3 月 11 日，国务院下发的《关于进一步推进西部大开发的若干意见》（国发〔2004〕

6号）指出："建立生态建设和环境保护补偿机制，鼓励各类投资主体投入生态建设和环境保护。"要求把退耕还林、退牧还草与加强基本农田建设、农村能源建设、生态移民、后续产业发展、封山禁牧舍饲等配套保障措施结合起来。

　　第三阶段（2006年以后至今）。我国"十一五"至"十三五"规划都提出了建立生态补偿机制。"十三五"规划指出，国家计划对农产品主产区和重点生态功能区进行政策倾斜，前者可以解决"三农"问题，后者可解决生态问题，规划要求国家对上述两类地区将加大资金支持力度。针对我国纵向生态补偿机制资金来源的单一性问题，"十三五"规划要求建立健全流域横向生态补偿机制，使生态补偿资金多元化。可见，"十三五"规划将生态补偿机制提高到了国家战略高度，标志着我国生态补偿机制的发展进入了新阶段。"十四五规划"要求深入实施可持续发展战略，完善生态文明领域统筹协调机制，构建生态文明体系，促进经济社会发展全面绿色转型，建设人与自然和谐共生的现代化。建立生态补偿机制当然也被包含在我国"十四五"规划之中。

　　在"十一五"至"十四五"时期，党中央、国务院及其各部门先后出台实施了《中央有关部门贯彻实施党的十九大报告重要改革举措分工方案》（中办发〔2018〕12号）、《党的十九大报告重要改革举措实施规划（2018—2022年）》（中办发〔2018〕39号）、《国务院办公厅关于健全生态保护补偿机制的意见》（国办发〔2016〕31号）、《建立市场化、多元化生态保护补偿机制行动计划》（发改西部〔2018〕1960号）、《关于深化生态保护补偿制度改革的意见》（中办发〔2021〕50号）和《关于印发〈支持长江全流域建立横向生态保护补偿机制的实施方案〉的通知》（财资环〔2021〕25 号）等政策文件。这些文件政策进一步明确了生态补偿的基本思路和建立市场化、多元化生态补偿制度等。针对补偿标准，国务院下发了《中央财政林业补助资金管理办法》（财农〔2014〕9 号）和《新一轮草原生态保护补助奖励政策实施指导意见（2016—2020 年）》（农办财〔2016〕10 号）等，调整了森林、沙地封禁、湿地、草原保护补偿的标准。

与此同时，国家财政继续加大对国家重点生态功能区转移支付的力度，建立了国家重点生态功能区财政转移支付实施的配套生态环境监测评价制度。国务院下发了《国家重点生态功能区县域生态环境质量考核办法》（环发〔2011〕18 号）、和《中央对地方国家重点生态功能区转移支付办法》（财预〔2015〕126 号）等文件。[1] 截至 2021 年底，国家重点生态功能区监测评价范围增加到 800 余个县域，累计投入资金超过 6000 亿元。2018—2020 年，中央财政在推动长江经济带建立生态补偿机制方面安排资金共 180 亿元。2020 年，中央财政安排 10 亿元资金用于推动黄河流域生态补偿机制建设。[2]

基于国家的战略规划和本地区实际的考虑，我国各地区纷

---

〔1〕 财预〔2019〕94 号文被《关于印发〈中央对地方重点生态功能区转移支付办法〉的通知》（财预〔2022〕59 号）所废止。该通知进一步明确规定了重点生态功能区转移支付支持范围、转移支付资金的分配原则、重点补助的测算办法和中央转移支付资金的管理制度等。

〔2〕 详见郝春旭等：《"十四五"时期生态补偿制度改革研究》，载《环境保护》2022 年第 5 期；任俊霖、匡洋：《长江经济带流域横向生态补偿进展、困境与优化路径》，载《长江科学院院报》（2022 年 9 月 2 日网络首发）；李毅：《黄河流域横向生态补偿的理论解析与制度完善》，载《西南林业大学学报》2022 年第 4 期。

纷出台了生态补偿政策。[1]

　　青藏高原各地也颁布了关于建立生态补偿机制及相关文件。如《西藏自治区"十三五"时期生态补偿脱贫实施方案》（2016 年）、《四川省森林生态效益补偿基金管理办法》（川财农〔2012〕168 号）、《云南省森林生态效益补偿基金管理实施细则》（云财〔2005〕2 号）、《甘肃省贯彻落实〈国务院办公厅关于健全生态保护补偿机制的意见〉实施意见》（甘政办发〔2017〕127 号）、《青海省人民政府关于探索建立三江源生态补偿机制的若干意见》（青政〔2010〕90 号）和《三江源生态补偿机制试行办法》（青政办〔2010〕238 号）、《关于印发〈新一轮草原生态保护补助奖励政策实施方案〉（2016—2020 年）的通知》（青政办〔2016〕195 号）和《关于健全生态保护补偿机制的实施意见》（青政办〔2018〕1 号）等。这说明青藏高原各地在生态补偿机制的建立方面进行了有意义的探索，也积累了丰富的经验。

　　更为重要的是，党的十九大报告指出了我国现阶段"不平衡和不充分发展是主要矛盾"，[2]不平衡是指各地区各领域发展的不平衡，事实上，青藏高原的经济社会发展滞后于中东部地

---

　　〔1〕 2005 年 7 月 4 日，杭州市下发《杭州市生态补偿专项资金管理办法》（杭财基〔2005〕530 号）。有学者将全国有关生态补偿的法律法规、政策作了梳理，包括国家主席签发的相关法律法规（18 部）、国务院总理签发的相关法律法规（11部）、流域及其他水体环境生态补偿相关规章（42 部）、生态功能区保护规章（5部）、森林保护规章（19 部）、草原保护规章（9 部）、矿产资源开发保护规章（9部）和其他综合类规章（57 部）。详见刘桂环等：《中国生态补偿政策概览》，中国环境出版社 2013 年版。

　　〔2〕 温铁军：《生态文明与比较视野下的乡村振兴战略》，载《上海大学学报》2018 年第 1 期。

区。发展的不充分是指经济社会发展滞后的地区各方面发展不足。[1]按我国生态功能区的划分，青藏高原大部分地区为水源涵养区和土壤保持生态功能区，这些地区均属于禁止开发区和限制开发区。青藏高原既要保护生态环境又要推进当地经济社会发展，这一矛盾如何解决？同时，我们也应当看到，我国的生态补偿机制多表现为政策性规定，尽管我国环境基本法对生态补偿制度有原则性的规定，但对于该制度如何实施则缺乏相应的法律制度支持。这些都是我们需要考虑的问题。

二、生态补偿问题

（一）生态补偿内涵

关于生态补偿的概念。国内对生态补偿概念外尚未形成通说。国际上所讲的"生态补偿"往往是指生态或环境服务付费（Payment for Ecological/Environmental Services，PES），Cuperus认为PES就是地区生态功能或质量受到损害，国家、其他地区或组织对提供生态产品地区的补偿。Allen认为生态补偿本质上是对生态破坏地的修复，或者另建生态产品提供地以替代生态被破坏地区本应提供的生态产品。[2]这两位学者均认为，生态补偿的前提（原因）是生态遭到破坏，或者生态功能和质量下降，即只有损害才有补偿。两位学者并未对补偿的主体范围进行划定，谁来补偿，谁接受补偿，这是生态补偿的关键。

---

〔1〕 唐洲雁：《深刻理解和准确把握中国特色社会主义走进新时代》，载《东岳论丛》2018年第1期。

〔2〕 转引自赖力等：《生态补偿理论、方法研究进展》，载《生态学报》2008年第6期。

《公地的悲剧》[1]发表后，奥斯特罗姆将自己研究的范围限定在小范围的公共池塘内总结出"社会—生态"理论，这一理论的提出对生态系统服务产生了重要影响。19 世纪 70 年代，生态系统服务概念（Ecosystem Services，ESs）被提出，这一概念旨在利用生态系统所固有的功能为人类提供可获益的服务，唤起了人类对生态系统以及生物多样性的关注。同时，也将社会系统和生态系统有机地联系起来，"促进（了）人与自然的和谐共生。"[2]实际上，"社会——生态"理论也为我们理解生态补偿概念提供了一把钥匙。

理论上讲，西方人所讲的生态补偿的逻辑起点是产权明晰，通过明晰产权和市场机制将生态服务用货币表现出来，促使资源使用者（理性的经济人）通过支付费用来保护生态环境系统。同时，生态补偿可使整个社会获得的生态服务价值高于支付费用而形成成本效益。

我国政府和学界对生态补偿的理解出现了仁者见仁的局面。汪劲先生将我国政府文件中提到的生态补偿进行了梳理，他认为，我国政府文件中所指的生态补偿包括的含义主要有明确界定生态保护者与受益者之间的权利义务关系，生态补偿的方法是转移支付或市场交易，生态补偿应考虑生态保护成本、发展

---

〔1〕　1968 年，美国学者加勒特·哈丁在《科学》杂志上发表了题为《公地的悲剧》论文，该论文模拟了一个对所有人开放的牧场，他分析了理性的放牧者在有限的牧场上无节制地增加自己的牲畜，从而得出追求利益最大化的个体无节制地消耗共有资源导致资源消耗殆尽。

〔2〕　蔡晶晶：《社会—生态系统视野下的集体林权制度改革——基于福建省的实证研究》，中国社会科学出版社 2012 年版，第 79 页。

机会成本与生态服务价值。[1]

学术理论界对生态补偿概念及其制度进行了广泛而深入的讨论。笔者在"中国知网期刊类"寻阅"生态补偿"就发现论文有8553条，硕博士论文2480条，会议类有750条。学者对生态补偿的界定可谓多种多样。有学者认为，生态补偿的目的是支持生态系统友好地可持续地为人类提供生态服务，为实现这一目的，政府部门为协调利益相关者的经济制度安排。[2]后来，该学者对生态补偿的界定又进行了修正并认为，生态补偿的目的是促进人与自然和谐相处，政府运用经济和市场手段，来协调利益相关者而设计（的）公共制度"。[3]也有学者认为，生态补偿是一种法律制度，旨在将生态环境保护的外部性进行内部化，使消费生态产品者支付一定费用，生态产品消费有偿化，使生态产品的提供者获得经济回报，避免"搭便车"现象的发生，来鼓励和激发生态保护者和生态投资者提供优质生态产品的积极性，实现生态资本的保值和增值。[4]

吕忠梅老师将生态补偿分为广义的生态补偿和狭义的生态补偿。她认为，广义的生态补偿包括对因环境保护丧失发展机会的区域内的居民进行的资金、技术、实物上的补偿和政策上的优惠，以及为增进环保意识和提高环保水平所进行的科研、

〔1〕 汪劲：《论生态补偿的概念——以〈生态补偿条例〉草案的立法解释为背景》，载《中国地质大学学报》2014年第1期。

〔2〕 李文华等：《森林生态补偿机制若干重点问题研究》，载《中国人口·资源与环境》2007年第2期。

〔3〕 李文华、刘某承：《关于中国生态补偿机制建设的几点思考》，载《资源科学》2010年第5期。

〔4〕 刘峰江、李希昆：《生态市场补偿制度研究》，载《云南财贸学院学报》2005年第1期。

教育费用的支出。狭义的生态补偿是指人类的社会活动对生态系统和自然资源造成的破坏以及污染的补偿、恢复、综合治理等一系列活动的总称。[1]

我国学者对生态补偿的界定无外包含几个方面的内容。一是确定受益者或破坏者与生态环境保护者之间的权利义务关系；二是补偿的缘由是"受益"或"加害"；三是补偿的方式是依凭行政或市场的手段来进行；四是补偿考量的基础是"成本"以及生态服务本身的价值；五是生存利益与发展利益的协调；[2]六是发展的机会成本。

因此，基于以上分析，笔者认为，青藏高原生态补偿制度的设计首先要廓清或界定生态补偿的基本内涵，这是我们进行制度设计的前提条件。

（二）青藏高原生态补偿问题

划分标准不同，生态补偿问题的类型也会不同，解决问题的路径依赖也会不同。有学者以基于地理尺度和生态要素为分类标准，将生态补偿问题分为：一是全球尺度，包括国际生态补偿和国内生态补偿；二是国家尺度，包括生态功能区、[3]流域和生态要素补偿；[4]三是地区尺度，主要指流域补偿，包括地区间的横向补偿等。青藏高原对上述三种类型的补偿均有所涉及。

---

〔1〕　详见吕忠梅主编：《超越与保守——可持续发展视野下的环境法创新》，法律出版社 2003 年版，第 56~68 页。

〔2〕　详见王清军、蔡守秋：《生态补偿机制的法律研究》，载《南京社会科学》2006 年第 7 期。

〔3〕　包括水源涵养区、生物多样保护区、防风固沙、土壤保持区和调蓄防洪区等

〔4〕　生态补偿要素包括矿产资源开发、水资源开发和土地资源开发等方面。

这里需要指出的是，青藏高原的生态补偿问题早已引起党中央、国务院的高度重视。从行政角度来看，中央转移支付的力度正在逐年增加，如 2013—2018 年，西藏自治区累计落实各类生态补偿金 254.34 亿元，建立各类自然保护区 47 个，建成10 个生态县、生态乡镇 173 个、生态村 1924 个。[1]青海的《三江源生态补偿机制试行办法》[2]第 22 条第 1 项规定，生态补偿资金的来源主要由中央财政下达的国家重点生态功能区转移支付、支持藏区发展专项资金及其他专项资金。可见，中央通过转移支付用于青藏高原生态补偿的资金一直在划拨，这一工作也从未停止。尽管如此，我们仍然存在需要进一步解决的生态补偿诸多问题。[3]

三、生态补偿理论

(一) 外部经济效应理论

该理论由马歇尔和庇古提出，外部经济效应理论被称之庇古理论。该理论的基本含义是，当某一个体的生产或消费决策

---

〔1〕 详见中华人民共和国中央人民政府网：载 http://www.gov.cn。

〔2〕 为贯彻《中共中央、国务院关于加快四川云南甘肃青海四省藏区经济社会发展意见》（中发〔2010〕5 号）和《国务院关于支持青海等省藏区经济社会发展的若干意见》（国发〔2008〕34 号）精神，2010 年 10 月 10 日，青海省人民政府颁布了《关于探索建立三江源生态补偿机制的若干意见》（青政〔2010〕90 号）、《三江源生态补偿机制试行办法》（青政〔2010〕238 号），该试行办法共 34 条。

〔3〕 2018 年 3 月，青海代表团向全国人大提出进一步加强青海生态补偿资金和政策支持力度的建议。建议指出，截至目前，青海省已安排各类生态补偿政策资金 46 亿元，在促进生态环境保护、改善农牧民生活等方面取得了一定成效。但补偿范围狭小、标准偏低、多元化补偿方式尚未形成、资金来源单一等问题仍然存在。要求对生态公益管护岗位给予专项补助，探索和建立新的补偿机制。详见青海省人民政府网：载 http://www.qh.gov.cn。

无意识地影响到其他个体的效用或生产可能性，并且产生影响的一方又不对被影响方进行补偿时，便产生了外部效果，这种效果包括外部经济性（正外部性）和外部不经济性（负外部性）两方面的内容。在生态资源的生产和消费过程中，这种外部性表现在两个方面，一方面是资源开发造成生态环境变化所形成的利益相关者成本，一方面是生态环境保护所产生的外部效益。

（二）公共产品理论

微观经济学认为，社会产品可分为公共产品和私人产品。顾名思义，公共产品是指任何人无需付费就可以随意消费的产品，消费主体有不确定性和开放性。私人产品是指特定的主体垄断、排他而消费的产品，消费主体具有私人性和封闭性。

萨缪尔森认为，公共产品，也被称为集体消费产品，此类产品可分为两类：一是产品；二是劳务。此类产品消费的最大特点是任何一个消费主体在消费过程中不会影响其他消费者的消费，也不会因自身的消费而产生产品或劳务的减少，公共产品的最大特点是非竞争性[1]和非排他性。[2]正因如此，消费者在消费此类产品时往往会出现无节制地过度的消费现象，这种消费方式表面上看不会对他人产生过多的影响，实际上持续的过度消费就会导致这类产品资源的短缺，最终会影响到每个消费者的利益，使大家都陷入无公共产品可供消费的境地。这就是我们通常认为的"公地的悲剧"和"搭便车"现象。

---

〔1〕非竞争性表现在一个人对一种物品的消费不妨碍其他人对该物品的消费，因此对增加一个人提供这种物品的边际社会成本为零。

〔2〕非排他性表现在对一种物品未付费的个人不可能被阻止享受该物品的好处。

　　从产权理论上讲，公共产品缺失一个所有权主体，也有人会说，政府是这类产品的所有权主体。从各国的法律规定看，没有任何一个国家通过立法将公共产品的所有权主体确定为政府或国家，我们仅能看到的是，政府或国家有提供公共产品义务的相关表述。可以说，法律关于公共产品所有权方面的规定明显存在着所有权主体不明确的现象，或者说公共产品所有权主体在法律层面上缺位。

　　生态产品就是萨缪尔森所指的公共产品，生态补偿制度可以消弭消费者在使用生态产品资源时的不付费或支付较低费用而消耗和浪费生态资源产品的现象。

　　青藏高原是我国乃至世界江河发源地、生态功能区，为保护青藏高原的生态环境，青藏高原地区的各级政府和各族人民为国内或国外提供生态公共产品时做出了重大的"牺牲"和付出了沉重的"代价"。[1]为牺牲和付出进行有效的补偿则成为顺理成章的事情。这种补偿既能有效地限制过度消费，又能激励生态环境保护者提供更优质的生态服务（产品）。

---

　　〔1〕　研究者在调研中发现，为保护三江源的生态环境，政府按照生态保护和建设总体规划，对三江源区内的牧民进行自愿式搬迁。生态移民项目实施也会产生诸多问题，比如，生态移民是否能够融入（经济融入）搬迁地的社会、当地文化是否容纳移民原有的文化（文化接纳）、对藏族文化的冲击度如何（藏族文化本质上是牧业文化，藏族离开了草地，在某种意义上说，藏族文化之根受到冲击）、生态移民的后续产业是否跟进等。从这个层面上说，生态移民为生态保护和建设作出了牺牲、付出了代价。有学者青海泽库县和日村对三江源藏族生态移民社会融入进行实证分析，他认为："如果移民搬迁是三江源藏族群众积极社会发展的必由之路，那就应该多措并举消除各种因素带来的不利影响，加速推进藏族移民社会融入的进程。"参见束锡红等：《三江源藏族生态移民社会融入实证研究——以青海省泽库县和日村为个案》，载《中南民族大学学报》2017年第4期。

（三）生态资本理论

马克思主义政治经济学认为，资本是能够在运动中增值的价值。生态作为资本自然具有这一特质。生态资本就是生态资源与环境的资本化，它包括四个方面：自然资源总量的自净能力（自然资源总量和环境对废弃物的净化能力）、生态潜力（环境的质量和再生量的变化）、生态环境质量（生态系统的各种因子为人类生命和社会生产消费所提供的环境资源）和生态系统作为整体的使用价值（生态系统的综合作用所产生的价值或资本）。青藏高原为我国乃至世界所提供的生态资源在其他地区或国家被使用或被消费的过程中同样也会产生增值现象。

四、生态补偿模式

域外的生态补偿模式大致可分为三类，即政府购买式的生态补偿模式、市场模式和生态产品认证计划（间接交易）模式。

政府购买式的生态补偿模式为大多数国家所采用，这种模式的本质就是由政府买单，政府通过财政支出或转移支付的方式向提供生态产品或确保生态产品优质化而付出代价的地区进行补偿，以保证符合质量标准的生态公共产品的持续供给。比如，德国对农业生态补偿就采取这种模式。[1]

市场补偿模式的本质是私人之间所进行的直接补偿，即由

---

〔1〕　严格地说，德国的农业生态补偿实行政府补偿为主，市场补偿为辅的复合型补偿机制。在补偿的形式上主要有财政转移支付（包括财政转移支付和财政专项转移支付和政府买单进行农业生态补偿等）、限额交易（政府给农业生态环境的破坏量设定界限，若相关主体超过所规定的界限，就必须采取一定的措施来修复对环境造成的损害）、直接支付（政府直接给提供生态服务的主体进行补偿，如退耕还林还草项目和政府直接给项目提供资金支持等）。德国在补偿内容、手段、程序等方面也都有相应的法律规定。

在生态产品消费过程中获益的组织或单位对提供生态产品的地区或民众直接以货币方式进行补偿。这一模式和前一种模式相比对存在着差异，这些差异表现在：一是补偿的主体不同；二是补偿的手段不同，政府购买式的生态补偿模式等于政府购买生态产品，然后无偿地提供给消费者，而市场补偿模式则是自己购买自己消费；三是补偿方式不同，前者可以表现为政策倾斜或者货币形式，后者补偿方式仅指货币形式。

比如，法国的毕雷矿泉水公司因水源地农业活动严重影响到水体质量，为保证公司生产的矿泉水质量，提高公司产品竞争力，可供公司的选择方案只有三个：一是设立净化工厂；二是另选水源地；三是保护和改善水源地流域的生态环境，确保水源地不受污染和破坏。公司在权衡利弊后决定与水源地流域腹地的奶牛场签订生态补偿协议，这项协议在性质上就纯属私人协议。

生态产品认证计划（间接交易）模式。我们可以理解，此类模式的补偿主体就是"市场"。这类模式的核心内容是政府制定产品绿色标准，政府或政府委托第三方对符合国家绿色标准的产品进行认证，以增强经过认证的产品在市场中的竞争力。可以理解，消费者将更多地青睐经过绿色认证的产品，生产这类产品的企业将会因此获得更多的利润。

五、青藏高原地区生态补偿制度设计

笔者以为，设计青藏高原地区的生态补偿制度应从以下几个方面着手：

一是完善法律法规制度。我国现行宪法对生态补偿制度仅作了原则性规定,[1]这也是宪法的立法技术使然。

但笔者认为,21世纪是"生态世纪",因此有必要在宪法中明确规定生态补偿制度,将生态补偿制度写入最高位阶的法律之中,以此来确立生态补偿制度的权威性。我国现行《环境保护法》第31条第1款明确规定了生态保护补偿制度,[2]该条第2款规定,国家指导受益地区和生态保护地区人民政府通过协商或者按照市场规则进行生态保护补偿。但在实践中,法律的规定似乎仅仅停留在纸上,我们似乎在通往协商机制的路上有很多路要走。尽管国务院已将制定生态补偿条例纳入立法工作计划,该条例草案的框架已经基本确定(内容主要包括补偿原则、领域、对象、方式、资金、评估和标准等),但该条例尚未出台,对当前的生态补偿工作造成了一定的影响。

青藏高原的各省、区为了做好生态补偿工作,大多数以政府文件的形式下发相关的生态补偿办法或意见,这些办法或意见起了一定的积极作用,但在实际工作中缺少相关法律依据的现象仍然存在。因此,中央层面要加快立法步伐,在尽可能短的时间内改变因地方缺乏法律的规制而陷入无所适从的境况。同时,青藏高原的各级立法机关和政府要结合本地实际加大研究力度,制定适用于本地区的生态补偿地方性法规。

二是尽快落实我国"十三五""十四五"规划关于建立健全区域流域横向生态补偿机制。如前所述,青藏高原是长江、

---

〔1〕 我国现行《宪法》第9、10、12、26条对生态补偿作了原则性规定。

〔2〕 我国现行《环境保护法》第31条第1款规定:"国家建立、健全生态保护补偿制度。"

黄河的发源地。长江流域有 19 个省区市，[1]黄河流域有 8 个省区。[2]《长江保护法》第 76 条第 1 款规定："国家建立长江流域生态保护补偿制度。"制度如何设计，该法的第 76 条第 2、3、4 款仅作了原则性规定。[3]目前，"黄河保护法"正在紧锣密鼓地进行调研和制定。笔者建议，就长江流域的生态补偿制度设计问题，长江流域的各省区市可先行先试，进行制度创新。

三是借鉴域外生态补偿制度的模式。从青藏高原来看，基本上采用政府购买式的生态补偿模式。补偿模式的单一必然导致资金来源的单一或不足，完全将政府的转移支付作为生态补偿的唯一来源已经不能适应青藏高原生态补偿的需要。因此，笔者建议，青藏高原生态补偿模式应采用混合模式，即将政府购买式的生态补偿模式、市场模式和生态产品认证计划（间接交易）模式融为一体。比如，由独立的第三方对青藏高原的产品实行认证制度并依据国家或地方标准提供补偿的计划。

四是笔者支持制定专门的"生态补偿法"这一学术主张。有学者认为，"生态补偿法"应对不同资源领域生态补偿的基本

---

〔1〕 我国《长江保护法》（2020 年 12 月 26 日第十三届全国人民代表大会常务委员会第二十四次会议通过）第 2 条第 2 款规定："本法所称长江流域，是指由长江干流、支流和湖泊形成的集水区域所涉及的青海省、四川省、西藏自治区、云南省、重庆市、湖北省、湖南省、江西省、安徽省、江苏省、上海市，以及甘肃省、陕西省、河南省、贵州省、广西壮族自治区、广东省、浙江省、福建省的相关县级行政区域。"

〔2〕 这 8 个省区包括青海省、甘肃省、宁夏回族自治区、内蒙古自治区、陕西省、山西省、河南省和山东省。

〔3〕《长江保护法》第 76 条第 2 款规定："国家加大财政转移支付力度，对长江干流及重要支流源头和上游的水源涵养地等生态功能重要区域予以补偿。具体办法由国务院财政部门会同国务院有关部门制定。"第 3 款规定："国家鼓励长江流域上下游、左右岸、干支流地方人民政府之间开展横向生态保护补偿。"第 4 款规定："国家鼓励社会资金建立市场化运作的长江流域生态保护补偿基金；鼓励相关主体之间采取自愿协商等方式开展生态保护补偿。"

原则、补偿类型、补偿方式、经费来源、基本标准、基本程序、法律救济等作出规定。"〔1〕也有学者主张仅凭一部"生态补偿法"不足以解决我国专有领域和具有地方特色的具体问题，行政法规、地方性法规、部门规章和地方政府规章应当与"生态补偿法"相配套。〔2〕

五是将矿产资源开发生态环境补偿纳入青藏高原生态补偿机制中。根据我国现行的法律法规和相关政策的规定，各级人民政府对本地区的环境质量负责，是维护地方生态环境的主要责任者。在青藏高原矿产资源开发过程中，开发者一定会对开发地区的生态环境造成负面影响，开发者开发利用矿产资源的行为一般来说是合法行为，政府对这一行为所产生的生态环境破坏就有义务买单。

笔者在调研中发现，地方政府对资源开发的影响力往往受到限制（在青藏高原进行资源开发利用的企业大多为中央企业，或省区级国有企业）。的确，在资源开发中地方政府获得了一定利益，但开发者对资源开发所获得的利益量要远大于地方。资源开发的成本较低，污染环境和破坏生态环境的损失未计入开发成本之中，而将这一成本转嫁给地方政府（企业污染破坏生态环境，当地政府对此来买单）。我国环境税于2018年1月1日开始征收，有望能彻底解决上述问题，〔3〕但无论如何，矿产

---

〔1〕　详见张艳芳等：《对中国流域生态补偿的法律思考》，载《生态经济》2013年第1期。

〔2〕　详见魏胜强：《新发展理念视域下的生态补偿制度研究》，载《扬州大学学报》2022年第1期。

〔3〕　我国现行《环境保护税法》第26条规定："直接向环境排放应税污染物的企业事业单位和其他生产经营者，除依照本规定缴纳环境保护税外，应当对所造成的损害依法承担责任。"

资源开发生态补偿应纳入整个生态补偿机制之中。

第二节　环境影响评价制度

一、环境影响评价制度概述

环境影响评价概念最早由美国柯德威尔教授于 1964 年在加拿大召开的国际环境质量评价会议上首次提出。1966 年 10 月，美国众议院的科学研究开发小组委员会在其报告中正式使用"环境评价"这一术语。首次将这一术语写进法律的是美国的《国家环境政策法》（NEPA），NEPA 规定，环境管理机构在行政管理活动中应当遵循环境评价制度（EIA）。为更好地实施 NEPA，美国环境质量委员会（CEQ）在 1978 年专门制定了《国家环境政策实施程序的条例》（CEQ 规则）。这种做法为美国多数州、国际组织和国外许多国家所仿效。[1]世界银行和亚洲开发银行也仿效美国的做法，1992 年的《里约宣言》确立了这一制度。[2]这标志着美国环境保护核心制度正在逐步走向国际化。

环境影响评价是指，在进行项目建设前，对项目的规划和设计等可能对环境产生的影响运用科学技术的手段进行评价和预测，待项目建成后，对项目实际产生的环境影响进行实地调查、评价和预测，并提出相应对策的法律制度。[3]汪劲老师认为，环境影响评价有广狭两义，广义的环境影响评价是指对动

---

〔1〕　例如，纽约州在 1977 年就专门制定了《环境质量评价法》。参见金瑞林：《环境法学》，北京大学出版社 1999 年版，第 148 页。

〔2〕　《里约宣言》原则 17 规定，应对可能会对环境产生重大不利影响的活动和要由一个有关国家机构作决定的活动作环境影响评估。

〔3〕　李艳芳：《论我国环境影响评价制度及其完善》，载《法学家》2000 年第 5 期。

议中认为活动（建设项目、投资开发、区域开发和政策制定等）可能对环境造成不利影响或环境损害后果进行分析论证的全过程，并在此基础上提出相应的防治措施和对策。狭义的环境影响评价是指对动议中的建设项目在实施前的项目选址、设计和施工的可行性进行研究，对可能产生的环境影响进行预测和分析，提出相应的防治措施或建议，为项目的建设以及建成后的环境管理提供科学依据。[1]

我国法律对环境影响评价概念进行了法律界定，[2]但我国环境保护法对环境影响评价未作界定，仅对环境影响评估作了原则性规定。[3]

笔者认为，理解环境影响评价的概念应把握四个方面，一是环境影响评价的逻辑起点和归宿点是"预防"，即防止由于项目规划、建设项目等对环境可能产生的影响或破坏；二是提出对可能产生环境影响或破坏的应对措施；三是为规划、项目建设乃至后期管理等提供科学决策依据；四是环境影响评价的时间节点应当是项目建设前和项目建设完工后。总的来说，环境影响评价的关键词是"预防"和"应对措施"。

我国环境影响评价制度的建立和发展。我国 1979 年的《环

---

〔1〕　汪劲：《中外环境影响评价制度比较研究——环境与开发决策的正当法律程序》，北京大学出版社 2006 年版，第 32 页。

〔2〕　我国现行《环境保护法》法第 2 条规定："本法所称环境影响评价，是指对规划和建设项目实施后可能造成的环境影响进行分析、预测和评估，提出预防或者减轻不良环境影响的对策和措施，进行跟踪监测的方法与制度。"

〔3〕　我国现行《环境保护法》第 19 条第 1 款规定："编制有关开发利用规划，建设对环境有影响的项目，应当依法进行环境影响评价。"第 2 款规定："未依法进行环境影响评价的开发利用规划，不得组织实施；未依法进行环境影响评价的建设项目，不得开工建设。"

境保护法（试行）》首次确立了环境影响评价制度。[1]1986 年
3 月 26 日，国务院环境保护领导小组等部门联合颁布的《建设
项目环境保护管理办法》（国环字〔1986〕003 号）重申了环境
影响评价制度。[2]1989 年，我国颁布《环境保护法》，该法第
13 条规定，建设项目的环境影响报告书必须对建设项目产生的
污染和对环境的影响作出评价，规定防治措施。同年，原国家
环境保护局下发的《建设项目环境影响评价证书管理办法》（环
监字〔1989〕第 281 号）对申领评价证书条件和程序、职责、
考核和罚则等作了规定。1998 年 11 月 18 日，国务院颁布《建
设项目环境管理条例》（国务院令第 253 号）对环境影响评价、
环境保护设施建设等进行了规定。上述法律法规或政策的颁布
标志着我国已经形成了较为完善的环境影响评价制度。可见，
我国的环境影响评价制度既有政策层面的规定，也有法律层面
的规定，甚至法律对环境影响评价进行了权威性界定，这种界
定具有科学性和权威性，可以终止在法律层面上关于环境影响

---

〔1〕《环境保护法》第 6 条规定："一切企业、事业单位的选址、设计、建设
和生产，都必须充分注意防止对环境的污染和破坏。在进行新建、改建和扩建工程
时，必须提出对环境影响的报告书，经环境保护部门和其他有关部门审查批准后才
能进行设计；其中防止污染和其他公害的设施，必须与主体工程同时设计、同时施
工、同时投产；各项有害物质的排放必须遵守国家规定的标准。"有学者对我国环境
影响评价制度的相关文件进行了整理，他认为，我国到目前为止约有 19 部规划环境
评价制度法律法规。例如，《关于进一步加强规划环境影响评价工作的通知》（2011
年 8 月 11 日）和《关于开展规划环境影响评价会商的指导意见（试行）》（2015 年
12 月 30 日）等。详见郑新璐等：《我国规划环境影响评价制度评析——新制度经济
学的视角》，载《环境保护》2017 年第 19 期。

〔2〕 该办法第 7 条规定："建设项目的主管部门负责建设项目的环境影响报告
书或环境影响报告表、初步设计环境保护篇章、环境保护设施竣工验收的预审，监
督建设项目设计与施工中的环境保护措施的落实，监督项目竣工后环境保护设施的
正常运转"。

评价内涵和外延的讨论。

为使环境影响评价法律制度具有可操作性，全国人大常委会先后于 2002 年和 2016 年颁布了《环境影响评价法》，[1]用以规范环境影响评价的执法和司法工作。

二、环境影响评价的公众参与

有学者认为，环境影响评价中的公众参与[2]是指除开发单位及审查环境影响评价的机关外，其他相关机关、团体、地方政府、学者专家、当地居民等，通过法定或非法定的方式，参与环境影响评价的制作、审查与监督等阶段。[3]

环境影响评价的公众参与有利于将项目建设与规划置于公众的监督之下，降低社会风险。项目建设与当地民众的切身利益息息相关，如果在项目建设过程中不征求他们的意见，可能会引发群体性事件的发生，产生社会不稳定因素。我们知道，青藏高原是一个多民族多宗教的地区，民族宗教关系相对复杂和敏感。如果因项目建设而引发民族宗教冲突，导致青藏高原地区不稳定，也会影响到全国稳定的大局。环境影响评价制度也会倒逼政府部门和建设单位更好地保护较为脆弱的青藏高原

---

〔1〕　2002 年 10 月 28 日，第九届全国人民代表大会常务委员会第三十次会议通过了《环境影响评价法》，该法对规划的环境影响评价、建设项目的环境影响评级和法律责任都进行了规定。为适应环境影响评价之新的需要，2016 年 7 月，我国又颁布了新的《环境影响评价法》。

〔2〕　在生态环境法律设计中，实际上公众参与可以贯穿生态环境保护的始终，比如，公众通过参与的方式监督企业环境规制的遵从情况。详见赵文霞：《公众监督对企业环境规制遵从的影响研究》，载《生态环境与保护》2018 年第 5 期。

〔3〕　转引自汪劲：《中外环境影响评价制度比较研究——环境与开发决策的正当法律程序》，北京大学出版社 2006 年版，第 172 页。

生态环境，促进该地区经济社会的发展，维护该地区民族团结的大好局面。从这个意义上说，公众参与在青藏高原这一特定区域的生态环境保护方面具有重要意义。

（一）"公众"的界定及其范围

公众的界定。我国与欧盟对公众的理解和界定存在差异。欧盟的《跨界环境影响评价公约》第1条对公众的外延进行了规定，公众包括自然人、法人、组织、协会和团体等。欧盟《2011/92/EU指令》对公众的界定与《跨界环境影响评价公约》的规定极为近似，可以说，指令是对公约关于公众界定的重复。

我国现行《环境影响评价法》对公众参与进行了规定，研究者将这一规定理解为，法律只对"公众参与"进行了解释，对公众的范围未进行廓清。笔者翻阅我国有关环境影响评价的法律和政策[1]发现，法律和政策如出一辙地对公众参与都进行了解释，在解释的过程中，对政府的环境保护部门实施公众参与制度提出了相应要求，但从未对公众进行过界定。由于法律的"未表态"，环境行政、执法和司法人员对公众的理解也就出

----

[1] 我国现行《环境影响评价法》第11条规定，对可能造成不良环境影响并直接涉及公众环境权益的规划，在该规划草案报送审批前，应当举行论证会、听证会，或者采取其他形式征求有关单位、专家和公众对环境报告书草案的意见。《关于印发〈环境影响评价公众参与暂行办法〉的通知》（环发〔2006〕28号）第4条规定，国家鼓励公众参与环境影响评价活动。国务院颁发的《规划环境影响评价条例》（2009年）第13条第1款规定："规划编制机关对可能造成不良环境影响并直接涉及公众环境权益的专项规划，应当在规划草案报送审批前，采取调查问卷、座谈会、论证会、听证会等形式，公开征求有关单位、专家和公众对环境影响报告书的意见。但是，依法需要保密的除外。"类似的规定我国环境保护基本法第53条、《关于印发〈环境影响评价公众参与暂行办法〉的通知》第15条、《规划环境影响评价条例》第13条、我国现行《环境影响评价法》第11条和《建设项目环境保护条例》（2017年）第14条等。

现了偏差，导致不必要的混乱。因此，法律有必要对公众的范围进行界定和讨论。

公众范围的确定。欧盟指令对公众范围的界定沿用了《跨界环境影响评价公约》《奥尔胡斯公约》和《2011/92/EU 指令》的规定，但在《2013/30/EU 指令》中规定了"有关公众"，这里的有关公众是指受到环境决策影响的公众、可能是受环境决策影响的公众，或者是与环境决策有利益利害影响的公众。

从我国相关法律和政策的本意以及环境影响评价的目的出发，笔者认为，我国法律和政策可将公众界定为自然人、社会团体和组织，其范围具体应当包括自然人（居民、专家）、社会团体和组织（法人、单位）等。为消除法律和政策对公众概念理解的混乱现象，笔者建议在我国《环境影响评价法》中以条文的形式对公众的内涵和外延进行规定。

（二）公众参与的阶段

欧盟的《奥尔胡斯公约》第 6 条第 2 款、第 3 款对公众参与的阶段进行了规定，该公约第 2 款规定，在环境决策程序中应或以公共通知的方式，或以个别通知的方式尽早通知有关的公众，并且应以充分、及时和有效的方式进行。第 3 款规定，通知公众时，应当保留有充裕的时间以便公众能够准备和有效地参与。《2011/92/EU 指令》第 6 条第 4 款规定，在环境决定作出之前，成员国应确保尽早给予公众有效的机会参加环境决策。该指令第 6 条第 6 款规定，要求成员国必须提供合理的时间安排以使每个不同阶段都能有充足的时间供公众参与。

总的来说，欧盟对公众参与阶段的规定采用了"通情达理"的做法。

我国现行《环境影响评价法》第 11 条，《建设项目环境保护管理条例》第 9 条、第 14 条和第 24 条等都对环境影响评价的审批内容、公众参与、项目实施后的跟踪评价和公众参与的方式等作了规定，但对公众参与的时间或阶段未作明确的规定。尽管我们可以从现行法律法规中得出我国的公众参与阶段是在建设项目、规划报送审批前和项目实施后对环境影响的跟踪评价阶段的结论。但这只是学理对该问题的理解，并不具备法律效力。退一步讲，如果从学理上理解我国法律法规对公众参与的阶段与立法本意一致，这种规定和欧盟的规定相比似乎有些死板、僵硬和机械。

在实践中，公众参与的时间就自然成为环境行政管理机关"自由裁量"的事情，这种做法就可能使公众参与流于形式，也不符合环境影响评价法的立法本意，不利于环境影响评价制度效能的发挥。

笔者建议，鉴于建设项目的特殊性，我国公众参与的阶段应在项目建设的前、中、后阶段，也就是说，项目的规划、选址、开工建设以及建设项目施工中和项目完工后的任何一个阶段都应当有公众参与，这与环境影响评价法律制度的立法本意和意图相一致。

（三）公众参与的范围

研究者认为，欧盟关于公众参与范围的立法较为先进。欧盟关于公众参与的范围与内容主要被规定在《2011/92/EU 指令》第 3 条和《跨界环境影响评价公约》第 2 条第（Ⅱ）款之中，公众参与的范围包括人类（健康与安全）、动植物、土壤、空气、水、气候、风景、历史遗迹、物质财产、文化遗产及上述这些因素的相互影响，也包括因这些因素而导致的社会经济状况的改变。[1]

可见，欧盟认为，只要是"人为的活动"就可能对人类的周遭环境产生这样那样的不利影响，为将这些不利影响降低到最低限度，公众应当参与到"人为的活动"中来发表自己的意见和看法。

我们从我国现行法律规定可以看出，公众参与的范围是项目规划和建设项目，[2]这些规划和建设项目主要包括《规划环境影响评价条例》第2条所规定的内容。该条例第2条还规定，国务院有关部门、设区的市级以上地方人民政府及其有关部门，对其组织编制的土地利用的有关规划和区域、流域、海域的建设、开发利用规划，以及工业、农业、畜牧业、林业、能源、水利、交通、城市建设、旅游、自然资源开发的有关专项规划，应当进行环境影响评价。

我国法律法规对公众参与的范围规定仅限于项目规划和建设项目，而欧盟的指令或公约规定，但凡人为活动（公共或私人活动）只要可能对环境造成影响，就应当对环境影响进行评价。

我国应借鉴欧盟的立法，将公众参与的范围扩大，并以法律的形式对公众参与范围进行规定。

三、环境影响评价的信息公开

《里约宣言》第10项原则认为，公民与自己周边环境问题

---

[1] 王雪梅：《中欧环评公众参与机制的比较与立法启示》，载《中国地质大学学报》2014年第4期。

[2] 我国《环境影响评价法》第2条规定，本法所称环境影响评价，是指对规划和建设项目实施后可能造成的环境影响进行分析、预测和评估，提出预防或者减轻不良环境影响的对策和措施，进行跟踪监测的方法与制度。

息息相关，他们对处理环境问题有参与权利，国家有义务为他们参与处理环境问题提供相关信息的义务并保障信息管道畅通，这些信息包括污染物和人为活动等情况。各国应当采取有效措施鼓励公众参与环境问题的处理。针对环境侵权事件，各国政府应为受损害公众提供救济途径（包括司法和行政手段）并对其进行赔偿和补救。

一般来说，环境影响评价信息公开涉及三个问题，一是谁来公开信息，即信息公开主体；二是如何来公开，即信息公开的方法、方式或手段；三是公开哪些信息，即公开的内容。

美国的环境信息公开。美国人认为，公开信息的主体是政府部门和企业（项目规划者）。承担公开信息法律义务的主体应当遵守《情报自由法》的相关规定。为保障公众参与权的实现，美国的许多法律对公众参与问题都进行了规制，[1]法律要求政府的环境影响评价机构应当定期或不定期向社会发布环境信息，这些信息包括环境影响报告书等，环境信息的载体是《联邦登记》。需要说明的是，《联邦登记》是美国政府政务公开的重要手段，只要与政府行政行为相关的信息就应当在《联邦登记》上公开，[2]美国环境影响评价机构的环境信息应当属于政府信息。

---

〔1〕 比如《美国环境政策法》和《关于实施国家环境政策法的条例》等。

〔2〕 美国在 1936 年、1967 年分别通过了《联邦登记法》和《信息自由法》。《美国法典》授权国家档案馆设立一个处（联邦登记处）负责出版《联邦登记》，公布联邦法律、联邦机构法规、总统文件和命令、行政命令、试行规定和公告、联邦组织机构、工作程序及日常事务的概况说明以及总统或国会要求公开的所有文件。从 1936 年 3 月 14 日开始至今，《联邦登记》每个工作日出版一期，成为联邦政府向公众提供信息的有效渠道。参见邢永跃等：《美国联邦登记制度对中国政府信息公开的借鉴》，载《电子政务》2013 年第 9 期。

日本的环境信息公开。《日本环境影响评价法》（1997 年，共 8 章 61 条）十分重视信息公开。该法第 7 条规定，事业者在制作执行手册[1]时，对于环境影响评定的项目，以及调整、预测及评价的手法应当从当地取得环境保全的意见，由总理府令所订定的，应当将制作执行手册的宗旨及其他总理府所订定的事项公告，应当从执行手册公告之日起一个月内，提供阅览。该法第 15 条还规定，事业者作成计划书后，按照法律程序的规定交由所认定地区（本法称关系地区）政府知事以及关系地区所管辖乡（镇、村）长，并接受为期一个月的公开审查。在日本，法律规定环境信息资料公开的方式是公告。针对信息公开的内容和范围，日本法律对不公开的情形进行了规定，除了不公开情形外，[2]其他环境信息则应当公开。

加拿大的环境信息公开。加拿大法律对环境信息公开的规定非常细致。1988 年的《加拿大环境保护法》规定了环境影响评价制度，通过环境基本法来确立这一制度。加拿大也非常重视与环境信息公开制度相配套的法律制度建设，这些与环境基本法相配套的法律不仅对环境影响评价的程序，公众参与的阶段、范围，公众获取环境信息的路径等进行了规定，而且也事无巨细地对每一建设项目应当建立档案馆以备公众获取相关环境信息等进行了规定。

我国的环境信息公开。我国环境基本法对信息公开和公

---

〔1〕《日本环境影响评价法》第 5 条将执行手册所应当记载的事项进行了规制。

〔2〕《个人行政机关保有的情报公开的法律案》第 5 条（行政文件的公开义务）规定 6 大类信息不公开，即与个人相关的情报；与法人、其他组织从事业务经营的相关情报；可能危害国家安全的情报；危害公共安全的情报；国家机关和地方公共团体内部或相互之间有关审议、讨论或协议的情报；可能妨碍事务或事业合理运行的情报。

众参与制度进行了规定，这些规定包括环境信息搜集、[1]信息公开、[2]环境信息交流和共享、[3]环境认证和标识[4]等内容。为我国的环境影响评价和公众参与提供了法治保障和法律指引。

四、青藏高原地区环境影响评价制度的建构

青藏高原环境影响评价制度在立法、执法和司法实践中所取得的成就和存在的问题与全国一样，但由于立法、执法和司

---

[1] 我国现行《环境保护法》第 54 条规定，国务院环境保护主管部门统一发布国家环境质量、重点污染源监测信息及其他重大环境信息。省级以上人民政府环境保护主管部门定期发布环境状况公报。类似的规定还有《环境保护法》第 57 条、《水污染防治法》第 21 条、《固体废物污染环境防治法》第 32 条和《环境影响评价法》第 6 条等。

[2] 我国现行《环境保护法》第 53 条第 2 款规定，各级人民政府环境保护主管部门和其他负有环境保护监督管理职责的部门，应当依法公开环境信息、完善公众参与程序，为公民、法人和其他组织参与和监督环境保护提供便利。类似的规定还有《大气污染防治法》第 23 条、《清洁生产促进法》第 27 条第 4 款（实施强制性清洁生产审核的企业，应当将审核结果向所在地县级以上地方人民政府负责清洁生产综合协调的部门、环境保护部门报告，并在本地区主要媒体上公布，接受公众监督，但涉及商业秘密的除外。）和《水污染防治法》第 25 条等。

[3] 我国现行《环境保护法》第 17 条规定，国家建立、健全环境监测制度，监测规范由国务院环境保护主管部门制定并会同有关部门组织监测网络。类似的规定还有《城乡规划法》第 26 条（城乡规划报送审批前，组织编制机关应当依法将城乡规划草案予以公告，并采取论证会、听证会或者其他方式征求专家和公众的意见。公告的时间不得少于三十日。组织编制机关应当充分考虑专家和公众的意见，并在报送审批的材料中附具意见采纳情况及理由。）、《环境影响评价法》第 21 条和《规划环境影响条例》第 4 条等。

[4] 我国《清洁生产促进法》第 13 条规定，国务院有关部门可以根据需要批准设立节能、节水、废物再生利用等环境与资源保护方面的产品标志，并按照国家规定制定相应标准。这一规定确立了我国的节能环境标识制度。类似的规定还有《放射性污染防治法》第 16 条、《循环经济促进法》第 17 条和《农业转基因生物安全评价管理办法》第 8 条等。

法实践环境与其他地区的差异，也存在一些特殊问题。对这些特殊问题，笔者不打算在此展开深入讨论，仅就对国家层面的相关法律完善谈谈自己的思考。

一是建议我国尽快颁布"环境信息法"。我国关于环境信息相关法律规定散落于不同的法律法规中，未能对环境信息法律进行整合，在执法和司法实践中运用关于信息法律法规十分不便。同时，随着"五位一体"重大战略的进一步实施，无论规划还是项目开发均无不与环境问题有关。因此，客观需要我国制定一部《环境信息法》。

德国为了重视环境信息在保护生态环境中的作用，在20世纪初就用法律的形式对环境信息法律问题进行规制[1]。上文也提到，美国出版《联邦登记》，日本在其《日本环境影响评价法》中要求制作执行手册公布环境信息，加拿大的《环境保护法》要求每个项目应开设公开档案室以便供相关人员查阅。应该说，各个国家的立法技术可能存在差异，但这只是一个价值性的判断，并非优劣性的判断。

笔者认为，我国"环境信息法"的基本原则应当涵括：

①尊重公众环境信息权原则。这一原则的出发点应该是基本人权之一的环境权；②环境信息公开原则。这里的公开内容应借鉴美国和日本的做法，将不应公开内容的各种情形进行列举，将应当公开的环境信息规定在不应公开的情形之外；③衡

---

〔1〕 1904年7月8日，德国颁布了《环境信息法》（共11条），该法对其目的、应用范围、定义、对环境信息的要求、提出申请的理由、相同申请的代表、不予考虑的情形、管辖权、经费和公开报道环境等方面进行了规制。但是，德国《环境信息法》的规定较为原则，为增强该法的操作性，德国非常注重与其相配套的法律的制定工作。德国的这种做法值得我国借鉴。

平原则。在我国，政府或项目建设单位与公众之间在环境信息的获取和利用方面存在着"不对称"现象，而规划或建设项目等的确与公众存在切身的环境利益关系，这种"不对称"导致了公众属于"弱势群体"，法律有必要在"弱势群体"和"强势群体"（规划和项目建设单位）之间进行平衡；④信息完整真实及时原则。信息的完整性要求所公开的信息要有系统性，各信息之间应当存有内在的联系，而非局部或片段的信息。真实性要求信息的准确无误。及时性要求在通情达理的时间内不得迟延地公开环境信息；⑤平等原则。环境信息的公共性质决定了任何公民、组织、单位和社会团体等均可享有平等的机会获取环境信息（如果愿意获取的话）的权利；⑥免费和便捷性获取信息原则。政府或项目建设单位有义务无偿向公众公开环境信息并应当确保公众获取的无偿性和便捷性。便捷性的要求在于公众获取环境信息的程序和路径要方便、迅捷（公众获取环境信息至少是轻松的）；⑦自由使用原则。公众获取环境信息的目的是使用而并非持有。因此，法律要保障公众自由地使用所公开的环境信息，保障公众的知情权。

"环境信息法的制度"应当包括：①信息公开制度。这里的公开是主动公开而非被动公开，政府相关部门和项目建设单位要严格依照法律法规的规定向公众公开应当公开的环境信息。环境信息公开的平台需要政府搭建，其管道需要政府建设和维护并保障其畅通；②环境信息收集、处理制度。环境信息的收集主体应当在法律中应予以明确规定，同时，法律还应当规定要求收集信息的主体始终操持真实性、完整性、科学性和时效性等原则；③环境信息监督制度。监督的必要性不言而喻，监督的主体应包括法定的机关，如权力机关、监察机关、行政机关和司法机关，也包括公民个人、新闻媒体和社会（民间）组织等。可以说，监督主体应当具有广泛性和开放性。监督的内容主要有公开环境信息的完整性、时效性、真实性，是否违反法律（实体法和程序法）的规定等。④救济制度。获取环境信息是公众的权利，权利不能享有和受到侵犯法律如何救济是我们必须考虑的问题。权利无法享有，法律如何帮助公众实现这种权利，制度设计对类似问题也应当有所考虑。同时，也要考虑公众的环境知情权受到侵犯时法律又该如何救济等问题。

"环境信息法"还应包括立法目的、对公众的界定、信息的形式、内容和范围、环境信息公开的载体、程序以及公众获取信息的方法（手段）、公众参与的阶段、法律监督、法律责任和法律救济等内容。

二是我国现行《环境影响评价法》第4章对在环境影响评价中的法律责任进行了规定，表面上看，这些规定较为详细，但经仔细研究我们会发现的确存在问题。比如，该法第31条第1款规定，建设单位未依法报批建设项目环境影响报告书、报告表等而擅自开工建设的，由县级以上环境保护行政主管部门责令停止建设，根据违法情节和危害后果，处建设项目总投资额1%以上5%以下的罚款，并可以责令恢复原状；对建设单位直接负责的主管人员和其他直接责任人员，依法给予行政处分。研究者认为，这种处分有过轻之嫌，法律设计使得违法成本太过低廉。因此，笔者建议，提高违法成本，切实将环境影响评价制度作为对政府和建设单位在做规划和建设项目时的有效监督手段。

针对青藏高原特殊情况（多民族多宗教），我们在贯彻党的民族宗教政策的同时，在规划和项目建设中应当充分考虑上层宗教界人士对生态环境的评价意见。

第三节　环境责任保险制度

一、环境责任保险制度概述

环境责任保险的界定。目前，学界对环境污染责任保险概念的讨论较为热烈，尚未形成通说，出现了智者见智的局面。

研究者在此仅列举几种学术观点。这几种观点认为：环境责任保险是以排污单位发生的事故对第三者造成的损害依法应负的赔偿责任为标的的保险；[1]是投保人向保险人支付一定数额的保险费，当被保险人从事保险合同约定的事务发生环境污染事故时，由保险人向受害者在保险合同约定的限额范围内支付赔偿金的保险；[2]保险公司和投保人签订合同，保险公司以投保人在发生环境事故时所应承担的对第三人赔偿和治理污染的费用的风险为保险标的，承诺在合同约定的事故风险发生时按照合同约定的赔偿数额和方式予以赔偿的一种保险。[3]

上述学术观点的共同之处在于，环境责任保险建立的理论基础是保险理论和合同理论，这种特殊保险既承担着经济补偿功能，又承担着社会管理职能。

---

〔1〕　熊英等：《中国环境污染责任保险制度的构想》，载《现代法学》2007 年第 1 期。

〔2〕　周立新：《在借鉴中建立我国环境责任保险制度》，载《中国环境管理干部学院学报》2009 年第 4 期。

〔3〕　李刚：《我国环境责任保险构建的思考》，载《西南石油大学学报》2014 年第 1 期。

　　因此，笔者认为，环境责任保险是投保人和保险人以双务合同的形式确定当保险事故发生时，由保险人依照合同的约定向因受到环境损害的受害人支付一定数额保险费的经济补偿和社会管理制度。

　　环境责任保险的性质问题。众所周知，保险公司是商法人主体，追求自身利益及相关利益者利益最大化是保险公司的经营目标（当然不排斥保险公司应当承担的社会责任），保险公司开发的环境责任险这一险种，应当被理解为是保险公司的一种产品或者服务。从这个意义上说，环境责任保险表现为商事法律性且"具有一定的技术性和复杂性。"[1]这里的技术性和复杂性是由环境责任保险的特殊性（特质）决定的，这种特殊性主要表现在环境损害事件破坏力强、环境修复难度加大和赔偿数额巨大等方面。[2]为将环境责任（侵权责任）分散化和减轻政府的后续环境治理负担，"在经济上更有效率地采取补救措施"，[3]环境责任保险便应运而生。从这个意义上说，环境责任保险的社会管理性也就显现出来。

　　环境责任保险的特征。①公益性。环境作为一种公共产品往往与生存于该环境的主体利益息息相关，环境一旦遭受损害，损害范围广，受害人数多，损害主体的赔偿、修复环境能力一

────────────

　　〔1〕　任自力、周学峰：《保险法总论：原理·判例》，清华大学出版社2010年版，第2页。

　　〔2〕　如2010年的美国墨西哥湾原油泄漏事件，漏油污染区约5180平方千米，墨西哥湾生态环境遭遇"灭顶之灾"。英国石油公司为此创建200亿美元基金，用来赔偿漏油事件的受害者，该公司被处以49亿美元的罚款。一般的企业或公司面对如此的巨额赔偿，其经济实力就显得非常苍白和无力，环境责任保险恰能弥补这一不足。

　　〔3〕　马宁：《环境责任保险与环境风险控制的法律体系建构》，载《法学研究》2018年第1期。

般非常有限，可能造成更大的损失甚至引发社会的动荡和不稳定。因此，动员社会力量共同承担因环境污染和破坏而造成的损失，是环境责任保险有别于其他险种的一大特点。②强制性。这种强制性与机动车交通事故责任强制险有相似之处，环境责任保险事故发生后，其对环境和社会造成的损害不可能在短时间内得到恢复（修复），如果缺乏环境责任保险制度的设计，这些责任无疑会落到负责提供公共产品的政府身上，政府就会成为公众和社会责难或诘难的对象。因此，法律制度设计强制要求企业等购买环境责任险就成为必然。③政府的参与性。环境事故的发生往往会引发社会的恐慌和不安，有的环境事故所造成的损失就连保险人也可能会难以承受，政府在此时就要发挥其社会管理的职能参与到环境损害事件的处理中来。同时，即使保险公司依照合同的约定进行环境损害赔偿，政府环境主管部门的监督仍然不可或缺。比如，保险公司因环境被破坏而设立环境保护（修复、赔偿）基金，这一基金如何使用等就离不开政府和相关机关的有效参与。

环境责任保险的作用。①尊重公众的环境权。[1]实践中，公众的环境权受到侵犯的主体往往是大（巨）型的公司[2]或企业，这些企业与因环境污染而遭受损失的公众相比较处于强势地位，即便是公众深知"为权利而斗争是权利人对自己的义

---

〔1〕 笔者将在下文将对环境权进行重点讨论。

〔2〕 美国学者查尔斯·德伯在其《公司帝国》中对21世纪公司帝国的版图进行了勾画，他指出，巨型公司（美国通用汽车公司、爱克森石油公司）年销售额比一个国家（以色列、波兰）国内生产总值都要高，沃尔玛公司的年销售额要超出161个（包括发达国家新加坡）国家年财政收入的总和。我们已经处在"公司帝国"的操控之下。详见［美］查尔斯·德伯：《公司帝国》，闫正茂译，中信出版社2004年版，第8~10页。

务"〔1〕的道理，一般情况下，法律或经济实力的位差却会导致受害者难以得到合理的赔（补）偿。环境责任保险却能有效地解决这一问题。②环境风险的分散或转嫁。这一点与有限责任公司或有限责任股份公司颇为近似，众所周知，投资有风险，为了鼓励股东投资和实现"股东利益最大化"，〔2〕公司法在公司制度设计上对股东和公司本身的责任承担采取了"有限责任"的形式，特别在有限责任股份公司中，公司的风险通过制度设计转嫁给众多股东和"公司利益相关人"等，从这个意义上说，"有限责任"是公司制度立基的基础或灵魂。公司或企业在生产或经营过程中若有污染事故发生肯定会产生环境责任，这种责任的承担也可能会导致公司或企业不得不退出市场（破产）。环境责任保险则可以通过保险形式将风险转嫁给保险公司和社会，从而降低公司或企业的经营风险，维持正常的市场秩序。〔3〕③拓展保险公司的保险业务。随着社会主义市场经济的进一步完善和发展，保险市场上的保险商品越来越丰富，满足了不同消费群体的消费需求。但在我国，环境责任保险作为保险公司新推出的产品其巨大潜力还未能充分发挥出来，〔4〕这就需要我

---

〔1〕　［德］鲁道夫·冯·耶林：《为权利而斗争》，胡宝海译，载梁慧星先生主编之现代世界法学名著集之《为权利而斗争》，中国法制出版社、金桥文化出版社（香港）有限公司2000年版，第12页。

〔2〕　王作全：《公司法学》，北京大学出版社2015年版，第7页。

〔3〕　笔者在此强调的是，环境责任保险并不能降低企业的环境风险，撇开定性分析，环境风险在"量"上是一个固定值，环境责任保险只是企业通过制度的形式转嫁给了保险公司，环境风险在量上并未发生变化。

〔4〕　2006年，国务院就颁布《关于保险业改革发展的若干意见》，该意见要求开展环境污染责任保险试点。2015年9月，党中央、国务院下发《生态文明体制改革总体方案》，该方案要求在环境高风险领域建立环境污染强制责任保险制度。可见，我国的环境责任保险制度尚处在起步和摸索的阶段。

们深入地进行研究。④减轻政府的财政压力。政府是唯一提供生态环境这一公共产品的组织，如果哪一个公司或者企业造成环境污染而无力负担赔偿或修复环境的责任，政府就不得不承担起这一责任。前文已经说过，治理环境污染需要高额的费用，如果缺失环境责任保险，政府不得不拿出财政经费来治理环境污染和修复环境。有了环境责任保险制度，政府就可将治理环境的工作转移于保险公司，从而减少因自身治理环境污染而产生的财政压力，把更多的资金用于民生保障等方面。⑤完善生态环境保护制度。环境责任保险在一定意义上说，是将保险公司纳入环境保护主体之中，保险公司可通过调整保险费率、保险责任范围（经济杠杆）等手段，间接地使公司或企业提高环境保护意识，有效地防控污染事故的发生。

二、环境责任保险理论

（一）市场失灵与公共产品理论

市场失灵是"当市场价格偏离了稀缺性物质的价值时，个人和公司会做出最大化自身利益而损害他人乃至社会利益的决定。"[1]

市场失灵在生态环境方面的表现主要有三个方面：一是市场行为的外部性可能产生负面的外溢效果，这种效果往往表现得最为持久和固执，即公司或企业在生产产品时将自身承担的环境成本转由社会或他人所承担，最典型的外部性就是过度开发资源和造成环境恶化问题。二是市场机制不能保证公共物品

---

〔1〕 ［美］德怀特·H. 波金斯等：《发展经济学》（第6版），彭刚等译，中国人民大学出版社2013年版，第651页。

的供给。如前文所述，有学者提出了"公共产品"理论，虽然，这一理论经古典经济学派的修正和扩展而得到相对完善，但仍存在来自外部的质疑。[1]由于市场的失灵，生态环境作为公共产品遭受破坏的机率显著增加。三是市场信息的"不完全性"或"不对称性"导致经济的不确定性和不可预测性。这种不确定性和不可预测性在环境责任保险方面往往表现为逆向选择，即对生态环境破坏防控能力低下的公司或企业（因为公司或企业与保险公司订有环境责任保险合同，他们干脆不采取任何环保措施而放任环境事故的发生）纷纷投保，将环境风险转嫁给保险公司，最终将导致保险公司无力分散环境风险。[2]

为有效解决市场失灵问题，更多学者求助于"科斯定理"，科斯定理认为，经济的外部性问题可通过当事人谈判加以解决。同时，假定财产权是确定的且交易成本忽略不计，市场发挥均衡作用是最有效率的。因此，让公司或企业承担因环境问题而产生的外部成本就成为政府重点考虑的问题之一。

（二）博弈理论

这种理论的运用范围较为宽泛，该理论认为，假定 A 与 B 共同盗窃被警察同时抓到并进行分开审问，警察在审问时明确了坦白从宽条件，即 A 与 B 同时交代（坦白）自己的盗窃事实，A 与 B 都会被判刑。假若 A 或 B 进行坦白并交代了 B 或 A 不承认的犯罪事实，不承认犯罪事实的一方可能因妨碍公务罪被重判 10 年，坦白或交代的一方可会被释放。假若 A 与 B 都不

---

〔1〕 详见刘大志：《公共产品的新界定——回顾与展望》，载《广东行政学院学报》2012 年第 5 期。

〔2〕 与市场失灵相对应的是有效市场，即有效市场能够有效配置资源，减缓环境恶化，达到"帕累托最优"状态，促进经济的可持续发展。

承认自己的盗窃行为，结果只能是 A 与 B 因私人民宅罪被判入狱 1 年。

在博弈理论中，A 与 B 都是"经济人"，[1]可以说，都是"以我为中心，以我之利益为半径划圆的'动物'，都是追求自身利益最大化的主体。"站在 A 的角度分析，倘若 B 坦白，A 也坦白，结果是被判刑 8 年，若 A 不坦白，A 得到的结果是被判刑 10 年，此种情形下，A 肯定会坦白。倘若 B 拒不坦白，A 可能会被立刻释放，倘若 A 不坦白可能会被判刑 1 年，在这种情况下，A 肯定会坦白，即无论 B 选择什么，A 最好的选择是坦白。反之，无论 A 选择什么，B 的最好选择就是坦白。

环境责任保险理论还包括"精算定价理论"[2]和可持续发展理论等。

三、发达国家环境责任保险制度

(一) 投保方式

各国的不同国情等决定了各自国家采取不同的环境责任保险投保模式，这些模式概括起来有三种：

---

〔1〕 英国经济学家亚当·斯密率先提出"经济人"（唯利人或实利人）之假设，他认为人的行为动机源于经济诱因，争取自身利益的最大化在一定意义上说是人的本性。但随着经济社会的不断发展，笔者认为，"理性—经济人"除了唯利性外，还具有道德性和法律性，即"理性—经济人"不再是纯粹物质利益的代名词，而包含尊严、名誉和社会地位等因素，即便"理性—经济人"存在对自身利益精明计算的情形，但"多数是含蓄的"。详见［法］亨利·勒帕日：《美国新自由主义经济学》，李燕生译，北京大学出版社 1985 年版，第 124 页；孙崇凯、李晓：《现代公司法人治理结构研究》，青海民族出版社 2012 年版，第 12 页。

〔2〕 该理论认为，总费率为 P，纯费率为 NP，风险附加系数为 K，费用附加系数为 β，总费率的公式为 $P = NP \cdot (1+K) \cdot (1+\beta)$。

一是强制保险模式。该模式以美国和瑞典最为典型。从 19 世纪 60 年代起，美国就开始推行环境强制保险制度，该制度规定，凡可能对生态环境造成破坏的企业或组织应当向保险公司投保环境险。《资源保全与恢复法》（1976 年）就授权国家环保局有权要求就日后对第三人的损害赔偿责任和关闭估算费用等进行投保。鉴于美国强力推进环境保险制度，美国约超过 90% 的州颁布的地方法律建立了危险废弃物处置责任保险制度。美国人认为，环境责任保险是工程保险的一部分，承包商、分包商和咨询设计商但凡涉及工程保险而未投保的则不能取得工程合同。[1]

1986 年，瑞典颁布的《环境损害赔偿法》（第 225 号）规定，对于不动产的人为活动通过环境造成人身伤害、财产损害以及由此导致的经济损失，能够依据《环境损害赔偿法》获得赔偿。在有权获得赔偿而又不能得到赔偿，或者受害人已经丧失损害赔偿请求权，或者难以确定伤害或损害责任人的情形下，对于人身伤害和财产损失，应当由承担环境损害保险的公司提供赔偿，政府或者政府指定的机构应当按照批准的条件制定保险政策。

二是以任意责任保险为主，强制责任保险为辅的模式。法国和英国等就采取此种模式。这种模式的最大特点是，法律对一些可能产生环境损害事故的企业或组织适用一般保险制度，而对另外一些企业或组织则要求其投保环境责任强制险，法律选择的标准是可能产生环境损害事故的"风险系数"。20 世纪

---

〔1〕　参见林芳惠、苏祖鹏：《美国环境责任保险制度对我国的启示》，载《水土保持科技情报》2005 年第 5 期。

60年代，法国人认为，对可能发生突发性环境污染事故的企业或组织是否投保取决于企业或组织的态度，如果决定投保则适用一般保险制度。至20世纪70年代，法国保险公司提供的保险产品几乎不涉及环境污染险，企业或组织若欲投保环境险，保险公司与投保人是否建立保险法律关系取决于双方是否协商达成一致。随着保险市场的发展，法国保险公司为了承接环境责任险，便与外国保险公司组成污染再保险联营并制作了环境污染特别保险单，对一般环境损害事件进行承保。英国法律要求强制投保的环境责任险有油污损害责任保险与核反应堆事故责任保险等。

三是强制责任保险与政府、金融机构担保的保险模式。德国就采取这种模式。德国《环境责任法》第19条规定了特定设施的所有人应当采取一定的保障义务履行的预防措施，这些措施包括：①责任保险，即与在该法适用范围内有权从事营业活动的保险企业签订损害赔偿责任的保险合同；②由联邦或某个州（能够）证明免除或保障赔偿义务的履行；③由在该法适用范围内有权从事营业活动的金融机构提供免除或保障义务履行的证明，但以该金融机构保证提供类似于某种责任保险的担保为限。可以说，德国法律规定的环境责任保险实质上就是特定设施的企业有进行投保的法定义务。[1]

（二）环境责任保险的责任范围

美国的环境责任保险范围。如前所述，美国起初只对有毒有害和废弃物的处理可能引发的损害赔偿责任实行强制保险，

---

〔1〕 游桂云、张连勤：《西方国家环境责任保险制度比较及启示》，载《上海保险》2008年第2期。

但随着经济与科技的飞速发展，工业废水废气废渣和有害有毒物质对环境造成的威胁越来越严重。为应对这些威胁，美国政府提出了对部分高危企业实行强制环境责任保险，但仅限于可能产生有毒物质和废弃物的企业和突发性的环境责任事故。随着环境问题的日益严重，保险公司只承保突发性环境事故已经不能满足市场的需要，美国保险公司便开始将承保范围扩至渐进性的环境污染事故。因此，美国于1988年成立了专门环境保护保险公司，以满足保险市场的需求。从承保范围上看，专门环境保护保险公司承保范围比一般公众责任保险公司要广。

　　法国的环境责任保险范围。法国的环境责任保险范围仅涉及两个方面：一是对特殊危险型企业的环境损害赔偿责任予以承保；二是对污染受害人进行特别保险。前者的保险范围仅限于《有害设施管制法》（1976年）规定的范围。[1]后者的保险对象仅指存在潜伏性污染危害的工厂可能产生的环境污染和破坏事故。

　　日本的环境责任保险范围。为应对频发的环境公害事件、环境矛盾纠纷和分散环境风险，日本法律[2]规定，政府应当采取相应措施运用多种手段应对因环境污染和破坏而产生的矛盾

---

　　[1]《有害设施管制法》规定，企业所产生的工业和农业污染，包括空气、水污染以及噪声、震动、臭气和光害产生的污染，因上类污染所遭受损失的公众通过民事救济手段得不到赔偿时，则由保险公司赔偿被保险人因消除污染而支出的相关费用。保险公司承担这一费用的前提条件是被保险人应当遵守法律和保险单所规定（约定）的义务，即保险人不使用造成污染的设施、安装损害防止设施和维护保险标的安全等，并且依据保险单中的控制条款，保险人或其代理人均有权不经预先通知而随时前往被保险人的工厂、设施查看，以便促使被保险人采取改进措施和避免事故发生。倘若被保险人违背或不履行上述义务，被保险人则无权从保险公司获得赔偿。
　　[2] 详见日本《公害对策基本法》（1967年）第21条的规定。

和纠纷，建立矛盾调处机制。对事实上引发环境事故，造成环境污染和损害而自身无力承担赔偿责任的企业，政府应当建立环境责任保险制度来分散和化解该企业应当承担的赔偿责任。值得重视的是，日本在执行法律过程中扩大了环境污染赔偿责任保险金的支付范围。[1]日本起初在投保范围上与美国的做法相似，即保险公司仅对突发性的环境事件接受投保和赔偿，后来，日本将保险公司承保范围扩大至渐进性的污染环境事故。实际上，日本的环境责任保险范围包含了可能引起任何环境破坏和损害的企业或组织。日本法律还对保险公司因产生环境污染和损害事故发生而应承担理赔责任的免责事由进行了规定，比如，被保险人故意违反法令，源于油田、矿山等设施所引起的污染事故和被保险人的场地内所产生的损害或污染净化费用排除在保险公司理赔范围之外。

四、青藏高原地区环境责任保险制度的完善

2007 年，原国家环境保护总局和中国保险监督管理委员会联合下发《关于环境污染责任保险工作的指导意见》（环发〔2007〕189 号），要求逐步建立和完善环境污染责任保险制度。2013 年，"两局委" 又下发的《关于开展环境污染强制责任保险试点工作的指导意见》（环发〔2013〕10 号）明确了环境污染责任强制保险的试点企业范围，这些企业涉及重金属企业（铅、汞、镉、铬和类金属砷等，兼顾镍、铜、锌、银、钒、锰、钴、铊、锑等其他重金属污染物的企业）和按地方有关规

---

〔1〕 详见张兴伟：《日本环境污染赔偿责任保险的实践与启示》，载《苏州大学学报》2016 年第 4 期。

定已被纳入投保范围的企业。我国现行《环境保护法》第 52 条规定："国家鼓励投保环境污染责任保险。"[1]

青藏高原环境污染强制保险的试点工作。青藏高原地区的省区政府在国务院统一部署下，纷纷开展环境污染强制责任保险的试点工作，颁布了诸多适合于本地区环境污染责任强制保险的政策。[2]在试点中，青藏高原各级政府积累了丰富的经验，但也存在不少问题，存在的问题既有地区性差异，又有带有普遍性。

为做好试点工作，青海在全国《环境污染强制责任保险管理办法（征求意见稿）》（2017 年）之前就下发了《青海省环境污染强制责任保险管理办法》以及《风险评估操作规范指引》《投保操作规范指引》和《索赔操作规范指引》，这些办法和指引对青海的环境污染责任强制保险试点工作起到了指导作用。[3]

青海省环境责任保险存在的问题主要表现在参保企业仅局限在化工、金属冶炼与矿山开采等领域和保险费率偏高等问题之上。

---

〔1〕　笔者理解，我国法律对环境责任保险的态度是"任意性"和"推荐性"的，有学者对此规定所产生的结果发表了自己的看法，他认为："这在理论与实践层面均难谓妥当"，笔者同意该学者的观点。参见马宁：《环境责任保险与环境风险控制的法律体系建构》，载《法学研究》2018 年第 1 期。

〔2〕　例如，2013 年 6 月 24 日，甘肃省环境保护厅下发《甘肃省环境污染责任保险试点工作实施方案》。2015 年 8 月 11 日，四川省下发《关于继续推进环境污染责任保险试点工作的通知》。2016 年 6 月 17 日，云南省下发《云南省环境污染强制责任保险试点工作方案的通知》，该通知首次将 131 家企业纳入试点范围。2013 年 8 月 21 日，青海省下发《青海省环境污染强制责任保险试点工作方案的通知》（青环发〔2013〕389 号）等。

〔3〕　青海省先后进行过两批试点工作，第一批涉及 12 家企业，第二批涉及 54 家企业，省环境保护部门将参保企业作为重点监管对象，并要求参保企业在办理环境相关审批手续时必须提交本企业与保险公司签订环境责任保险凭证。

笔者认为，应从以下几个方面着手来解决青藏高原各地环境责任强制保险存在的问题，以此来完善该地区的环境责任强制保险制度。

一是国家应加快制定全国层面的关于环境责任强制保险的法律法规。环境责任险与一般商业险的最大区别在于其具有"强制性"，这种强制性的法律依据何在，这是我们绕不开的话题。

我国现行《环境保护法》第52条将环境责任保险表述为"国家鼓励投保环境污染责任保险"，可见，"鼓励"并非为"强制"。因为阙如上位法的规定，青海就将"对环境责任保险强制性的政策规定"进行转抄（或转发），使试点企业进行强制投保。这样做法的后果是投保企业积极性不高，投保企业退保的想法也始终存在。

2016年8月，中央全面深化改革领导小组通过了《关于构建绿色金融体系的指导意见》，意见要求，在环境高风险领域建立环境污染强制责任保险制度，有计划有步骤地推进立法工作，在试点取得经验的基础上，着手开展环境污染强制责任保险的法律法规制定工作，为我国的环境污染强制责任保险提供法治保障。指导意见作为一项政策为我们进一步做好工作提供了指引，也为加紧出台环境责任强制保险法律制度提供了契机。

二是扩大环境责任保险范围。从青藏高原各省区的试点情况来看，环境责任强制保险只限于重金属企业和各省自治区地方性法规规定的环境高风险企业，诸如化工、矿山开采企业等。但法律法规对生态破坏的环境责任保险事宜尚未规定，很显然，现行政策将生态环境责任保险排除在政策之外，缩小了环境责任保险范围。

我们知道，青藏高原是大江大河的发源地，该地区水力资源十分丰富。研究者在调研中发现，水电开发项目对环境破坏力度相对较小，但对生态破坏则较为严重。因此，应将生态环境责任纳入强制保险的范围之内。同时，应借鉴美国和法国的做法，将保险公司的承保范围由突发性的环境事故扩展到潜伏性的污染危险方面。在环境责任理赔方面，我国应借鉴日本的做法将保险公司的免责事由在法律或法规上进行详细的规定。

三是借鉴法国和英国的经验，在青藏高原地区环境责任保险投保方式上采用以任意责任保险为主，强制责任保险为辅的投保模式。对涉及重金属、化工、矿山、石油和天然气开采、水电开发等生态环境高风险企业实行环境责任保险强制制度。与此同时，法律法规应授权地方政府对能源开发（太阳能）等企业进行生态环境评估，并设定这类企业的投保条件，符合投保条件的实行强制保险制度。对于不符合强制保险的企业或公司，法律法规应鼓励这类企业或公司投保生态环境责任险，并在税收等政策方面对这类企业予以倾斜和优惠。

四是设立专门的保险机构或由多家保险公司联合（法国做法）负责办理环境责任保险事宜。不言而喻，生态环境损害赔偿范围广、赔偿金额巨大，一般的商业保险公司可能无力承担。因此，国家应当设立环境责任保险公司或国家出面协调多家保险公司联合承保生态环境责任险，这对有效解决这一问题具有重要意义。

总之，我们除从上述四个方面着手外，还应从建立生态环境损害赔偿基金、政府环境保护主管部门履行监管职能和结合实际调整保险费率等方面入手运用综合手段解决存在的问题。

第四节　环境损害责任制度

一、环境损害责任制度概述

关于环境权。依法理，环境损害责任属第二性义务，即承担环境损害责任的主体发出了环境侵权行为。何为环境权？[1]有学者认为，环境权是指环境法律关系的主体享有适宜健康和良好生活环境，以及合理利用环境资源的基本权利。[2]环境权的性质如何？学界形成了诸多学说，包括"人权说""人格权说"和"财产权说"等，研究者倾向于"人权说"。有学者指出："环境权一开始就作为基本人权被提出，但质疑和批评之声也从未停歇"。[3]尽管如此，更多的学者支持将环境权写入宪，认为这种做法有利于推进我国的生态文明建设，是我国生态文明建设的最高制度表达，[4]笔者赞同这一观点。

关于环境侵权。侵犯环境权的行为就是环境侵权。有学者

---

[1]　环境权概念在学界尚未形成通说。在国际人权文件中，笔者找不到环境权的表述，但在人权范畴中，环境权的确是人的一项基本权利。环境权在英文中的表达有三种方式：人类利用环境的权利（right to environment）；环境自身的权利（right of environment）；关于环境的权利（environmental rights）。笔者在此论及的环境权仅指前者。这种环境权就是集体人权，即人们具有体面地有尊严地生活在最低标准环境的权利。《人类环境宣言》指出，人类有权在能够使自己过上有尊严和福利（健康、安全、清洁和干净等）的生活环境中，享有自由、平等和充足的生活条件的权利，且应承担保护和改善这一代和下一代可持续发展的责任。详见张晓玲主编：《人权法学》，中共中央党校出版社2014年版，第239~240页。

[2]　陈泉生：《环境权之辨析》，载《中国法学》1997年第2期。

[3]　详见吕忠梅：《沟通与协调之途：论公民环境权的民法保护》，中国人民大学出版社2005年版，第32~33页。

[4]　吕忠梅：《环境权入宪的理路与设想》，载《法学杂志》2018年第1期。

将环境侵权分为广狭两义，广义的环境侵权包括环境污染和环境破坏，狭义的环境侵权仅指环境污染侵权。[1]笔者在此所指的环境侵权是从广义而言的。

环境侵权的直接后果是生态环境被破坏而造成损害。对于生态环境被破坏或损害概念的界定问题，我国学界、立法界和司法界并未形成共识。[2]有学者以环境法研究范式为视角（行为视角、后果视角和行为加后果视角）对环境损害进行了研究，并得出了将环境损害分别称为环境侵权、环境损害和环境侵害的结论。[3]国外对环境损害的称谓也不同，比如，《欧盟环境责任指令》将环境损害称为纯生态损害、环境本身损害和纯环境损害，这三个概念内涵与外延基本相同，即保护物种和自然栖息地损害、水体损害、土壤损害，但却不包含传统民法中的人身损害和财产损害。

关于环境损害。无论对环境损害如何称谓，笔者认为，环境损害至少包含以下几个方面：一是环境损害者发出了损害环境的行为；二是环境损害行为产生了损害结果，且行为与结果

〔1〕 李岚红：《论环境侵权社会救济制度在我国的构建》，载《理论学刊》2010年第10期。

〔2〕 我国现行《环境保护法》第5条规定了损害担当原则，该法第6条第3款规定，企业事业单位和其他生产经营者应当防止、减少环境污染和生态破坏，对所造成的损害依法承担责任。可见，《环境保护法》所指的损害包括环境污染和生态破坏。我国现行《民法典》第1229条规定，因污染环境、破坏生态造成他人损害的，侵权人应当承担侵权责任。我国现行《大气污染防治法》第7条规定，企业事业单位和其他生产经营者应当采取有效措施，防止、减少大气污染，对所造成的损害依法承担责任。因此，笔者认为，我国所指的环境侵权应当是指环境或生态被损害。但也有法律将损害称之为"危害"，比如我国现行的《噪声污染防治法》第3条第2款规定，因从事本职生产、经营工作受到噪声危害的防治，不适用本法。

〔3〕 详见樊杏华：《环境损害责任法律理论与实证分析研究》，人民日报出版社2015年版，第3~5页。

之间具有必然的因果联系；三是损害结果既包括对生态环境本身所造成的损害，[1]也包括传统民法中的人身权和财产权的损害，更不能忽视的是还应包括对生态环境利益的损害。

关于环境责任。需要明确的是，笔者认为，环境责任与经济法责任有相似之处，这种责任具有独立性和特殊性。环境损害必然产生环境责任。环境责任是指行为人违反环境法律法规的规定或合同的约定，造成生态环境损害或危险而应承担的法律责任（不利后果）。环境责任产生的逻辑无非是环境危害行为（突发性、潜伏性）——因果关系——环境损害（损害事实即生态环境利益受到损害、特定区域生态系统遭到破坏，这种损害主要包括生态利益损害、人身和财产损害、潜伏性损害）——环境责任。

关于环境损害的认定。如何判断环境损害发生呢？环境质量标准就成了环境侵权的唯一尺度，行为人一旦违反环境质量标准，逻辑地就会产生环境损害责任，环境污染侵权责任也就应运而生。从这个意义上说，环境质量标准对认定环境污染侵权责任具有重要意义。[2]

关于环境责任的承担方式。我国现行《环境保护法》第64条规定，因污染环境和破坏生态造成损害的，应当承担侵权责任。我国现行《民法典》第1167条规定，侵权行为危及他人人身、财产安全的，被侵权人有权请求侵权人承担停止侵害、排

---

〔1〕 2015 年 12 月 17 日，中央办公厅、国务院办公厅下发《生态环境损害赔偿制度改革方案》（中办发〔2015〕57 号）认为，本方案所称的生态环境损害是指因污染环境、破坏生态造成大气、地表水、土壤、森林等环境要素和植物、动物、微生物等生物要素的不利改变，以及上述要素构成的生态系统功能退化。笔者援引该方案对生态环境损害进行说明。

〔2〕 参见尤明青：《论环境质量标准与环境污染侵权责任的认定》，载《中国法学》2017 年第 6 期。

除妨碍、消除危险等侵权责任。以环境责任承担方式为标准，笔者将上述侵权责任承担方式分为赔偿损失类和恢复原状类（恢复到损害未发生前的状态）。[1]

以环境损害的救济方式为切入点来分析环境责任。环境责任可分为民事救济（责任）、行政救济（责任）和刑事救济（责任）。关于环境民事责任问题上文已经论述过，研究者在此不再赘述。在此，我们仅对环境损害民事救济途径进行讨论。在环境侵权案件中，民事救济的路径包括和解、[2]调解、[3]仲裁[4]和诉讼等。行政救济途径包括行政处理和行政补偿。[5]刑事救济的途径就是依照法律追究环境侵权人的刑事责任。[6]我国现行《刑法》分则就规定了污染环境的犯罪，破坏动、植物资源的犯罪，破坏林木资源的犯罪，破坏土地资源的犯罪和破坏矿产资源的犯罪等。

---

〔1〕　恢复原状类就是环境修复，2014年，原环境保护部颁布了《环境损害鉴定评估推荐办法（第Ⅱ版）》，该办法对环境损害和环境修复作了较为详细的规定。我国现行《环境保护法》第32条规定了环境修复制度，但由于这一规定过于笼统和原则，在实践中这种责任的实现存在障碍。参见刘静然：《论污染者环境修复责任的实现》，载《法学杂志》2018年第4期。

〔2〕　我国现行《民事诉讼法》第53条规定："双方当事人可以自行和解。"

〔3〕　调解包括民间调解、行政调解、司法调解（法院主持的调解）、联合调解（两个或两个以上不同职能部门和单位组成调解组织进行调解）。

〔4〕　我国现行《仲裁法》第2条规定："平等主体的公民、法人和其他组织之间发生的合同纠纷和其他财产权益纠纷，可以仲裁。"

〔5〕　生态环境中的行政补偿是指政府以行政手段介入环境侵权损害的补偿，政府以其征收的环境税、排污费和自然资源补偿费等设立生态环境补偿基金，并设置补偿条件，以该基金对生态环境受害人进行补偿。我国在实践中尚未建立生态环境损害的行政补偿制度。详见刘彩灵、李亚红：《环境刑法的理论与实践》，中国环境科学出版社2012年版，第27页。

〔6〕　我国现行《环境保护法》第69条规定："违反本法规定，构成犯罪的，依法追究刑事责任。"

关于环境损害责任承担的归责原则。环境侵权的归责原则经历了过错责任原则、过错推定原则和无过错责任原则三个发展阶段。随着生态环境形势的日益严峻，无过错责任原则在环境责任归责中被普遍采用，即只要能够证明行为人的行为与环境损害结果之间存在必然的因果联系，行为人就应当承担相应的民事责任，不必再考虑行为人在主观上是否存在故意抑或过失。

有学者认为，危险责任的基本理念在于对不幸损害的公平分配，而不是对违法行为的制裁。其理由包括：特定主体制造了危险来源；该主体能够控制这些危险；基于正义理念，获益者应（承）担责（任）。[1]也有学者认为，危险责任存在理由，则以下列为重心：制造危险之理由；获取利润之理由；或可避免之理由；举证困难之理由。[2]可见，这两位学者支持将无过错责任原则作为环境侵权的归责原则。但学界对这一归责原则也存有不同声音，[3]这种声音认为，在环境责任归责取舍上不能搞"一刀切"，而应该具体问题具体分析。

笔者认为，环境损害责任的归责原则当采用无过错责任原则为宜。由于环境损害事件对环境本身造成的危害巨大，甚至使得生态系统在很长时间内无法恢复（修复），同时也给公众的人身产生重大伤害，使其财产造成巨大损失，导致特定区域无法可持续发展。因此，无论是企业或公司的生产活动还是项目设

---

〔1〕 详见王泽鉴：《侵权行为法》，中国政法大学出版社 2001 年版，第 11~12 页。

〔2〕 曾世雄：《损害赔偿法原理》，中国政法大学出版社 2001 年版，第 373~374 页。

〔3〕 比如，代杰博士认为环境侵权应采取"二元立法"，对环境人身损害采取无过错责任原则，对环境财产损害采用过错推定原则。详见代杰：《论环境损害责任三元立法》，载《环境与可持续发展》2011 年第 3 期。

计或规划，都要求行为人尽到必要的谨慎义务。行为人若未尽到必要的谨慎义务而造成环境损害就应当承担相应的环境责任。

环境损害责任的社会化。传统民法始终主张并认为谁侵权谁负责，谁损害谁救济。环境损害责任社会化并非对这一法理进行颠覆，而是对这一法理在特定条件或情况下的引申和发展。[1]前文对环境责任保险制度进行了讨论，保险的实质就是将风险由社会分摊的制度设计，无力承担风险责任的企业、组织和个人向保险公司投保，待风险事故发生时，保险公司承担事故的风险。企业向保险公司投保环境责任险就是将可能由投保者承担的责任"转嫁"给整个社会，也就实现了环境损害责任的社会化。

涉及环境损害责任制度的内容还包括损害赔偿范围、损害赔偿金额的确定、关于起诉的资格和举证责任的分配等。

二、欧盟、日本环境责任

(一) 欧盟环境责任

1. 欧盟的环境责任

20 世纪 80 年代，欧共体就有制定环境责任规则的建议。2000 年 1 月，欧盟委员会通过的《环境责任白皮书》建议应加强民事责任在环境保护中的作用。2004 年，欧盟通过了《关于环境损害的预防和补救方面的环境责任》（2004/35/EC，也称

---

〔1〕　王明远老师认为，环境侵权损害填补责任的社会化是指将环境侵权行为所产生的损害应视为社会损害，使侵权损害赔偿制度与责任保险、社会安全体制等紧密相连，使损害填补不再是单纯的私法救济。周珂老师认为，社会赔偿机制的建立是通过保险或者赔偿基金和行政补偿的方式，由污染者缴纳保费或公积金，将面临的损害赔偿转嫁给保险公司或者由全社会来共同承担。参见王明远：《环境侵权救济法律制度》，中国法制出版社 2001 年版，第 124 页；周珂、杨子蛟：《论环境侵权损害填补综合协调机制》，载《法学评论》2003 年第 6 期。

环境责任指令），指令重申了经营者污染损害应当承担经济责任的原则。为更好地发挥民事责任或经济责任在生态环境保护中的作用，指令要求在规定的时间内成员国务必将指令转化为内国法。

2. 欧盟环境责任的外延和理论利好

欧盟所指的环境责任在表面上看来与环境法律责任概念颇为相似，但外延要比传统意义上的环境责任小得多，是指为了救济环境损害而建立的责任制度，即"单纯的"环境损害责任。尽管如此，欧盟在环境责任立法的理论方面为世界树立了楷模，这种楷模所呈现出的利好在于：

一是对"人类中心主义"进行弱化。传统法理认为，人是主体，人以外的事物都是人实现自身利益的客体或工具。因此，以人为中心展开的立法将焦点始终凝聚在人身权和财产权的保护方面，而忽视了人与自然界的相互关系。随着环境污染越来越严重，公害事件频繁爆发，"生态中心主义"便应运而生。[1]欧盟的环境责任弱化了人类中心主义的表现在于过少关注自然资源的经济价值，而更多地关注生态系统的功能，在环境责任承担方式上强调恢复生态功能要重于损害赔偿。

二是欧盟强调预防重于治理。1982年的《内罗毕宣言》指出，一旦生态环境遭到破坏，人们不得不花费大量的人力、物力和财力修复和改善生态环境，预防生态环境被污染和破坏比起治理已经污染的生态环境要轻松得多。即"亡羊"之后"补牢"不如"亡羊"之前"补牢"。[2]值得重视的是，欧盟不仅

---

〔1〕 详见曹明德：《从人类中心主义到生态中心主义伦理观的转变——兼论道德共同体范围的扩展》，载《中国人民大学学报》2002年第3期。

〔2〕 详见蔡守秋：《欧盟环境政策法律研究》，武汉大学出版社2002年版，第161~162页。

吸纳了预防重于治理的理念，而且将这一理念法律化。欧共体第三个《环境行动计划》（1982年—1986年）[1]强调了加强环境政策预防性特征的重要性，提出了发挥预防原则的效力必须具备3个条件，即决策者和利益相关者的公众容易得到；在决策中要考虑对环境可能产生的影响；对制定的办法执行情况进行监测。

三是污染者付费是国际社会普遍接受的观点。早在1973年，欧洲经济共同体就将污染者付费原则写入了第一个《环境行动计划》（1973—1976年）之中，随着这一原则的运用和发展，欧盟又赋予了这一原则以新的内容。新内容的表现主要在于将生态环境本身的损害纳入污染者付费的范畴。

3. 欧盟环境责任的特点

一是欧盟的环境损害救济制度是预防和恢复环境损害，将传统的损害交由成员国采用民事责任制度和国际公约加以解决的制度。目前，欧盟更多地采用国际公约的方式解决环境责任问题，先后制定的国际公约大约有20多个。[2]前文认为，欧盟强调运用经济手段强化环境责任，但并不等于说，欧盟忽视其他的环境责任形式，2008年，欧盟通过了《刑法保护环境指令》，标志着欧盟运用刑法手段处理人与自然的关系。可以说，欧盟环境责任承担制度主要包括民事责任和刑事责任制度。

二是欧盟环境责任在性质上是行政责任（通说）。一般而言，在认定民事责任时，只要责任主体明确，责任人和损害或

---

〔1〕 欧盟从1973年开始就制定环境行动计划，至2012年先后制定了6次环境行动计划，且每次计划都对环境政策进行不断的调整。2012年11月29日，欧盟公布了最新的环境行动计划草案，草案确定了9个优先课题和2个行动目标。

〔2〕 如《关于危险活动造成的环境损害的民事责任公约》《油污损害民事责任公约》《油污损害赔偿基金公约》和《油污损害民事责任公约议定书》等。

侵权结果之间具有必然的因果联系，这种情形下的责任认定并不困难。但在环境损害中往往存在诸多不确定性因素，比如，长期污染，一种损害是由众多污染者长期污染造成的，且无法认定特定的污染者造成了特定损害；经过政府相关部门的批准而产生的排放；历史性损害，由于损害行为发生太过久远，认定责任主体确实困难，即使责任主体能够认定，也存在当时的环境法律尚未建立，主体排放污染时是合法的企业或者已经破产，主体已经丧失行为能力等。[1]

欧盟环境责任的承担。欧盟环境责任的核心内容在于责任的承担，欧盟认为，在环境责任承担方面，存在着行政主体与行政相对人的"控制—命令"关系。前文所述，欧盟的环境损害制度目的在于预防和修复被损害的生态环境。依照《欧盟环境责任指令》之规定，行政主管机关在预防环境损害事故发生或修复被损害的环境中占据着主导和绝对的权威地位。虽然《欧盟环境责任指令》赋予受到环境污染影响的个人、组织和环境公益组织相应的起诉权，但指令又规定，不具有直接利害关系的当事人无权因环境损害向法院提起诉讼，此类人寻求救济的唯一路径就是请求行政机关履行职责提起诉讼。笔者认为，至于这种诉讼是否为行政诉讼，有待我们进一步探讨。

三是欧盟环境责任具有补充性特点。欧盟对环境问题的基本思路是重在生态环境修复和"环境治理"，这种修复和治理的主体应当是社会力量而不仅仅是政府本身。同时，在环境损害治理（修复）中，欧盟在第五个《环境行动计划》中要求强化

---

〔1〕 潘德勇：《欧盟环境损害赔偿立法模式对中国的借鉴》，载《贵州大学学报》2010 年第 5 期。

法律手段、市场手段和财政支持手段解决环境问题，实现可持续发展。可以说，欧盟法律将市场和财政手段作为柔性手段，将起诉、法律责任作为硬性手段来保障环境责任的实现。

（二）日本环境责任

1. 日本环境公害责任的归责原则

公害责任的本质是侵权责任，日本民法对侵权责任进行了详细规定，在确定责任承担方面，日本人确立了民事归责原则。[1]日本在环境侵权方面采用了主观意义上的过失责任原则。二战后，日本公害事件频发，出现了在环境损害归责领域的过失客观化理论，在此理论指导下，日本在环境公害责任的归责方面采用了客观化的过失责任原则。笔者认为，客观化的过失责任原则与无过错责任原则在本质上是一致的。

日本第74次"帝国会议"通过了《矿害赔偿规定纲要》，依照该纲要，日本在1939年的《矿业法》中新增设了第74条，该条确立了无过失责任的矿害赔偿制度，《矿业法》（1950年）第109条也规定了无过失责任原则。日本的无过失责任原则虽然在立法上确立较早，但在司法上运用此原则开始于1967年的田川矿毒农业被害事件（1970年二审确定）和1971年的痛痛病事件（1972年二审确定）。之后的许多法律诸如《水洗碳业法》（1958年）也都承认了无过错责任原则。

2. 日本环境责任的特点

一是用法律形式强化政府的环境责任。这种立法理念与

---

〔1〕《日本民法》第709条规定，因故意或过失侵害他人权利或受法律保护的利益的人，对于因此所发生的损害负赔偿责任。该条原则肯定了过失责任原则。第717条规定，因土地工作物的设置或保存有瑕疵，而致使他人发生损害时，其工作物的占有人对受害人负有赔偿损害的责任。该条承认了无过失责任原则。

"生态公共产品"理论相一致。在生态产品和服务上，日本人认为，日本政府是这类产品的唯一提供者。基于这样的考虑，笔者认为日本强化政府责任目的是使其在生态环境方面有更多的担待和有更多更大的作为。针对政府环境责任的强化，日本立法者在各种不同的涉及公害或环境的法律之中，都对政府的环境责任进行了规定，形成了全方位、多层面、有机统一的政府承担环境责任系统。在这个责任系统中，日本政府承担环境责任的主要表现形式是：制订独立的环境政策和法律；运用经济手段对区域环境进行管理；对环境基础设施建设进行财政补贴和政策倾斜；充分调动公众参与环境治理工作的积极性；鼓励公众对政府的环境政策及其实施情况进行监督等。早在1967年和1972年，日本就分别制定了《公害对策基本法》[1]和《自然环境保全法》，对地方政府有关环境方面的权力进行了规定，形成了中央与地方政府分工合作的环境责任承担框架。[2] 二是

---

〔1〕 日本的《公害对策基本法》经过1970年、1971年、1973年、1974年和1983年的修订，其内容有所扩大，主要包括扩大公害的范围、明确了废弃物处理的公害对策、将公害对策和环境政策作为两大原则、规定对自然环境的保护、授予地方政府（都道府县知事）设立环境标准的权限。日本的《环境基本法》实施后，《公害对策基本法》被废止。

〔2〕 1993年，日本又颁布了《环境基本法》，该法包含3章，46条及附则，确立了对整体环境进行保护的法律框架，成为第一个完全融合的、综合性的环境基本法。《环境基本法》综合规定了国家、政府、公共团体、企（事）业者（规定相对较少）、个人的环境责任。该法第1章"总则"仅对费用负担和财政措施进行了原则规定，其他内容均以政府环境责任为主。如，该法第11条规定，政府必须为实施环境保全对策而采取必要的法制上或者财政上的措施以及其他措施。第15条第1款规定，为综合且有计划地推进环境保全对策，政府必须制定关于环境保全的基本计划。参见杜群：《日本环境基本法的发展及我国对其的借鉴》，载《比较法研究》2002年第4期；杨春桃：《我国〈环境保护法〉中政府环境责任追究制度的重构——以美国、日本环境立法经验为参照》，载《中国政法大学学报》2013年第3期。

完善的环境法基本理念。日本法律始终坚持可持续发展原则，既考虑当代人享受环境给人类的恩惠，也考虑后代人的可持续发展，尽量把当代人的社会经济活动控制在公平负担之下的环境负荷较小的水平之上，处理协调好人与自然的关系，全力将日本构建成可持续发展的社会。同时，日本在生态环境保护立法方面也具有全球视野，日本人认为，保护全球环境是世界各国的共同责任，各国政府应在国际社会和组织的协调下积极推进全球生态环境保护工作。

3. 日本的企业环境责任

日本企业的社会责任发轫于二战以后，其内涵和外延等发展经历了 5 个阶段。[1] 在最后一个阶段表现，日本法律规定，在企业内部应当加强经营管理、关心员工福利，建立企业社会责任体制，设立企业社会责任委员会，委员会下设环境部和战略部等，负责推进企业社会责任战略；在企业外部要支援环保事业。

4. 日本立法中的公害过失责任的抗辩（免责）事由

日本立法比较重视在环境公害事件中抗辩事由的规定，[2] 日本学者加藤一郎在其《序论—公害法的现状展望》中提出了"容忍限度论"。他以排烟为例对这一理论加以证明，他认为，人们有权利在自己土地上排烟，其他人应尊重这种权利并做必

---

〔1〕 第 1 阶段：CSR（Corporate Social Responsibility）＝处理产业公害；第 2 阶段：CSR＝处理产业公害+反对利益至上主义；第 3 阶段：CSR＝慈善责任；第 4 阶段：CSR＝经济责任+法律责任+环境责任+伦理责任；第 5 阶段：CSR＝CSR 战略。详见刘国斌、孙雅俊：《日本推行企业社会责任的环保效应分析》，载《现代日本经济》2016 年第 6 期。

〔2〕 如日本《大气污染防止法》第 25 条第 3 款和《水质污染防止法》第 20 条第 2 款等。

要的容忍，排放的烟尘必然会超出自己土地的范围给他人造成损害，从法律角度看，这种排烟行为原则上肯定是违法的，但法律和因排烟而受到损害的人们对排烟行为应当相互容忍，这种容忍存在一定的限度和范围。因此，法律就应当将排烟行为的违法性进行剔除。[1]日本人认为，合规致害的具体类型包括依行政指令、遵守行政禁令、符合条件的授权型和符合其他任意型行政规范的合规致害，这些公害所产生的环境责任应该免责。

三、青藏高原地区环境损害责任制度

（一）我国关于环境损害责任[2]的立法

我国关于环境损害责任的立法规定散见于相关法律之中。[3]我国现行《民法典》第 7 编第 7 章针对环境污染和生态破坏责任进行了专门规定，具体内容涉及第 1229 条至第 1235 条。统揽上述 7 个条文之具体规定，我们会发现这些规定仍然太过原则和简单，无法涵盖复杂的技术含量较高的环境侵权诸类情形。

---

〔1〕 转引自 [日] 圆谷峻：《判例形成的日本新侵权行为法》，赵莉译，法律出版社 2008 年版，第 269 页。

〔2〕 研究者在此所指的责任既包括环境侵权责任，也包括因组织、单位职务而产生的责任，也包括公民个人对环境应当承担的责任。

〔3〕 我国现行《环境保护法》第 1 条、第 31 条、第 51 条、第 52 条、第 58 条〔关于公益诉讼的规定。在我国比较典型的公益诉讼案件是，宁夏瑞泰科技有限公司等 8 家企业违法向腾格里沙漠排放污染物，中国环境保护与绿色发展基金会提起公益诉讼。2017 年 8 月 28 日，法院调解结案。8 家企业承担修复生态环境和预防土壤污染费用 5.69 亿元以及支付环境损失公益金 600 万元。详见最高人民检察院、检察日报社：《方圆》，第（总）492 期，第 55 页〕、第 59 条和第 64 条等对环境损害责任进行了规定。我国现行《民法典》第 9 条规定："民事主体从事民事活动，应当有利于节约资源、保护生态环境。"我国现行《水污染防治法》第 7 章（第 80~101条）、《大气污染防治法》第 7 章（第 98~127 条）同样专门规定了法律责任。

由于法律规定过于简单，执法者和司法者针对具体的环境侵权案件就存在无法切入的情形，学者们对此问题也进行过深入讨论。有学者认为，在立法中可设专章规定生态、环境本身损害的修复与赔偿责任，包括责任性的实体条款以及实现责任的程序规则和配套规则。[1]

为强化党政机关主要负责人承担环境责任力度，推动生态文明建设，习近平总书记表示，我国应当不断加强制度建设，制定最严厉的生态保护制度和问责机制，把承担环境责任的重点落实在党政主要领导干部身上，"对那些不顾生态环境盲目决策、造成严重后果的人，必须追究其责任，而且应该终身追究。"[2]为此，我国制定了《党政领导干部生态环境损害责任追究办法（试行）》，对党政主要领导干部的环境责任追究实行终身制，以此来督促党政主要负责人在履行职务期间务必重视本地区本部门生态环境问题，强化他们的环境责任意识，使他们努力做到尽职履责，实现党政主要领导的权责统一，构建生态政府、环保政府和绿色政府。[3]

尽管如此，我国环境损害责任在立法方面仍然存在诸多问题。严厉的环境问责机制仅仅停留在党和国家的政策层面，未能将这一机制上升到立法高度，尽管我国《环境保护法》第68~69条对环境问责制度进行了规定，但我国政策层面的问责制度比这一制度要严厉得多，因此，我国亟需将环境问责政策

---

〔1〕　详见竺笑：《生态环境责任编的比较法借鉴及编纂思路》，载《中国法律评论》2022年第2期。

〔2〕　习近平：《习近平谈治国理政》，外文出版社2014年版，第210页。

〔3〕　参见《党政领导干部生态环境损害责任追究办法（试行）》第5条、第8条和第12条等。

转化为环境问责法律。

我国环境责任法律制度方面存在的问题还包括：政府环境问责法律机制不健全；重损害赔偿和治理而轻环境损害预防；环境损害责任承担方式单一；企业的环境（社会）责任规制力度不够；环境损害免责（抗辩）事由规定较为简单；环境损害责任规范在法律中的规定较为分散等。为有效解决上述问题，笔者建议，我国应加快制定"环境侵权（损害）责任法"的步伐，一揽子解决目前存在的环境损害责任问题。

（二）我国"环境侵权（损害）责任法"

1. 立法模式的选择

我国可以借鉴欧盟的做法，制定一部单独的以环境损害预防和修复为一体的"环境侵权（损害）责任法"。这样的做法有助于解决环境损害本身以及损害赔偿制度具有特殊性而产生的归责原则、因果关系、赔偿范围和举证责任等一系列问题。当环境损害事故发生后，行政机关如何防治和控制污染范围、如何修复被破坏的生态环境、如何对相关的行政职权进行配置、采取何种程序和方式进行救济等一系列问题在现行的生态环境行政法中有所涉及，但法律规定的太过原则和简单，缺乏实际的可操作性。"环境侵权（损害）责任法"就可以解决此类问题，并能够弥补我国立法的不足。

欧盟虽然将环境损害责任定性为行政责任，但并未排斥其运用综合手段使环境损害责任得以承担。笔者认为，"环境侵权（损害）责任法"应属于公法范畴，倘若环境损害导致人身和财产损失，立法的重点应该是民事赔偿责任。如果生态环境本身受到损害，立法的重点则在行政责任方面。因此，对于环境损害的责任规制问题，我们完全可以考虑采用公法和私法并行不悖的模式来解决这些问题。

同时，要树立预防重于治理的理念。环境损害责任不是为追究责任而规制责任的，而是通过追究环境损害责任达到预防生态环境事故出现的目的。

2. 加大政府对环境损害责任承担力度

我国现行《环境保护法》第10条第1款规定，国务院对全国生态环境保护工作负总责，对各地生态环境保护工作拥有管理权和监督权，这一规定在立法上是一种进步。但也存在许多问题，比如，立法不配套，制度（环境绩效考核制度）不健全等仍然困扰着生态环境保护工作。因此，笔者认为，"环境侵权（损害）责任法"应当明确规定环境绩效考核制度等，将行政区域内的生态环境质量作为对地方政府考核的指标之一，并实行"一票否决"制。

3. 明确企业的社会（环境）责任

这一问题应当引起我们的高度重视，在现实中，引起重大环境灾害性事故的往往是企业，特别是大型国有企业，因此明确和强化企业的环境责任在我国具有重要意义。尽管我国《公司法》对公司社会责任进行了规定，笔者认为，这里的社会责任应该是道德责任而非法律责任。同时，我国应借鉴日本将企业的社会（环境）责任规定为法律责任的做法，建立行政和经济手段并行制度和"企业领跑者制度"、[1]免除污水和煤烟处理等设施相关的固定资产税和低息融资政策等。

––––––––––––

〔1〕　这一制度的具体内容是，采用标杆管理制，法律要求其他企业向领跑者看齐，对不合格的企业进行行政处罚；建立节能标签制度和节能产品销售评价制度，引导公众购买节能环保产品。详见刘国斌、孙雅俊：《日本推行企业社会责任的环保效应分析》，载《现代日本经济》2016年第6期。

4. 可以借鉴日本的做法，法律明确规定环境损害责任的免责事由

笔者认为，在免责事由的立法规定上应从三个方面着手：一是天灾和不可抗力（地震、海啸和战争等）；二是加害人故意和重大过失造成的环境损害事故；三是第三人的原因造成生态环境事故。

总之，"环境侵权（损害）责任法"的内容还应包含诸多方面，如立法理念、立法原则、具体制度、企业权利与义务、环境修复资金来源和法律责任（如，数个责任人的连带责任和费用负担机制）等。

（三）青藏高原生态环境责任制度

2017年8月29日，中央全面深化改革领导小组通过了《生态环境损害赔偿制度改革方案》（中办发〔2017〕68号）（以下简称《方案》），自2018年1月1日起在全国施行。该方案破解了我国在环境责任承担上的"企业污染、群众受害、政府买单"的困局。方案主要有6大部分：总体要求和目标、工作原则、适用范围、工作内容、保障措施和其他事项。笔者认为，此方案有两大亮点或特点：一是由于我国法律规定，水流和草原等自然资源的所有权主体是国家，国务院代表国家行使所有权，当水流和草原等受到污染和破坏时，索赔主体得以明确化。[1]二是权利人可以提起生态环境损害赔偿诉讼。[2]

---

〔1〕 方案在工作内容中规定，国务院授权省级、市级政府（包括直辖市所辖的区县政府）作为本行政区域内生态环境损害赔偿权利人。

〔2〕 方案规定，赔偿权利人与修复或赔偿义务人可就修复或赔偿事宜进行磋商，磋商未达成一致的，赔偿权利人应当及时提起生态环境损害赔偿民事诉讼。赔偿权利人也可以直接提起诉讼。

为进一步贯彻方案精神，青藏高原各省区相继出台了适合本地区的生态环境损害赔偿制度改革实施方案。[1]笔者通过研究发现这些方案基本上是中央方案的翻版。比如，云南省的方案与中央方案相比较，两个方案在总体要求、工作原则、工作内容等方面区别不大，仅在保障措施方面表现不同，云南方案只在明确职责分工中增加了省环境保护厅承担省生态环境损害赔偿制度改革工作领导小组日常工作，并将各行政职能部门的职责范围进行了列举。

可以说，青藏高原在环境责任的落实方面同全国一样，既有法律法规制度的保障，又有政策的支持。目前最为重要的是将生态环境责任方面的政策在条件许可的情况下转化为国家法律。[2]

---

　　〔1〕《甘肃省生态环境损害赔偿制度改革工作实施方案》（2018年10月）、《青海省生态环境损害赔偿制度改革工作实施方案》（2018年9月）、《四川省生态环境损害赔偿制度改革工作实施方案》（2018年9月）、《云南省生态环境损害赔偿制度改革实施方案》（2018年10月）、《西藏自治区生态环境损害赔偿制度改革工作实施方案》（2018年9月）。各省区均成立生态环境损害赔偿制度改革工作领导小组，并由省长或副省长任组长，成员包括各行政机关的主要负责人，也对行政机关的职责及其范围进行了规定。

　　〔2〕早在2015年12月，中共中央办公厅、国务院办公厅就印发了《生态环境损害赔偿制度改革试点方案》，此次试点已经取得了一定成效，为我国立法奠定了基础。

第四章
青藏高原地区生态环境
保护立法建议

本章是本课题研究的逻辑起点和归宿点。前几章已着重墨所讨论的环境法律理论、环境立法、执法、司法以及相关的判例等旨在为起草青藏高原地区生态环境保护条例（学者稿）进行伏笔铺成。这样做的理由在于对之前的环境法理论和法律实践进行相应的总结和反思（检视），从而在很大范围内聚焦人们新的视点和改变人们的领悟力。[1]同时，笔者也以为，法律本身与其自身发展的历史密切关联，可以说，新的法律就是经过创造和加工且对旧法律的一次重生。

笔者期望在总结我国的经验和借鉴发达国家生态环境立法、执法和司法等经验基础之上，以青藏高原生态环境保护条例学者稿（以下称条例）起草说明和条例本身两部分为载体完成相应的研究任务。

---

〔1〕〔德〕罗尔夫·克尼佩尔：《法律与历史——论〈德国民法典〉的形成与变迁》，朱岩译，法律出版社 2003 年，第 3 页。

第一节　青藏高原地区生态环境保护条例
（学者稿）起草说明

一、缘由的说明

第一，要说明的是，自从青藏高原生态环境问题越来越严峻，学术理论界和政界等对此问题也越来越予以高度关注。学者们从管理学、生态学、地理学、文化人类学、法学、政治学和国际关系学等学科对青藏高原生态环境问题进行了多角度、多层面的深入研究，产出了很多高质量的对青藏高原地区生态环境问题相互因应的学术成果。特别是青藏高原地区当地的学者们，他们凭借切身感受的优势和自身的理论功底如鱼得水般地深入田野调查，克服高寒缺氧等诸多困难，产出了高质量的学术成果，提出了可资借鉴的学术观点，为当地党委和政府的科学决策提供了理论依据，也促进了青藏高原乃至我国环境法学的发展，尽到了学者的历史责任，为青藏高原生态环境保护也做出了可能的贡献。青藏高原之外的学者也对该问题进行了深切关注，[1]应当说，青藏高原生态环境保护问题也吸引了域

---

〔1〕　关于青藏高原地区生态环境保护方面的法律研究成果很多，笔者在此只作简单罗列。专著类主要有：董开军：《青藏高原生态法治问题研究》，青海人民出版社 2011 年版；王健主编：《主体功能区建设与资源生态补偿机制》，国家行政学院出版社 2009 年版；王作全：《三江源区生态环境保护法治化研究》，北京大学出版社 2007 年版；张立等：《三江源自然保护区生态保护立法问题研究》，中国政法大学出版社 2014 年版；赵新全：《三江源区退化草地生态系统恢复与可持续管理》，科学出版社 2010 年版；杜发春：《三江源生态移民研究》，中国社会科学出版社 2014 年版等。论文类主要有：乔军：《三江源生态保护：立法需求、问题分析与制度设计》，载《青海社会科学》2018 年第 2 期；陈艳、许克祥：《三江源地区生态保护的政策

外（青藏高原地区之外）许多学者的目光。党中央和国务院、青藏高原地区的各级党委和政府为应对该地区生态环境不断恶化的情势，有步骤、有计划地制定了相关法律法规和政策，为青藏高原地区的生态环境保护做出了重要贡献。

第二，要说明的是，笔者在研习众多学者们关于青藏高原或三江源生态环境法律保护问题相关成果时最大的感受是，他们对三江源生态环境保护问题研究得较为透彻，这种透彻性主要表现在以下几个方面：

其一，是认识问题的本质较为真切。一般而言，我们面对生态环境问题更多地会从感觉、直觉和表象入手，获得的往往是感性认识，获得对生态环境问题的理性认识则难度较大。但是，相关研究者克服了诸多困难，拨开表面现象之云雾，得出了更为契合实际的结论。比如，关于生态环境补偿[1]研究等，王健、张占斌、马洪波老师的研究成果更具典型性，他们在全国层面上对生态补偿机制存在的问题进行了梳理，这些问题主要

（接上页）研究》，载《安徽工业大学学报》2007年第6期；孙饶斌：《三江源生态保护经济技术路线》，载《人民论坛》2011年第29期；李秋静、薛立：《三江源生态保护与建设的探讨》，载《青海环境》2014年第4期；杜建功：《合理开发利用西藏草场资源》，载《资源开发与保护》1990年第1期；扎呷：《论西藏的草场资源与环境保护》，载《中国藏学》2005年第3期；邓一君、吕志祥：《生态补偿标准的经济学分析——以甘肃省甘南州为例》，载《中国环境管理干部学院学报》2017年第3期；于欣荣：《甘孜藏区矿产资源开发与矿区生态环境保护探析》，载《黑龙江生态工程职业学院学报》2017年第5期；喻林超：《阿坝州生态环境保护和建设在西部大开发中的战略地位探讨与研究》，载《四川环境》2001年第2期；秦茂军、汤明华：《迪庆藏区民俗文化与生态环境保护》，载《林业调查规划》2012年第1期等。

　〔1〕　有学者对生态补偿的类型、特征、性质等进行了研究，他认为，基于生态补偿的主体关系，将生态补偿可分为政府补偿关系和市场补偿关系。这一分类对研究本课题具有重要意义，因此，笔者将更加关注生态补偿之市场补偿关系。详见张君明：《环境法与生态文明建设》，吉林大学出版社2017年版，第34~37页。

表现在：

（1）补偿主体较为单一，且以纵向补偿为主（中央政府通过财政转移支付和生态环境专项建设项目等手段或方法进行生态环境补偿）。

（2）补偿管理部门多元化。在国务院机构改革之前（2018年3月前），环保、国土、水利、农业和林业等部门都在制定和执行生态环境补偿政策，明显出现了政出多门的局面。第十二届全国人民代表大会第一次会议通过了《关于国务院机构改革和职能转变方案》，方案确定组建自然资源部、生态环境部和农业农村部等。生态补偿管理部门多元化问题有望解决。

（3）以"生态环境工程等项目"补偿成为常态，缺乏稳定性。如，国家发展与改革委员会副主任在2005年8月曾表示，到2020年，国家计划投资75亿元用于三江源自然保护区生态环境保护与建设，按照总体规划，到2010年，国家将累计投资31.27亿元用于（三江源区）退牧还草工程，该工程一定包含生态补偿。[1]我们试想，这75亿用完之后，我们再启动另一项目工程来解决后续问题？显然，法律制度设计比制定和执行三江源生态环境保护工程更为可靠、更为科学，这也符合"全面推进依法治国"的内在要求。

（4）全国生态补偿标准实行"一刀切"政策，补偿标准偏低。在退耕还林补偿政策中，全国只分"北方"和"南方"两个标准，这种标准显然太过武断。我们稍加思考和分析就会发现北方也有发达和欠发达地区，非民族自治地方和少数民族自治地方等之分，"北方的一个标准"不可能适应所有的北方地

---

〔1〕 详见 http://news.sina.com.cn/o/2005-08-31/04226822020s.shtml。

区。同时，补偿标准偏低，导致农牧民减产减收，甚至返贫。2013年，习近平总书记提出"精准扶贫思想"，[1]我们在调研中发现，青藏高原有一部分精准扶贫对象就是因退牧还草、退耕还林、退牧还湖而形成的生态移民。

（5）生态补偿资金来源单一。在我国，生态补偿的手段主要依靠财政转移支付和专项基金方式。由于这种转移支付和专项基金政策的力度不够，直接影响到生态保护区保护生态环境的积极性。有学者研究认为，生态补偿资金应当包括中央的转移支付、生态受益地区的转移支付和市场规则基础上的生态系统服务提供与购买支付。[2]也有学者在流域补偿模式上提出了自己的见解，他认为，这些模式包括流域上下游政府协商交易补偿模式、上下游政府共同出资的流域生态补偿模式、政府间财政转移支付的流域生态补偿模式和基于出境水质的政府间强制性扣缴流域生态补偿模式。[3]可见，学者们也试图通过研究来拓宽生态补偿资金来源单一的通道。

（6）生态保护区面临"要温饱还是要环保"和"以GDP为政绩指标"的两难问题，[4]导致地区生态环境恶化和地方政府

---

〔1〕　2013年11月3日，习近平总书记在湖南省花垣县十八洞村做出重要指示："因地制宜、实事求是、分类指导、精准扶贫。"号召全党和各族人民坚决打赢扶贫攻坚战，并指出让贫困人口和贫困地区同全国一道进入全面小康社会是我们党的庄严承诺。

〔2〕　详见舒旻：《论生态补偿资金的来源与构成》，载《南京工业大学学报（社会科学版）》2015年第1期。

〔3〕　参见王军峰、侯超波：《中国流域生态补偿机制实施框架与补偿模式研究——基于补偿资金来源的视角》，载《中国人口·资源与环境》2013年第2期，第24~27页。

〔4〕　有学者认为人们彼此是相互关联的，这种关联性决定了他们作为人的身份，因此，把任何人看作对立的个体都是错误的。这种由人所组成的"独立体"必

履行政府职责（促进当地经济发展、改善民生和发展社会各项事业）而影响生态环境的保护和建设。这类问题目前实际上已经得到有效解决。[1]

为了全面贯彻和落实《生态文明建设目标评价考核办法》，青藏高原各级党委和政府颁布了相应的政策法规。如，2017年，青海省委办公厅、省政府办公厅印发了《青海省生态文明建设目标评价考核办法（试行）》（青办发〔2017〕8号），青海省发展与改革委员会、环保厅等联合下发了《青海省绿色发展指标体系》，这些政策为生态文明建设的评估、考核和责任追究等做出了设计和政策安排，彻底改变了"以GDP为政绩指标"的政绩观，这对引导生态文明建设具有重要意义。[2]

其他学者在自己的研究领域从不同角度对三江源区的相关生态环境问题进行了分析，对我们明晰、认识问题也提供了路径。[3]

（接上页）然与自然界产生这样或那样的联系，这就要求我们既要考虑"独立体"内部的相互关系问题，也要考虑"独立体"与外界的相互联系问题。见［美］赫尔曼·E.达利、［美］小约翰·B.柯布：《为了共同的福祉——重塑面向共同体，环境和可持续未来的经济》，王俊、韩冬筠译，中央编译出版社2017年版，第157~160页。

〔1〕 2016年12月2日施行的《生态文明建设目标评价考核办法》第3条规定："生态文明建设目标评价考核实行党政同责，地方党委和政府领导成员生态文明建设一岗双责，按照客观公正、科学规范、突出重点、注重实效、奖惩并举的原则进行。"该办法甚至在第13条中规定，对生态环境损害明显、责任事件多发地区的党政主要负责人和相关负责人（包含已经调离、提拔、退休的），按照《党政领导干部生态环境损害责任追究办法（试行）》等规定进行责任追究。

〔2〕 详见王健等：《主体功能区建设与资源生态补偿机制》，国家行政学院出版社2009年版，第4~8页。

〔3〕 详见关桂霞：《三江源生态移民生存发展问题研究》，载《攀登》2011年第6期；李建静：《三江源生态环境保护与建设探》，载《山西林业科技》2007年第3期；马洪波、吴天荣：《建立三江源生态补偿机制试验区的思考》，载《开发研究》2008年第5期；白建俊、谢芳：《对黄南藏族自治州三江源自然保护区生态移民情况的调查》，载《青海金融》2007年第7期。

其二，提出解决问题的对策具有较强的针对性。王健、张占斌、马洪波老师针对自己所梳理和厘定的问题也提出了相应的对策和解决方案。他们指出，要建立生态补偿长效机制、不断完善中央财政转移支付制度、建立横向和纵向的生态补偿方式、开征生态环境税、设立生态环境补偿基金制度、完善相关法律制度、建构新的生态保护与建设的责任制度和新的生态补偿评价体系。在进一步完善和建立上述制度的基础上，他们也针对问题提出了建设性和创造性的建议，比如，部分改变行政区划和改变行政管理体制等。[1]这些建议丰富了我们解决问题的思路和路径，也对我们研究这类问题给予了一定的启发。

美国人在田纳西流域治理的做法是以流域区域为基准而展开生态环境保护与治理工作，在行政区域的划分上美国人似乎很少作为（或有动作），这样做的好处在于，一般而言，行政区域的划分具有历史传承性，往往涉及政治、经济、文化和当地居民的心理归属等因素，慎重处理行政区划问题对维护地区和社会稳定具有重要意义。笔者认为，"三江源国家公园"做法的经验值得总结和肯定，这种做法并不改变原有的行政区域划分结构，但确实为保护和建设三江源地区的生态环境提供了重要载体。[2]这无疑是较为优选的办法。

---

〔1〕 参见王健等：《主体功能区建设与资源生态补偿机制》，国家行政学院出版社 2009 年版，第 9~14 页。

〔2〕 2015 年 12 月 9 日，中共中央全面深化改革领导小组第十九次会议审议通过了《中国三江源国家公园体制试点方案》，标志着三江源区的生态环境保护被纳入了国家发展战略。"三江源国家公园"生态保护工作肯定关涉民族关系、园内经济社会发展和园内居民的人权保障等问题。笔者始终认为，问题的复杂性就需要我们运用系统的方法来解决具体问题，这可能是解决问题的永恒主题。参见马志伟：《我与青海国家公园建设》，载《青海师范大学学报》2017 年第 1 期。

其三，类似研究成果丰富了我国生态环境保护法律理论特别是具有自身特点的青藏高原生态环境保护与建设的法律理论。总体来讲，我国生态环境法律的产生比西方发达国家较晚，但我国环境法学发展速度较快并且成果丰硕。这些成果集中体现在我国环境法的法典化、[1]环境法方法论、[2]环境税法、[3]环境侵权与损害责任、[4]环境风险预防[5]和环境责任保险[6]等

---

〔1〕 参见夏凌：《法国环境法的法典化及其对我国的启示》，载《江社会科学》2008年第4期；张梓太：《论我国环境法法典化的基本路径与模式》，载《现代法学》2008年第4期；杜群：《可持续发展与中国环境法创新——环境法律体系的重塑》，载《北京师范大学学报》2001年第5期等。

〔2〕 参见徐祥民、刘卫民：《环境法学方法论研究的三个问题》，载《郑州大学学报》2010年第4期；汪再祥：《"法学方法论生态化"之批判》载《南京大学法律评论》2009年第1期；高俊英等：《环境法学研究方法论探讨》，载《商业时代》2012年第12期；刘超：《环境法学研究中的个人主义方法论——以环境权研究为中心》，载《郑州大学学报》2010年第4期；李爱年、陈程：《生态整体观与环境法学方法论》，载《时代法学》2008年第4期等。

〔3〕 参见何锦前：《价值视域下的环境税立法》，载《法学》2016年第8期；何锦前：《论环境税法的功能定位——基于对"零税收论"的反思》，载《现代法学》2016年第4期；徐凤：《欧盟国家征收环境税的基本经验及其借鉴》，载《河北法学》2016年第2期；冯铁拴：《重构环境税法建制原则——对污染者付费原则的反思与突破》，载《太原理工大学学报》2016年第4期等。

〔4〕 参见李劲、李丽君：《环境侵权归则原则探究》，载《法学杂志》2007年第3期；王明远：《法国环境侵权救济法研究》，载《清华大学学报》2000年第1期；吕忠梅：《环境侵权诉讼证明标准初探》，载《政法论坛》2003年第5期；徐祥民：《环境污染责任解析——兼谈〈侵权责任法〉与环境法的关系》，载《法学论坛》2010年第2期；闫向荣、黄庆民：《中外环境侵权民事责任体制比较研究》，载《福建政法管理干部学院学报》2003年第2期等。

〔5〕 参见徐以祥：《风险预防原则和环境行政许可》，载《西南民族大学学报》2009年第4期；白明华：《风险预防原则在国际河流开发中的定位》，载《西安电子科技大学学报》2016年第2期；金铭：《风险预防原则在美国环境法中的适用》，载《河北经贸大学学报》2014年第4期等。

〔6〕 参见杨茜：《德国环境责任保险制度的启示》，载《环境经济》2012年第7期；张晓文：《环境责任保险的公益性》，载《政法论坛》2009年第4期；王振杰：

诸多方面。针对"三江源"或青藏高原生态环境保护的研究成果也很多，也很丰厚。有学者从民族优秀传统文化与生态保护角度进行研究认为，在藏族地区"应协调民族传统文化与现代化之间的关系，建立藏区自然生态环境和人文生态环境的保护体系"，[1]但研究者在研读相关资料中发现将藏民族优秀传统文化保护与生态环境保护结合起来进行研究的法学论文甚少。可以说，这方面的研究有待我们进一步加强。

同时，前文已经谈到发源于青藏高原的澜沧江（藏语意思为"獐子河"），此河流经国外被称为湄公河。雅鲁藏布江（藏族将此河视为"母亲河"），该河流经印度被称为布拉马普特拉河，进入孟加拉国后被又被称为贾木纳河。国际河流的生态环境保护涉及到流域各国的经济、政治、外交和军事等，特别是人类进入 21 世纪以来，水资源短缺等问题使得国际河流生态环境保护问题显得更加重要和敏感。从课题组所搜集的所有文献资料看，学者们对上述两条国际河流的生态环境保护法律问题研究较为薄弱。

有学者认为，人类对国际河流的开发与利用经历了三个阶段，即自由航运阶段、非航运利用阶段、水资源利用与保护阶段，其中最后阶段是当下的重点问题。[2]国际社会对国际河流

（接上页）《环境保险借鉴社会保险费用负担方式初探——对环境责任保险制度的思考》，载《中国海洋大学学报》2005 年第 4 期等。

〔1〕 南文渊：《藏族地区实施文化生态与自然生态环境保护为一体的战略探讨》，载《青海民族研究》2003 年第 4 期。

〔2〕 白明华：《风险预防原则在国际河流开发中的定位》，载《西安电子科技大学学报（社会科学版）》2016 年第 2 期。

开发利用的公约不多，[1]但其基本原则等内容却为国际社会所认可。基于此方面的认识和对诸多因素的考量，笔者认为，在设计条例中应当体现相关的国际公约规则，适当运用国际法的语言来表达条例本身内容，以适应我们"携手构建合作共赢新伙伴，同心打造人类命运共同体"[2]的新要求。

第三，要说明的是，不言而喻，西方国家工业革命起步于18世纪60年代，随着工业文明的不断发展，生态环境破坏和污染问题在西方也越来越严重，关于环境的科学在西方也就应运而生，该科学对大气污染、放射性污染、水质污染、土壤污染、海洋污染和重金属对环境的污染等展开深入研究，并得出了科学的应对结论。特别在环境管理系统方面，西方人已经走在我国的前列。[3]从本质上说，西方走了"先污染后治理的路子"，这是我们值得吸取的教训。青藏高原生态环境的脆弱性要求我们采取更加审慎的态度、艰辛精密的求证、切合实际的考量、中西结合的技术和系统综合的方法认真对待该地区生态环境保护与建设的法律问题。

有学者指出，我们面对改革的时代以及由此产生的诸多问题，学者们都能对重大问题进行研究并得出可以信赖的结论。

---

〔1〕　国际河流开发利用的公约主要有：《国际性可航水道制度公约及规约》（1921 年）、《关于涉及多国的水电开发公约》（1923 年）、《国际水道非航行使用法公约》（1997 年联合国通过，2014 年 8 月 17 日生效）和《跨界含水层法条款草案》（主要针对地下水，2008 年通过）。国际法协会通过的法律主要有：《国际河流利用规则》（1966 年）、《关于跨界地下水的汉城规则》（1986 年）和《关于水资源法的柏林规则》（2004 年）等。

〔2〕　习近平：《习近平谈治国理政》（第 2 卷），外文出版社 2017 年版，第 521页。

〔3〕　详见〔日〕館稔等：《环境的科学》，薛德榕等译，科学出版社 1978 年版，第 491~495 页。

显而易见的是，我们的立足点不是对改革问题的表述或陈述，"而是对改革方案的提供。"〔1〕无论是三江源生态环境保护法治化问题研究也好，还是相应的立法建议也罢，其最终目的是在学者研究的基础上，国家立法机关制定并通过一部青藏高原生态环境保护的法律。因此，研究是手段，立法才是目的。笔者认为，现在撰写条例的条件已经成熟。但研究者在此重申的一点是，并不是本成果的研究者有多么高明，而是诸多学者的研究成果使本成果作者产生更多的自信。

笔者记得《易·说卦》中记载："事以立天之道。曰阴与阳；立地之道，曰柔与刚；立人之道，曰仁与义。"〔2〕人生于自然，但能领悟自然，天地人和谐共生的最高境界乃是至善至真至美。〔3〕为社会做事，为社会做好事，这是作者研究此课题的初衷。

二、法律制度、法律原则和法律规则的说明

(一) 法律制度的说明

一般而言，一部法律的核心内容是法律制度和法律原则，生态环境法律同样如此。

---

〔1〕 聂辉华：《时代呼唤"改革经济学"》，载国家发展和改革委员会国际合作中心：《创造公平、开放与可持续发展的社会——中青年改革开放论坛（莫干山会议·2012）文集》，中国市场出版社 2013 年版，第 37 页。

〔2〕 转引自常修泽：《党的十八大后的中国改革战略探讨——一种超越"革命"和"变法"的思维》，载国家发展和改革委员会国际合作中心：《创造公平、开放与可持续发展的社会——中青年改革开放论坛（莫干山会议·2012）文集》，中国市场出版社 2013 年版，第 27 页。

〔3〕 米健：《当代德国法学名著总序》，载 [德] 迪特尔·梅迪库斯：《德国民法总论》，邵建东译，法律出版社 2000 年版，第 1 页。

笔者认为，在设计法律制度之前，首先要解决的是理性法律的内涵及其分类问题。按照韦伯的观点，法律之"理性的"有两种蕴含，即通则化和体系化，前者是指把决定个案的各种典型理由化约成一个或数个原则，此即"法命题"，这一命题的确定意味着个人（组织）权利（力）和义务的明晰化，这一工作其实与法律关系和法律制度的法学建构是同步进行的。后者则要求法律制度建构者运用一种逻辑的分析，并将这种分析过程形成一定的体系，这种体系的内在要求则是建构者对通过分析而得出的法命题进行整合，使之成为相互间逻辑清晰，不会自相矛盾，特别是原则上没有漏洞的规则体系。[1]这样做的利好在于，构建者将可以预知的事实状况全都合乎逻辑地归结于某一规范之下，免于事实的秩序缺乏法律制度的规制。理性法律的分类主要有，形式非理性、实质非理性、形式理性和实质理性，由于上述类型的内涵各不相同，这对法律制度构建者可以提供不同的切入点和路径。

制度（System）是我们共同遵守的办事规程和行动准则，原则是（Srinciple）是人们行事所依据的准则。生态环境法律制度是一个国家或地区关于生态环境保护所有法律原则和规则的总称，是人们观察和处理生态环境问题的准则[2]。可见，中文对法律制度和法律原则的表达具有交叉性，而英文的"System"既包含制度也包含体制，英文的"Principle"含义宽泛，主要包

---

〔1〕　王善英：《理性化与人类生存境况——韦伯理性化思想研究》，安徽大学出版社、北京师范大学出版集团 2012 年版，第 185 页。

〔2〕　葛洪义老师认为，所谓原则，就是人们观察处理问题的准则。他认为，法律原则内涵的价值属性应是一定时代和社会中普遍价值观念在法律中的综合反映。详见葛洪义：《法理学》，中国人民大学出版社 2011 年版，第 107 页。

括原则、原理、主义、道义、节操、本源和源泉等，因此，我们可以得出"System"和"Principle"是有本质区别的结论。

作者对制度的深刻理解源于成思危先生的一个报告，[1]成先生在报告中所举的"分割蛋糕例子"，实际上他在强调制度的作用，也在鼓励我们进行制度创新。法律是制度似乎成为人们的常识，公平、正义是"道"，制度是维护公平、正义之"器"。在生态环境保护领域，生态环境法律制度应当是我们发出保护和建设行为的最低要求，也是行为的底线，制度的背后隐含着责任与惩罚[2]。遵守制度者会受到"奖励"，奖励的表现形式就是保障行为人"行为的安全性"，若违反制度规定，制度将会对行为人的行为作出否定性评价，行为人本身也会受到谴责，行为人也会承担对自身产生不利益的法律后果。基于这样的认识，笔者认为这是法律制度和法律原则的最大区别。

（二）法律原则的说明

法律原则对立法目的和宗旨的实现具有指导意义。法律原则指导法律规则的运用和实践，特别是法律本身对变动不居的情势因缺乏前瞻性而无法穷尽时，司法者在此情形下只能依靠法律原则来进行创造性的司法，作出"通情达理（Reasonable）"的

〔1〕 研究者在2010年北京参加学术会议上，有幸聆听成思危先生的报告，他指出，两个人若要公平地分配蛋糕，制度设计最为重要，设计出"谁切谁就失去优先选择权"，这样的分配制度肯定最为公平。后来，研究者在学习的过程中，给成先生所设计的制度添加了前提条件，即"对人性的充分考量"是设计制度的前提，人的"德性或人性"可能在此非常重要。

〔2〕 比如，在学生被授予学位时，授予单位应当依据《中华人民共和国学位条例》（2004年）之规定，假如一申请硕士学位学生不符合硕士授予条件，按照法律制度规定，他就不应当被授予硕士学位。如果授予学位后，授予机关经调查发现，该学生在论文写作过程中存在学术不端行为，学位评定委员会可以作出撤销违反规定而授予学位的决定。

判决或裁定。[1]

吕忠梅老师在泰州环境公益诉讼案评析（下称泰州案）中认为，环境侵权案件的事实问题具有隐蔽性和扩散性等，在泰州案中，锦汇、常隆等公司是否存在污染行为、污染损害是否存在、倾倒污染物数量确定等事实问题存在证明困难，后，泰州案审理法院对两造双方提交的证据进行实地调查，并邀请生态环境专家对相关事实问题进行技术论证，尽可能地将泰州案进行客观还原。[2]

笔者认为，在泰州案中，引领公益诉讼原告（泰州市环保联合会）与法院审理案件的法律原则之一就是环境正义原则。

笔者在研读资料中还发现，有些学者将生态环境法律制度与原则进行混淆，[3]也有学者将生态环境法律制度与原则区分得较为清晰，[4]该学者在生态环境法律制度与原则区分的基础上提出了确立碳排放权交易、战略环境影响评价、气候灾害和自然灾害的预防和反应、环境教育法律制度等，这对我们具有借鉴意义。

将生态环境法律制度和法律原则进行区分的利好在于：

一是对条例立法的利好。生态环境法律制度和法律原则是

---

〔1〕　笔者认为，设计"法律原则"应当对公共权力进行深层次分析，相对于国家政治体制而言，公共权力的分立与制衡则是其最根本的内容。见洪浩：《法律解释的中国范式——造法性司法解释研究》，北京大学出版社 2017 年版，第 3 页。

〔2〕　详见吕忠梅：《环境司法理性不能止于"天价"赔偿：泰州环境公益诉讼案评析》，载《中国法学》2016 年第 3 期。

〔3〕　详见张艳：《欧盟环境法律制度及其借鉴意义》，载《辽宁教育行政学院学报》2005 年第 7 期。

〔4〕　邵道萍：《环境法律制度的完善与创新——基于气候变化应对的视角》，载《广西政法管理干部学院学报》2011 年第 4 期。

生态环境立法绕不过去的问题，既然有法律制度（前提是善的法律制度）的设计，当然就有法律责任的设计，因为法律制度中就蕴含着法律责任，这是条例设计者始终要绷紧的一条弦，绷紧这条弦能够使设计出的制度保持完整性和系统性。笔者始终认为，法律是为法律适用者创造的，那是否可以得出非法律适用者可以不尊重、不遵守法律和对法律本身一无所知的结论，回答是否定的。非法律适用者的尊法、守法和知法一方面来源于自身的"德性"或"良知"或"对法律理性的参悟"，另一方面来源于法律义务或法律的责任性。我们可以说，研究法律的大多为学者和法律适用者，从这个意义上说，法律确为法律适用者所创造。

我国总体上说属大陆法系国家或成文法系国家，[1]属于这一法系国家的法律存有"白地漏洞"，即成文法系国家由于立法技术等因素的影响，法律一旦颁布也就意味着成为纸上的法律，将纸上的法律变为"行动中的法"和"实践中的法"，这一转化过程离不开法官和"必要的逻辑推理"[2]作用。[3]特别针对法律未进行规制的行为，法律原则在法律适用上则起着至关重要的作用。

---

〔1〕 我国现行《宪法》就有宪法惯例，香港特别行政区属于普通法系地区。

〔2〕 朱景文：《法社会学》（第 2 版），中国人民大学出版社 2008 年版，第 80 页。

〔3〕 缘何不同的国家选择不同的法系，其原因甚多。笔者对这种选择的态度是"它是价值选择而非优劣判断"。冯·萨维尼认为，法源于民族精神，是由民族特有的生活环境和生活方式所决定和表现的风俗习惯、语言文字、文学艺术、组织制度的该民族的共同信仰，它是"完全独立、排除任何个人意见的东西"。详见〔德〕冯·萨维尼：《当代罗马法体系》（第 1 卷），朱虎译，中国法制出版社 2010 年版，第 71 页。

二是对条例司法的利好。法律的安身立命之处在于实践，从这个意义上说，法律来源于实践又回归于实践，这一过程也是法律自身成长的过程。对条例本身而言，它也应当遵循来自于青藏高原又回归于青藏高原的规律。同时，我们必须认识到，法律不是随意制定的，也不是立法的产物，而是客观和历史的再现。[1]法律制度的范式性表现是法律规则，将法律规则与具体案件有机结合就是"以法律为准绳"的过程。法官在适用法律规则时就同时在适用法律制度。笔者理解并认为，法律原则就像根红线一样贯穿于立法、执法、司法和守法等全过程。条例在司法过程中，法院可能会面临法律由于自身前瞻性不够或技术因素的影响而产生的法律与法律基本事实不能一一对应的现象，但法院在法律范围内不得拒绝审判是基本常识，法院若遇到前述尴尬局面，法律原则将会引导法官进行理性的判断。

三是对条例权利和义务理解的利好。法律的核心内容是权利和义务，法律和义务的关系是法学界讨论不休的问题。谢晖老师对"不享权利，不尽义务"的法哲学意蕴进行过深入探讨，其旨在说明权利对权利主体的重要意义。[2]条例就是在分配青藏高原生态环境保护方面的权利（力）与义务。如何确保权利（力）义务分配的正当性、合法性和正义性，唯一可行的方法就是在条例中构建相应的法律制度。

（三）法律规则的说明

法律规则彰显法律制度，它由两部分构成，即行为模式和

---

〔1〕　严存生：《西方法律思想史》，中国法制出版社 2012 年版，第 235 页。

〔2〕　详见谢晖：《法学范畴的矛盾辨思》，山东人民出版社 1999 年版，第 214~216 页。

法律后果。[1]行为模式在于规定人们可以或应当行为（程序、目的之正当性）或不得行为的方式，这种方式设定可以是义务性规制，也可以是权利性授予。法律后果则是指示行为人所应当承担的法律义务。换句话说，条例中权利和义务体系的框架基础是对自然的认识和解释。法国学者狄德罗认为，"严格地讲，混乱根本不可能，物质不可能完全无序，因为每个微粒的性质是四处运动，直至发现与之相结合的其他微粒。"[2]尽管狄德罗的哲学具有形而上学性，但他认为探究自然必须运用推理的方法，且这种方法也应当从事实出发。这对我们有一定的启发。

权利（力）的建构在条例立法中占据重要地位。前文笔者已经重申"不享权利，不尽义务"，享有权利（力）是履行义务的前提，这就要求我们在设计条例时，必须将权利（力）的构造作为重中之重。并且，我们应当正视这些权利（力），特别作为环境权利的私权利。因为一项权利（凭依公权力）不能（通过相应法律制度）具体转化为公民具有获得感的权利，那只是形式意义上的权利，并非实质性的权利。[3]

三、法学方法论和立法技术的说明

（一）法学方法论的说明

法学之所以成为科学，在于其推动法学发展和将其应用于

---

〔1〕 在学界，关于法律规则的逻辑结构有两种学说，即"三要素说"和"二要素说"。前者认为，法律规则由假定、处理和制裁组成。后者认为，法律规则由行为模式和法律后果组成。

〔2〕 （美）F.N.麦吉尔：《世界哲学宝库》，《世界哲学宝库》编委会译，中国广播电视出版社1991年版，第555页。

〔3〕 吕忠梅：《环境法新视野》，中国政法大学出版社2000年版，第234页。

实践中的方法。[1]方法在法学体系的形成和法学与实践的有机结合方面将产生无可替代的作用。因此，法学方法论自然就成为法学界历久弥新的话题之一。众学者在法学方法论研究方面产出了诸多学术成果，也产生过激烈的争论，[2]概括起来，主要有两种对立的观点，即法学方法论的生态化和传统法学方法论。

法学方法论的生态化观点支持者认为，随着"异质世界与多元选择"[3]的到来，特别是后现代主义作为泛文化思潮，对人们传统的思维方式提出了挑战，并产生了一种逆向思维分析方法来批判、否定和超越现代主义的理论基础，[4]同时，这种思维也指出了传统法学方法论的不足。

蔡守秋老师用后现代主义的方法论和研究范式对"法律生态化"进行了界定，他认为，法律生态化是指对传统法律目的、法律价值和法律责任的绿化或生态化，它以环境正义、公平、民族、效益、安全和秩序为自身价值取向，以明确主客体之间的法律关系，并赋予人和非物种的特定法律地位为特色途

---

〔1〕　[德]卡尔·拉伦茨：《法学方法论》，陈爱娥译，商务印书馆2003年版，第19页。

〔2〕　陈泉生、郑艺群：《论科学发展观与法学方法论的生态化》，载《现代法学》2008年第2期；魏玉金：《后现代主义无法颠覆传统法学方法论》，载《东南学术》2005年第5期；姚舟：《"生态人"类型模式是生态化法学方法论的基石》，载《东南学术》2005年第5期；汪再祥：《"法学方法论生态化"之批判》，载《南京大学法律评论》2009年第1期；莫卫香：《对法学方法论生态化的反思》，载《法制与社会》2014年第30期等。

〔3〕　周晓虹：《文化反哺：变迁社会中的代际革命》，商务印书馆2015年版，第127页。

〔4〕　陈泉生、郑艺群：《论科学发展观与法学方法论的生态化》，载《现代法学》2008年第2期。

径。[1]也有学者认为，生态化是对可持续发展的拓展，"我们知道，可持续发展的代际公平和区际公平理念在法律实践上的运用，使得可持续发展概念完成了法律主体在时间和空间两个纬（维）度上的延伸，而法律生态化将不止于此。"[2]总之，笔者认为，法律生态化是通过"平等对待生命和自然"的价值判断，完成主体与客体的相互渗透，并建立普适性的价值理念。

法学方法论生态化建立的基础是德国人恩斯特·海克尔在1866年提出的"生态学"理论，他认为，生态学是研究生物体及其周围环境相互关系的科学。有学者基于人类活动给自身所带来的"痛苦"进行思考并认为："人类无一例外都是生态系的一部分。万事万物都既是主体，又是客体，人类也不例外，二元论不包括在内。"[3]

追溯历史，我们会发现在法学方法论上存在两大系统，即抽象系统和解释系统。前者通过"理解"这一进路指向法律实践，后者通过"解释"完成其历史使命。由此也产生了两大法学方法论体系，即价值分析方法论和实证分析方法论。价值分析方法论注重"内心对法律的求解"，而实证分析方法论则注重"寺外对法律的求证"，二者的分野在于对"二元论"认识和理解的差异，这种差异源于笛卡尔、休谟的时代。但随着科学技术的发展和人类价值取向的变化，生态危机便接踵而来。德国神学家莫尔特曼对此危机表达了自己的观点，他认为："当代生态危机的背后潜藏着价值危机。近代以来，科学技术文明背后

---

〔1〕 转引自莫卫香：《对法学方法论生态化的反思》，载《法制与社会》2014年第30期。

〔2〕 郑艺群：《法学方法论生态化的深层结构》，载《河北法学》2006年第5期。

〔3〕 吕忠梅：《超越与保守》，法律出版社2003年版，第36页。

的价值观念就日益在促成人之主体化、自然之客体化，直接导致人类攫取和控制自然。"〔1〕这种危机其实我们每个人都在痛苦地"沉默"地不断反思地感受着。要么在沉默中爆发，要么在沉默中毁灭，人类可供选择的备选项并不能使自身过于乐观。生态危机给人类敲响了警钟〔2〕的同时也为人类埋下了"生态文明的种子"，也引发了人们在生态学意义上进行哲学、政治学、法学和经济学等的一系列思考。〔3〕

　　传统法学方法论支持者认为，笛卡尔所建立的"二元说"

---

〔1〕　转引自郑艺群：《法学方法论生态化的深层结构》，载《河北法学》2006年第5期。

〔2〕　作者在此将生态危机借喻为警钟，但也有学者借用美国作家海明威《丧钟为谁而鸣》的长篇小说之名，撰写《环境正义：丧钟为谁而鸣——美国联邦法院环境诉讼经典判例选》，以此来警示人们应当对生态环境问题予以高度关注。汪劲等：《环境正义：丧钟为谁而鸣——美国联邦法院环境诉讼经典判例选》，北京大学出版社2006年版。

〔3〕　生态社会主义认为，生态中心主义将人类视作全球生态系统的一部分，人类生于斯，长于斯，就应当尊重生态规律，生物道德应该是生态中心主义的核心内容。技术中心主义已经认识到环境方面存在的诸多问题，这些问题可以通过经济和对环境管理的手段加以解决。生态中心主义和技术中心主义存在分歧但并不相互排斥，两者存在兼容的方面。笔者认为，生态社会主义之所以得出上述结论，其原因在于生态环境问题不仅是哲学、伦理学、经济学和法学等方面的问题，而且也是技术方面的问题，也就是说，解决生态环境问题的手段或方法之一是科学技术。生态经济学认为，工业化提高了社会生产率，经济活动改变了整个地球的面貌，原来勉强糊口的国家或地区经济迅猛增长，取得了"似是而非的经济成就"，但生态环境问题困扰人类生命和经济发展也成为不可回避的事实。此时，现代经济学产生的基础——加尔文主义（其中心思想是"救赎预定论"和"救恩独作说"）受到质疑，传统的经济学范式也受到挑战。生态经济学在接受生态学理论基础上也提出"从个人主义到共同体中的人"的观点，主张随着市场作用的增加，人际关系的内容应当得到更多珍视，要重视文化和民族的多样性。详见［美］戴维·佩珀：《生态社会主义：从深生态学到社会正义》，刘颖译，山东大学出版社2012年版，第38~39页；［美］赫尔曼·E.达利、小约翰·B.柯布：《21世纪生态经济学》，王俊、韩东筹译，中央编译出版社2015年版，第3~8页、第166~167页。

是西方哲学大厦的基石且不可动摇。笛卡尔强调人类中心主义，主张在自然与人类的相互关系和价值判断中，人是唯一的主体，"人是生活在目的的王国中。人是自身目的不是工具，人也是自然的立法者。"〔1〕"思想形成人的伟大"，人是"能思想的苇草——我应该追求自己的尊严。"〔2〕人在世界乃至宇宙中最为尊贵，人在处理自身与自然的关系中处于主体核心地位。此类观点的支持者在阐明自己观点时也对法学方法论的生态化观点进行了批判，他们指出，"二元论"不必然导致人类中心主义和对自然缺乏关注，原因在于，人类中心主义只是在价值设定上把人拟定为具有优于自然的地位。从价值学角度而言，价值是定义人本身存在的核心概念，如果离开了人，也就无所谓价值之说，价值是将人作为载体和基准物而言的。

在人类漫长的思想史中，自然哲学传统和自然法传统"也在表明主客二分理论缺乏对'人与自然'关系的研究"。〔3〕传统法学方法论支持者还认为，法学方法论的生态化拆解了人类认识的客观性，但不等于拆解了"主体—客体"的认识模式。支持者对哈耶克论及的"理性"进行举例，认为哈耶克的"理性不及"与"人为建构的秩序"其实是虚构的，人的理性只有分散在单个人身上才是真实的，建构性秩序并不可靠，只有自生自发的秩序才具有可靠性。哈耶克也对"自然"与"人为"

---

〔1〕 〔德〕康德：《实践理性批判》，韩水法译，商务印书馆 2003 年版，第 95 页。

〔2〕 〔法〕帕斯卡尔：《思想录》，何兆武译，商务印书馆 1995 年版，第 157 页、第 158 页。

〔3〕 汪再祥：《"法学方法论生态化"之批判》，载《南京大学法学评论》2009 年第 1 期。

二分观进行过批判，[1]但他对"主体—客体"的认识模式并未进行否定。

　　笔者赞成汪再祥先生所支持的观点——生态规律和环境科学技术上升为法律规范并不意味着价值判断与事实判断是合一的。汪氏对其观点论证到：牛顿经典力学被爱因斯坦相对论突破后，经典力学的规律性并未丧失其效用，只是牛顿力学的适用范围被拘囿了。[2]笔者认为，人类认识和对事实作出价值判断的基本模式是"主体—客体"模式，这一"硬核"作为基础性理论不能动摇。但是，随着生态学视野的不断拓展，生态学的具体研究方法诸如田间取样、数据处理（田野调查和数据分析）和对环境因子的测定以及控制（社会个体的分析和行为规制）等都可借用到法学方法论中来，这样可以繁荣法学方法论的研究。

　　（二）"条例"方法论的说明

　　1. 讨论环境法学方法论问题不得不探讨环境法学体系问题

　　笔者参考法律体系概念对环境法律体系概念进行了界定：环境法律体系是以一国环境基本法为基础由该国全部现行的环境法律法规分类组合为不同的法律部门而形成的有机联系的统一体。[3]

---

　　[1]　邓正来：《研究哈耶克法律理论的一个前提性评注——〈法律、立法与自由〉代译序》，载［英］弗里德利希·冯·哈耶克：《法律、立法与自由》（第 1 卷），邓正来等译，中国大百科全书出版社 2000 年版，第 19 页

　　[2]　汪再祥：《"法学方法论生态化"之批判》，载《南京大学法学评论》2009 年春季卷。

　　[3]　中国大百科全书总编辑委员会《法学》编辑委员会：《中国大百科全书》（法学卷），中国大百科全书出版社 1984 年版，第 84 页

也有学者将环境法律体系分为广、狭两义，[1]这对我们研究环境法学具有意义，使我们能够直观地从法律渊源上把握环境法的外延。

我们知道，环境法律体系和环境法学体系[2]是较为近似的两个概念，但他们之间具有本质的区别，不能将两者混淆。有学者提出在我国要进行"环境法学体系的重构"，[3]在这一重构过程中，我们必须重视环境法律体系的重构，因为环境法律体系的重构是环境法学体系的重构的基础。因此，笔者认为，这才是当下研究的重点内容之一。

2018年3月25日，天津大学法学院暨中国绿色发展研究院举办了"新一轮机构改革后自然资源和生态环境治理研讨会"，王金南先生[4]在研讨会上指出，关于生态环境建设的法律改革集中在生态文明、绿色发展、生态环境和综合执法四个方面，并提议制定生态文明建设促进法。天津大学法学院孙佑海教授指出，制定生态环境基本法，尽快解决生态环境立法中的分散问题。这些学者都在强调环境法律体系的构建或重构，研究者

---

〔1〕 广义的环境法体系包括环境保护法（大气污染防治法、清洁生产法和环境影响评价法）、自然资源法（土地管理法、能源法和野生动物法等）和国土法（国土调查法、国土规范法和国土整治法等）。狭义的环境法体系包括污染和其他公害防治法（大气污染防治法、水污染防治法和噪声污染防治法等）与自然资源保护法（水体保护法、土地保护法和矿产资源保护法等）。详见文伯屏：《论环境资源法律体系》，载厦门大学法学院、厦门大学海洋政策与法律中心：《中国海洋法学评论》（2005年卷第2期），（香港）中国评论文化有限公司2005年版，第164页。

〔2〕 环境法学体系是由环境法分支学科构成的内在的有机联系的统一整体。

〔3〕 朱春玉：《环境法学体系的重构》，载《中州学刊》2010年第5期。

〔4〕 王金南先生为我国第十三届全国人大代表、中国工程院院士和生态环境部环境规划院院长。

和他们的观点具有一致性。

环境法学方法论。首先要厘清法学方法论与法律方法论的区别。这种区别主要在于，法学方法论的基础是哲学，这种方法论往往集道德性、逻辑性和实践性等为一体，具有较强的理论性，这一方法论的主体应当是法学理论的研究者。而法律方法论则侧重于法律的应用，这种方法的掌握者应该是公检法司的工作人员。因此，有学者将法律方法论界定为："是一门关于正确和公正地作出法律判断的学说。"〔1〕也有学者对法律方法论的研究对象进行了概括总结，他认为，法律方法论的研究对象包括法治与法律方法论、法律漏洞救济方法和法律推理等。〔2〕这两种方法论的区别还表现在目的、思维模式和求解法律问题的路径不同等方面。

针对本成果而言，法学方法论和法律方法论无论在理论研究方面，还是在条例的起草中都具有重要的意义。

2. 生态环境法学方法论本身的意蕴

生态环境法学研究的终极目标是实现环境正义，与环境正义相对应的是环境不正义，不正义出现的原因无外有三：一是生态环境法律制度和原则本身的不正义，二是生态环境司法和执法过程中由于诸多因素的影响导致的生态环境不正义，三是行为人对生态环境的污染和破坏而引发的不正义。笔者在此重点讨论最后一种情形。

有学者认为，环境法就是用来扭转环境异常状态，应对环境不利变化（环境损害）之法，是调整人们因应环境损害而结

---

〔1〕　郑永流：《法律方法阶梯》，北京大学出版社 2008 年版，第 26 页。
〔2〕　详见陈金钊：《法治与法律方法》，山东人民出版社 2003 年版，第 4 页。

成的各种社会关系。[1]不言而喻，法律产生基础在某种意义上讲就是"人性"。我们不难发现环境管理和生态环境法的产生都与人类污染和破坏生态环境的事故有关。[2]人类的远古时期当然不存在环境问题，科学技术的不发达和生产力水平的低下，人类即使存在污染和破坏生态环境的行为，生态系统本身的"自净"能力完全可以消解由此带来的环境污染和破坏，环境管理和环境法学也就相应缺乏产生的基础。显而易见的是，在环境管理学领域，环境管理、环境管理的基本原则、环境管理的手段、环境监测和环境治理等相关概念都是针对环境事故而言的。同样，环境法学中的基本法律制度（土地利用规划制度、环境影响评价制度、"三同时"制度、排污许可证制度、环境税制度）、环境标准、生态环境修复与治理、环境信息和清洁生产[3]等相关概念的靶向也全部指向生态环境事故。可以预测，与生态环境有关的自然科学或社会科学均是围绕生态环境污染和破坏问题而展开的。因此，生态环境法学方法论的切入点应当是环境污染或损害。

---

〔1〕 笔者认为，人类在处理各种社会关系时，只有跨过"自利"的局限，才能审慎地确立我们的目标。参见徐祥民、刘卫先：《环境法学方法论研究的三个问题》，载《郑州大学学报》2010 年第 4 期；［印］阿玛蒂亚·森：《正义的理念》，王磊等译，中国人民大学出版社 2012 年版，第 28 页。

〔2〕 人为破坏环境的事故（包括合法行为和违法行为）主要有物理污染、核污染、化学污染、毁坏森林、水体污染和人为改造生态环境等。详见黄恒学、何小刚：《环境管理学》，中国经济出版社 2012 年版，第 3~5 页。

〔3〕 1996 年，联合国环境规划署给清洁生产下了定义，即是一种新的创造性思想，该思想将整体预防的环境战略持续运用于生产过程、产品和服务中，以提高生态效率，并减少对人类及环境的风险。《中国 21 世纪议程》和我国《清洁生产促进法》也对清洁生产下了定义。详见彭晓春、谢武明：《清洁生产与循环经济》，化学工业出版社 2009 年版，第 20 页。

3. 个人主义的方法论

随着环境问题日益严重，西方国家首先提出环境权问题，国际社会对环境权也予以高度重视。1970 年的《东京宣言》将环境权视作一种基本人权。1972 年的《人类环境宣言》重申人类负有保护和改善这一代人和将来世世代代人的环境的庄严责任。1973 年，欧洲环境部长会议制定的《欧洲自然资源人权草案》肯定人权是人应当享有的新型的基本权利。从这个意义上说，环境权属于私权[1]的一种，是"建立在自由和个人主义基础之上的"[2]权利，单从公民环境权而言，公民的环境权包括日照权、通风权、安宁权、清洁空气权、清洁水权和观赏权等，[3]这些权利应当属于私法范畴。私法的价值基础是个人主义，个人主义必然推演出个人主义的方法论。

我们同时应当认识到，环境具有公益性质，环境法中的个人主义方法论也必然推导出对人自身的关注。应对环境问题的环境法的最终关怀仍然是人本身，离开了对人自身的关注和呵护，环境存在的基础也就丧失殆尽。笔者并不否定鲜活的个人仰赖环境而生存和发展、人是环境一部分的观点，承认这一观点也并不代表作者对环境的私权性进行否定。笔者认为，在实践中人们对私权的尊重并不意味着缺乏某种原则或底线，只有

---

〔1〕 环境权的私法性并不妨碍单位或组织、法人、国家、人类享有这项权利。比如，某企业在生产生态环境条件要求较高的某种产品时，它理所当然地享有环境权。

〔2〕 ［意］布鲁诺·莱奥尼等：《自由与法律》，秋风译，吉林人民出版社 2004年，第 214 页。

〔3〕 详见陈泉生：《环境法哲学》，中国法制出版社 2012 年版，第 342～343页。

"符合政策目标下对自由（权利、私权）的尊重"，[1]这种自由才可称之为一项权利主体自由享有的权利。

4. 整体主义方法论

对这一方法论的态度，笔者更愿意站在徐祥民老师的立场上。他认为，整体主义立场不是目前法学界所倡导的环境法学生态化的立场，也不是"主客一体化"所衍生的认识整体。[2]这里的整体主义方法论是将人类的个体与环境视作一个整体而加以考量。笔者仍然坚持"人是目的"的主张，只是在此强调"人是目的"，这一目的的实现离不开人与自然关系的协调发展。在贯彻整体主义方法论的过程中，我们可能会将环境法学中至关重要的内容——权利引入两个误区：一是强调国家或整体利益凌驾于个人的合法权益之上，再次形成在公共权益或公权力之下的"义务本位"现象；二是将权利主体扩展到人之外甚至是非生命体。[3]笔者重申，这里的环境权切不可理解为环境的权利。[4]

---

〔1〕 欧洲民法典研究组、欧盟现行私法研究组：《欧洲示范民法典草案：欧洲私法的原则、定义和示范规则》，高圣评译，中国人民大学出版社 2012 年版，第 57 页。

〔2〕 徐祥民、刘卫先：《环境法学方法论研究的三个问题》，载《郑州大学学报》2010 年第 4 期。

〔3〕 刘湘溶、王彬辉：《环境法学权利研究方法论》，载《现代法学》2008 年第 6 期。

〔4〕 一提到环境权，笔者就联想到环境的权利，环境作为抽象的概念是否应该享有权利，作者回答是否定的。学界也有人主张在法律中对野生动物准人格制度进行创设，如果这一主张成为法律规范或法律制度时，传统民法中的人格权可能就包含人的人格权和动物的准人格权表述。笔者对可能出现的情况持否定态度，这也是学界将进一步探讨和商榷的观点之一。详见陈泉生：《环境法哲学》，中国法制出版社 2012 年版，第 261 页。

5. 道德主义方法论

英国伦理学家亨利·西季威克认为，公共道德虽然允许合理的利己，但不允许一个人只为自己活着。[1]西氏又提出"直觉主义"观点，他认为直觉主义的概念——"正当"和"应当"太过基本，人们对某种行为过程作出正当的判断，其本质就是一种直接的认知，这种判断可能与情感扭连在一起，比如同情或仁慈，这里的同情和仁慈就是一种理性的命令。但人们发现，并非所有的道德直觉都非常可靠，西氏对直觉主义进一步研究认为，义务在人的直觉判断中起着重要作用，它要求在人的良心中有三个层级，即良心呼唤的判断、直觉的道德推理（控制情欲、服从法律等）和如果满足许多条件，约定便具有约束力。西氏又认为，即使规范无助于决定特殊的义务，但现实中仍存在绝对的实践原则，一旦这些原则被清楚地表述出来，真理也就"风吹草低见牛羊"了。

西氏将自称的原则概括为三个：正义原则（公正原则）、[2]审慎原则和仁慈原则。他认为这三个原则之间存在理性的必然性。笔者认为，法律的伦理性或道德性本来就隐藏在人们的直觉判断之中。西氏在最后得出结论认为，理性伦理学是一种虚幻，

---

〔1〕 "公共道德虽然允许合理的利己，但不允许一个人只为自己活着"与埃里克森在其著作引论中提到的费尔·利奇（夏斯塔县农民）的话语"咱家相信'自己活，别人也活'"惊人相似，将这两段话语套用于环境，笔者认为确为恰当。详见〔美〕罗伯特·C. 埃里克森：《无需法律的秩序——邻人如何解决纠纷》，苏力译，中国政法大学出版社 2003 年版，第 1 页；〔美〕F.N. 麦尔吉：《世界哲学宝库——世界 225 篇哲学名著述评》，《世界哲学宝库》编委会译，中国广播电视出版社 1991年版，第 726 页。

〔2〕 亚里士多德在其《尼各马科伦理学》中认为，公正不是德性的一个部分，而是整个德性。有学者认为公正就是给每个人以其应得之物，使各得其所，参见梁治平：《法律何为》，广西师范大学出版社 2013 年版，第 4 页。

但并不标志着抛弃道德，由此可能产生的结果是当义务与自身利益冲突时，决定力量在于两组非理性的冲动哪个占优势。针对环境法而言，决定污染和破坏环境行为是否发出也取决于义务与自身利益两组理性的相互较量的结果。

环境法律责任有别于其他部门法律责任。其他部门法中的法律责任产生的基础是行为人违法、违约或法律本身的规定而应承担的不利的法律后果。而环境责任产生的基础则是人在环境中所处的地位（污染者、开发者、利用者和破坏者等），行为人有时候发出的行为是符合法律规定的，但依据法律规定他也要承担相应的环境责任。这里的环境责任的确为法律责任而非道德责任，行为人未违法而承担法律责任似乎缺乏逻辑性，但在环境法律中事实就是这样（未违法但又承担法律责任）。笔者认为，环境法论域中的法律责任在某些方面就是道德责任的法律化。[1]

在法律与道德的语境下，人们惯常对两者语境交集的部分进行探讨。在西方人眼里，法律是否道德往往和司法者、执法者的个人道德无关，它们更加注重的是法律是否形式化、是否理性化、是否具有正当性和是否具有道德性这些问题。中国人则相反，由于地方性知识的作用，中国人判断法律本身道德性时更加关注司法者和执法者的品性和德性问题，如果司法者和执法者两种主体具备"礼"、"刚直不阿"的品性，法律是否具有道德性的结论就不言而喻。[2]笔者在此则更加注重法律本身

---

〔1〕 笔者向来反对将"法律问题"道德化或将"道德问题"法律化，但人与人之间、人与生态环境之间的整体性规则告诉我们，人类与生态环境在现在或在未来一定会出现"一损俱损、一荣俱荣"的局面，"丧钟"也罢，"警钟"也好，人类在该钟面前已经别无选择，道德责任的法律化也就自然成为一种必然。

〔2〕 参见苏力：《中、西方法学语境中的"法律道德性"》，载《国家检察官学院学报》2005 年第 5 期。

的道德性，因为这种观察问题的路径可以引领作者对环境法律责任做进一步和深层次的认知。

研究者认为，法律正当性或道德性可感知的界面则是法律对义务的分配，显而易见的是，人类生活于生态环境中，生态环境与人类形成了"命运共同体"，在这个共同体中，人类为了生存和发展的需要别无他法地要从生态环境中获取相应的资源，这一过程实际上就是人类享有环境权利的过程，与此同时，人类的环境义务也就形影相随，这种义务的承担可能是自愿性的也可能是强制性的。但无论如何，义务应当具有正当性。唯有如此，我们才能"建构出可欲的社会秩序"。〔1〕

（三）立法技术的说明

有学者认为："立法技术对立法、法制乃至整个社会发展，有弥足珍贵的价值。"〔2〕笔者认为，立法技术是在立法活动中运用的一种方法和技巧的总称。立法技术在一定程度上决定着立法的质量。因此，在法律制度设计方面，立法者往往非常关注立法技术问题。〔3〕

关于条例的立法技术说明，笔者认为涉及的主要问题有：

一是总则的说明。条例的总则不应理解为"总的规则"，而应理解为"杂则"。从我国现行"总则"立法模式看，一般包

---

〔1〕　［英］弗里德利希·冯·哈耶克：《法律、立法与自由》（第 1 卷），邓正来等译，中国大百科全书出版社 2000 年版，第 12 页。

〔2〕　周旺生：《立法学》（第 2 版），法律出版社 2000 年版，第 178 页。

〔3〕　正因为立法技术在整个立法活动的重要性，学者们对立法技术概念进行了不同的界定。参见罗成典：《立法技术论》（第 4 版），文笙书局 1983 年版，第 1页；周旺生：《立法学》（第 2 版），法律出版社 2000 年版，第 453 页；顾炜：《浅议立法技术》，载《北京理工大学学报》2000 年第 1 期。

括序言，[1]立法的依据、目的和任务，适用条款（空间适用条款、对"人"的适用条款、对"行为"的适用条款和时间效力等），政策（方针）性条款，法律原则条款，定义条款和其他条款（兜底条款）等。作者拟起草的条例将不设置序言部分，目的是与我国现行《环境保护法》（环境基本法）体例保持一致。除序言部分外，其他部分都是条例总则中的主要内容。一般来说，政策（方针）性条款在行政法规中最为多见，条例就政策性条款将以条文的形式在总则中加以规定，笔者认为这种做法纯粹属于宣示性的表达。

条例立法目的表达。笔者拟采用对立法目的表达的惯常做法来对条例目的进行表述，具体范式为"为了……根据……制定本条例"。[2]

条例适用条款的表达。研究者经过讨论认为，青藏高原是一个地理学概念，该高原大部分位于我国，有小部分属于印度、巴基斯坦和缅甸等国，因此，条例在空间适用上的立法表达的确较为困难。我们认为，本课题研究对象是青藏高原生态环境保护法治化问题，在空间适用条款上，尽量以我国现有的行政区划为基准进行表达。[3]

---

〔1〕 序言一般采用特定的语言文体来说明法律产生的背景、法律解释的宗旨、立法目的和立法理由等，它应当与法律正文部分存有必然的逻辑关系。序言一般不用条文形式加以表达，而是通过"段落结构"进行陈述。从世界各国宪法结构来看，大多数国家宪法中有序言部分，我国现行《宪法》同样如此。

〔2〕 刘风景：《立法目的条款之法理基础及表述技术》，载《法商研究》2013年第3期。

〔3〕《陕西省秦岭生态环境保护条例》（2017年）同样面临类似问题，该条例第2条第2款规定："本条例所称秦岭生态环境保护范围，是指本省行政区域内东西以省界为界，南北以秦岭山体坡底为界的区域。具体范围由省秦岭生态环境保护总体规划确定。"这样的立法经验本课题成果可以借鉴。

条例中的法律原则条款。条例中法律原则更为重要的意义在于能够帮助我们解决条例规范本身因遗漏或变动不居的情势产生的新问题。

关于定义性条款，条例在总则中只对条例适用范围进行界定。

总则中其他条款的立法表达。笔者对条例中的其他条款拟借鉴我国现行《环境保护法》总则的相关规定的立法经验，增加关于国际河流生态环境保护的国际条约相关内容。

二是规范立法语言的说明。为有效解决条例立法语言可能存在的问题，笔者将从以下几个方面着手：

其一，克服语言矛盾现象。我国现行《行政诉讼法》第2条规定了"公民、法人和其他组织"的起诉权利，该法将享有起诉权利的主体规定为"公民、法人和其他组织"，《行政诉讼法》所有条文关于主体的规定均采用了统一方式。[1]但我国现行《环境保护法》第6条对主体的规定就出现不统一、不一致现象，[2]前款的"单位"变成了后款的"企业事业单位和其他生产经营者"，前款的"个人"变成了后款的"公民"，同一条文对主体表述不一致，在概念的内涵和外延上容易使人产生歧义和误解。

《青海湖流域生态环境保护条例》（2018年）将我国现行《环境保护法》第6条第1款关于主体的规定进行了简单罗列，

---

〔1〕　详见我国现行《行政法》第12条和第24条。

〔2〕　我国现行《环境保护法》第6条第1款规定，一切单位和个人都有保护环境的义务。该条第3款规定，企业事业单位和其他生产经营者应当防止、减少环境污染和生态破坏，对所造成的损害依法承担责任。该条第4款规定，公民应当增强环境保护意识，采取低碳、节俭的生活方式，自觉履行环境保护义务。

该条例对主体的外延并未在条文中进行列举，给人们理解"单位"和"个人"的外延增加了困难。因此，笔者在条例中对类似主体的表述将一律采用"公民、法人和其他组织"的表述方式，以克服语言矛盾现象。

其二，规范语言结构。《甘南藏族自治州生态环境保护条例》（2013 年）第 18 条第 2 款规定："水源涵养区、水土保持区，应当采取人工造林、退耕还林（草）、退牧还草、治虫灭鼠、补播改良、封山育林（草）等措施，恢复和扩大林草植被。禁止乱砍滥伐和以其他方式破坏植被。"笔者将此款进行语言规范分析就会发现，"水源涵养区、水土保持区"是主语，"应当采取"是谓语，"措施"是宾语，将主谓宾语进行整合我们就会得出"水源涵养区、水土保持区应当采取措施"的句子表达，这是典型的病句。另外，我们在该条例第 2 款中的"恢复和扩大林草植被"表述中也可以发现病句，"恢复和扩大林草植被"是动宾结构，"恢复林草植被"属动宾搭配得当，"扩大林草植被"属动宾搭配不当，此病句应当修改为"扩大林草植被面积"。[1]在条例起草中，笔者将始终秉持汉文句法规则，使法律语言本身符合"汉文句法规则"的要求。

其三，注重语言形式逻辑结构。逻辑可以使我们在写作、认识事物和思考问题时做到"概念明确、命题恰当、推理有逻辑性、论证有说服力。"[2]如果我们不重视条例中法律语言思维逻辑的问题，就会产生法律语言表述不清晰现象。笔者仍然以

---

〔1〕《甘南藏族自治州生态环境保护条例》（2013 年）类似的表达还有第 18 条第 3 款和第 4 款等。

〔2〕 姜全吉、迟维东：《逻辑学》（第 3 版），高等教育出版社 2004 年版，第 11 页。

《甘南藏族自治州生态环境保护条例》（2013年）为例加以说明。该条例第38条规定："自治州、县（市）人民政府应当采取下列措施，保护地下水资源：……"[1]笔者在此要说明的是，立法者在此采取"列举式"方式，那就要求应当穷尽所有的措施，这是"简单枚举法"的基本要求。很显然，笔者只要列出第38条未列举的一项措施就能说明这种列举不周全（外延范围狭窄），比如，土壤中的重金属污染可以导致地下水的污染，控制土壤中的重金属污染当然也就成为保护地下水资源的措施之一。因此，在条例起草过程中，笔者将以《甘南藏族自治州生态环境保护条例》中的"错误"为教训，在法律语言架构方面高质量地完成条例起草工作。

　　三是立法成本的说明。法律经济分析理论在西方十分流行，我国法学界和经济学界对此理论也予以高度关注。这一理论的核心是在经济人假设（经济人理性地追求某种目标[2]）条件下将微观经济学的分析方法和行为理论与法学传统的分析模式结合起来，以追求新的法律制度安排，其目的是制定出"在交易成本存在的情况下，能使交易成本影响最小化的法律"。[3]这种研究方法同样也在"政治学、历史、地理、生物学及社会学等

---

　　[1]　以下措施包括：（一）在地下水超采地区，严格控制开采地下水；在地下水严重超采地区，依法划定地下水禁止开采或者限制开采区；（二）在城市供水管网覆盖的范围，关闭自备水井；（三）改造城市生活饮用水和工业用水供水管网，制定并逐步实施生活用水、工业用水、生态环境建设用水和河道生态用水等使用地表水的方案。

　　[2]　[美]克里斯托弗·斯奈德、沃尔特·尼科尔森：《微观经济理论基本原理与扩展》，杨筍、李锐译，北京大学出版社2015年版，第7页。

　　[3]　钱弘道：《法律经济学和中国法律改革、未来中国法学》，载《法律科学》2002年第4期。

领域都发生了革命。"〔1〕因此，波斯纳指出："人在生活目的、满足方面是一个理性最大化者——我们将称他为'自利的'。人是其自利的理性最大化者这一概念暗示，人们会对激励（会）作出反应，即，如果一个人环境发生变化，而他通过改变其行为就能增加他的满足，那他就会这样做。"〔2〕这样做的好处在于实现效率的最大化。

为了提高条例的法律效率，笔者认为应当从立法成本、执法和司法成本、守法成本等方面进行考量。

早在 2004 年，国务院就印发《全面推进依法行政实施纲要的通知》（国发〔2004〕10 号），通知要求各级政府要重视立法成本、执法成本和社会成本等问题。〔3〕尽管这一通知属于行政文件范畴，但对条例的起草仍能起到指导作用。

笔者认为，我们针对条例的立法成本〔4〕应当主要从以下几个方面进行考量：

一是注重法律条文的简约性和明确性。简约并不意味着条例中的条文简单化，而是不得臃肿和繁琐，但也不能过于简单，使法律失去应有的科学性和严谨性。一般来说，条例的科学性

---

〔1〕［美］罗伯特·考特、托马斯·尤伦：《法和经济学》，张军等译，上海三联书店、上海人民出版社 1994 年版，第 10 页。

〔2〕详见［美］理查德·A. 波斯纳：《法律的经济分析》（上册），蒋兆康译，中国大百科全书出版社 1997 年版，第 3~4 页。

〔3〕《全面推进依法行政实施纲要的通知》要求："积极探索对政府立法项目尤其是经济立法项目的成本效益分析制度。政府立法不仅要考虑立法过程成本，还要研究其实施后的执法成本和社会成本。"

〔4〕有学者主张，在西方传统中，法律和计算是相互依赖的关系，法律文化也被称之为计算文化。因此，笔者认为，对立法成本的考量应当与"计算主义"的法学研究范式结合起来。详见申卫星、刘云：《法学研究新范式：计算法学的内涵、范畴与方法》，载《法学研究》2020 年第 5 期。

和严谨性旨在说明法律概念的内涵和外延要明确，要厘清法律概念间的界限，尽量减少使执法、司法和守法主体对概念理解的歧义性现象。同时，要注重法律责任的设置明确化问题，法律责任的明确能够增强条例的可操作性，也能处理好法律规范组成要素之间的逻辑关系。同时，对于法条适用的例外情形也要予以明确的规定。

"适中宽和"的精神应当贯穿于立法的整个过程。[1]在制定法律方式方面，孟德斯鸠曾经给予了很好的建议，[2]值得我们认真思考。

二是执法成本与司法成本的考量。我国普遍存在"环境执法成本倒挂"问题，这是一个不争的事实，这一问题主要表现在，守法成本高、违法成本低和污染破坏环境的收益高于被处罚金额等，青藏高原同样存在这一系列问题。

环境执法部门执法成本居高不下的原因有很多方面，笔者在此只对"信息不对称"和"取证难"问题进行简要分析。污染、破坏生态环境者的生产过程，生产工艺，排污种类、时间、地点，排污量以及因污染破坏生态环境而产生的实质性损害或潜在的损害等一系列信息往往被掌握在污染、破坏生态环境者手中，他们基于对自身利益的考虑，环境执法部门比较难以掌握或获得这些信息。环境执法部门的职能使其应当获得污染、

---

〔1〕　张羽君：《孟德斯鸠立法思想评述——从一个维度解读〈论法的精神〉》，载《河北法学》2009 年第 3 期。

〔2〕　孟德斯鸠将制定法律方式应注意的情形总结为 12 个方面，即法律的体裁应精洁简约、语言要质朴平易、用语准确、避免用银钱作规定、措辞明确、克服法律精微玄奥、尽量减少限制性语句、保持法律稳定性、理由正当、尽量使用法律推定、避免法律与事物性质的矛盾和法律应纯洁无垢。详见［法］孟德斯鸠：《论法的精神》（下册），张雁深译，商务印书馆 1961 年版，第 150 页。

破坏生态环境者的各种证据，为获取各种证据，环境执法部门就必须投入必要的人力、物力和财力，这无疑会增加政府环境职能部门的执法成本。为有效解决上述问题，条例在"举证责任制度"等的设定上将有所考虑。

司法成本主要包括人员经费、办公费用和设施以及装备费用，[1]环境司法成本当然也包括上述内容，但是由于生态环境法的技术性要求较高，这就无形增加生态环境案件的司法成本。如何在条例中降低司法成本？笔者认为，证据是用来说明案件真实情况的客观事实，法院获取相关证据的程序、方式和手段等是我们解决这一问题的切入点。

三是守法成本的考量。鉴于青藏高原的特殊性，笔者认为当地民众特别是少数民族生态环境保护习惯的法律化[2]是我们需要重点考虑的问题之一，这些发端于本土文化的"地方性法律知识"经过学者们的深入研究可通过立法将其转化为国家法形式。这种做法既可以降低条例的立法成本，也可以减少法律实施和守法的机会成本，确保守法收益大于违法收益。

四、调查问卷、访谈情况的说明

青藏高原山大沟深，地形复杂，河流众多，一般情况公路翻越大山都是盘山而行，或者顺江河而走，道路交通事故频发，结

---

〔1〕 王亚新：《司法成本与司法效率——中国法院的财政保障与法官激励》，载《法学家》2010年第4期。

〔2〕 有学者认为，并不是所有的习惯，都当然能够成为习惯法。习惯成为习惯法必须满足稳定性、具有普遍的信念、观念上认为这种习惯具有法律约束力。详见陈景辉：《"习惯法"是法律吗?》，载《法学》2018年第1期；朱庆育：《民法总论》，北京大学出版社2016年版，第40页。

果大都是车毁人亡，要么汽车滑跌深沟，要么沉入江河之中。[1]
每年 10 月份后，青藏高原许多路段将会出现积雪，为调研人员
的人身安全考虑，在青海的选点主要考虑交通较为便利，尽量
避免翻山越水，我们一般选择离公路较近的村子作为调研地点。
调研者在青海（省）外选择调研地点的原则是，将离青海较近
或毗邻地区作为首先考虑地点，在青海调研完毕后，调研者顺
便前往省外进行调研，地点最好也选择在离公路较近的村落。
另外，在调研时间的选择上，我们一般选择在每年 7、8、9 月
份。同时，我们也考虑到被调查者和访谈对象文化程度等因素，
在调查问卷和访谈内容设计上尽量避免使用法律专业术语，选
择他们能够回答的问题进行调查和问卷。

---

〔1〕 玉树藏族自治州囊谦县娘拉乡距县城约 90 千米，从县城前往娘拉乡有近
80 千米的路是沿澜沧江边而行，路就在峡谷中同澜沧江同行。娘拉乡寄宿小学校长
尕玛土丁（既是校长又是学校司机，毕业于西北民族大学）因在县教育局办公事，
教育局办公室张贺伯主任安排尕玛土丁校长带我前往娘拉中心寄宿学校看望实习学
生并顺便调研。道路窄得出奇且为坑坑洼洼的搓板路，大多数路段只能允许一辆汽
车通过，若遇两车相会，另一辆车则择机停靠在山根等待另一辆车通过，紧挨路基
的就是滚滚东流的澜沧江。我坐在车（客货两用车）上，担心油然而生，车轮底下
就是澜沧江，车顶部上面就是高耸直立的大山，仰头朝天望去，我所能见到的天就
是"一线天"，滚石也可能从山上落下。我悄声问校长，这样危险吗？校长坦然回
答："没事！"说实话，自从我坐到校长的车上心里就一直有事——担心、恐惧。
蹊跷的是，我对校长说，这样的搓板路最容易爆胎，话音刚落，尕玛土丁校长便停
车，他下车查看车的右前轮胎，淡定地告诉我："教授，胎爆了。"他迅速在车上找
寻工具和备胎来换轮胎，由于工具的缺陷，校长几次都未卸下爆胎。最后，唯一的
办法就是"等"，等待过车以寻求帮助。大概等了两个多小时，果然有辆卡车路
过，校长和过路司机进行藏语交流后，卡车司机带着自己车上的工具下车帮助校长
换上备胎。从爆胎到换上备胎到开车前行，土丁校长这个康巴汉子从未有半句怨言，
他始终坦然面对这一事情。事后，我给西然多杰教育局长和张主任说起此事，尕玛
土丁校长给我上了如何面对困难的一堂课。这位康巴汉子肯定会影响我一生。

(一) 调查问卷情况的说明

本次调查共发放调查问卷 2000 份，收回 1972 份，占总发放问卷的 98.6%。问卷调查发放回收方式主要是上街或入户随机进行现场调查并回收试卷。问卷发放调查地区主要有青海的玉树州玉树市、囊谦县、杂多县，果洛州的玛多县、班玛县、达日县，海北州的门源县、刚察县，海西州的乌兰县、格尔木市，黄南州的尖扎县、同仁县，海南州的同德县、兴海县，西宁市的湟源县。西藏的拉萨市、昌都市、那曲市。云南迪庆州的香格里拉市。甘南州的玛曲县、夏河县。阿坝州的阿坝县、壤塘县。甘孜州的色达县、石渠县。

调查问卷统计数据如下：

1. 您的性别？

选择男性的 1136 人，占被调查者总人数的（以下称总人数）的 57.6%，女性的 656 人，占总人数的 32.4%。

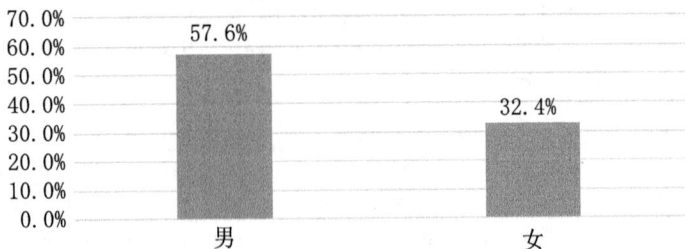

表 1　性别比例

2. 您的民族？

选择藏族的 1545 人，占总人数的 78.3%，蒙古族的 10 人，占总人数的 0.5%，回族 31 人，占总人数的 1.6%，撒拉族的 2 人，占总人数的 0.1%，土族的 5 人，占总人数的 0.3%，傈僳族的 4 人，占总人数的 0.2%，汉族的 231 人，占总人数的 11.7%，其他的 144 人，占总人数的 7.3%，纳西族、门巴族和珞巴族的 0 人。

表2　民族比例

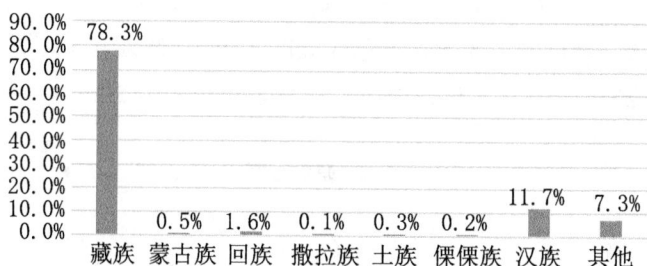

3. 您的文化程度？

选择硕士的 7 人，占总人数的 0.4%，大学本科的 231 人，占总人数的 11.7%，大专 161 人，占总人数的 8.2%，高中的 69 人，占总人数的 3.5%，初中的 111 人，占总人数的 5.6%，小学的 634 人，占总人数的 32.0%，文盲的 513 人，占总人数的 26.0%，其他的 246 人，占总人数的 12.5%，博士的 0 人。

表3　文化程度比例

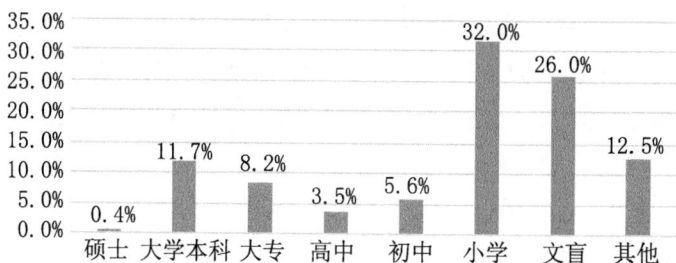

4. 您的职业？

选择公务员的 361 人，占总人数的 18.3%，工人的 83 人，占总人数的 4.2%，农民的 134 人，占总人数的 6.8%，牧民的 567 人，占总人数的 28.8%，学生的 69 人，占总人数的 3.5%，解放军的 16 人，占总人数的 0.8%，商人的 256 人，占总人数的 13.0%，教师的 143 人，占总人数的 7.3%，僧人的 141 人，占总人数的 7.1%，其他的 202 人，占总人数的 10.2%。

表 4　职业比例

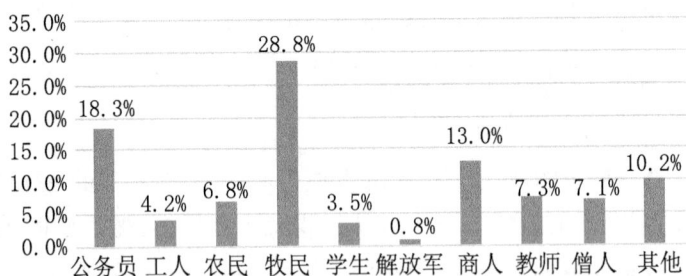

5. 您的年龄？

选择 20~30 岁的 126 人，占总人数的 6.4%，31~40 岁的 540 人，占总人数的 27.4%，41~50 岁的 612 人，占总人数的 31.0%，51~60 岁的 479 人，占总人数的 24.3%，61~70 岁的 89 人，占总人数的 4.5%，71~80 岁的 52 人，占总人数的 2.6%，其他 74 人，占总人数的 3.8%，81~90 岁的 0 人。

表5　年龄比例

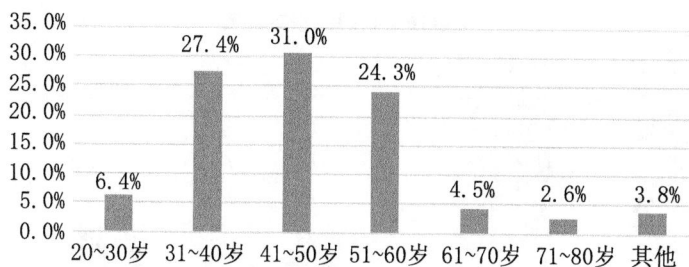

6. 您认为您生活、工作和学习的地方生态环境状况如何？

选择很好的 332 人，占总人数的 16.8%，一般的 461 人，占总人数的 23.4%，不好的 791，占总人数的 40%，很差的 388 人，占总人数的 19.7%，其他的 0 人。

表6　生活、工作和学习的地方生态环境状况

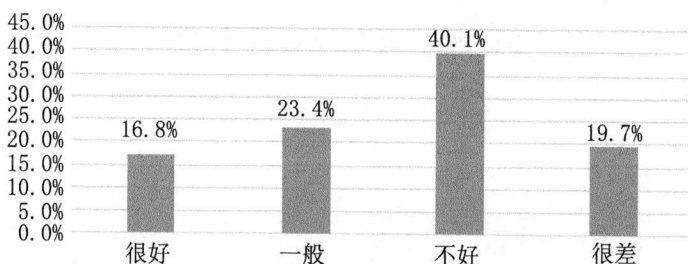

7. 您对党中央提出的"五位一体"（经济建设、政治建设、文化建设、社会建设和生态文明建设）总体发展布局和将保护环境作为我国的基本国策如何看待？

选择非常赞成和支持的 1669 人，占总人数的 84.6%，作用不大的 104 人，占总人数的 5.3%，其他 199 人，占总人数的 10.1%，不支持的 0 人。

表 7　党中央提出的"五位一体"总体发展布局和将保护
环境作为我国的基本国策

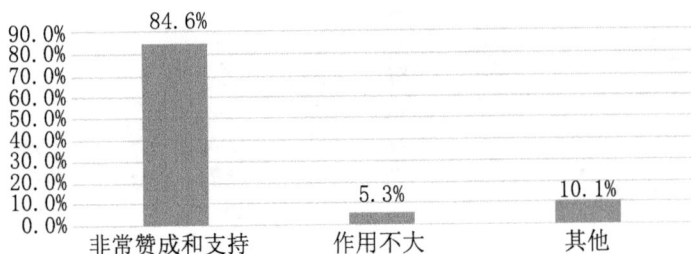

8. 您对当地政府、司法机关、新闻媒体和其他机构进行生态环境保护宣传工作的效果怎么看？

选择宣传效果好的 489 人，占总人数的 24.8%，宣传效果一般的 1401 人，占总人数的 71.0%，宣传效果较差的 11 人，占总人数的 0.6%，其他的 71 人，占总人数的 3.6%。

表 8　生态环境保护宣传工作的效果

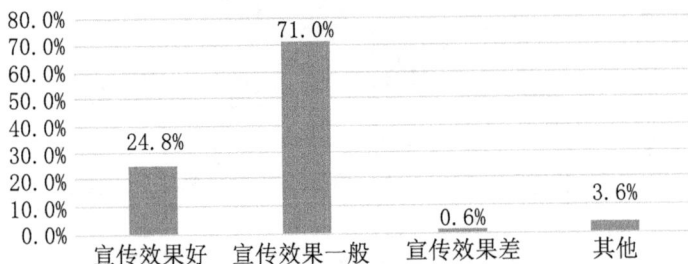

9. 您具有生态环境保护意识吗？

选择有的 1889 人，占总人数的 95.8%，其他的 83 人，占总人数的 4.2%，没有的 0 人。

表 9　生态环境保护意识比例

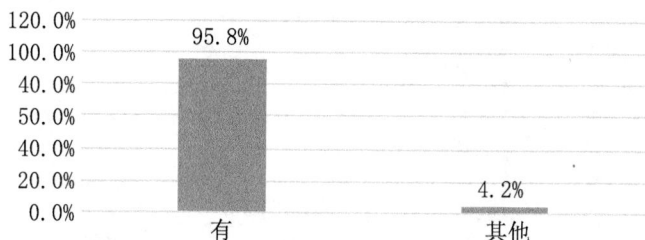

10. 您对自己生活、工作和学习的地方出现环境污染生态破坏事故的态度如何？

选择向有关部门举报的 381 人，占总人数的 19.3%，拍摄视频放在网上曝光的 432 人占总人数的 21.9%，与我无关任何关系的 66 人，占总人数的 3.4%，到法院告当事人的 1093 人，占总人数的 55.4%。

表 10　对生活、工作和学习的地方环境污染生态破坏事故的态度

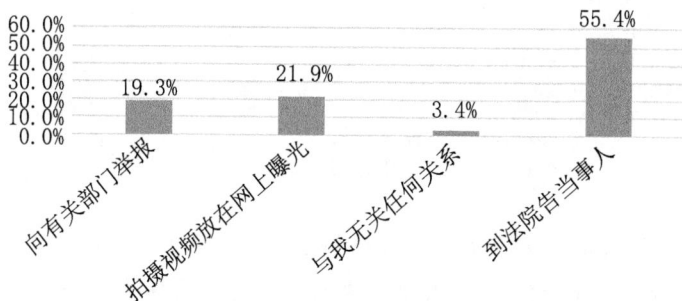

11. 您是否愿意参加保护本地区的生态环境保护工作？

选择愿意的 1642 人，占总人数的 83.3%，不愿意的 224 人，占总人数的 11.4%，其他的 106 人，占总人数的 5.4%。

表 11　参加保护本地区的生态环境保护工作的意愿

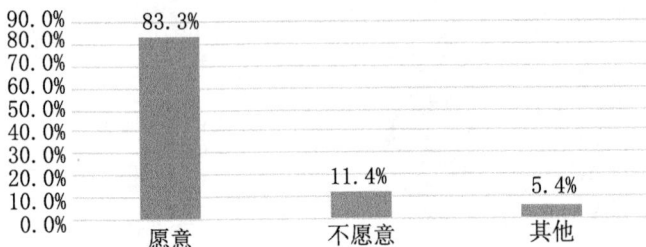

12. 您所在地区当地政府是否将本地区的生态环境保护工作纳入政府的工作计划？

选择已经纳入工作计划的 431 人，占总人数的 21.9%，没有纳入工作计划 48 人，占总人数的 2.3%，不知道的 1062 人，占总人数的 53.9%，其他的 431 人，占总人数的 21.9%。

表 12　当地政府是否将本地区的生态环境保护工作纳入政府的工作计划

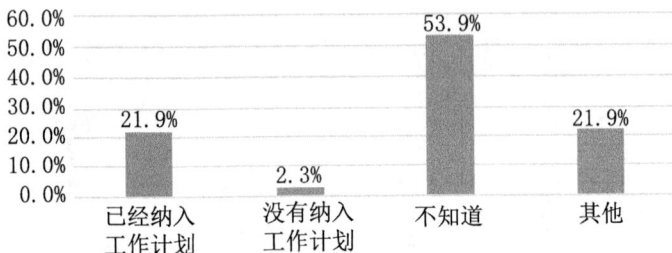

13. 您所在地区是否存在民间生态环境保护组织？

选择有的 551 人，占总人数的 27.9%，没有的 49 人，占总人数的 2.5%，不知道的 1372 人，占总人数的 69.6%。

表 13 所在地区是否存在民间生态环境保护组织

14. 您所在地区如果生态环境遭到污染和破坏承担责任的人是谁?

选择县长和县委书记的 78 人,占总人数的 4.0%,乡长和乡党委书记的 231 人,占总人数的 11.7%,村长和村支书 91 人,占总人数的 4.6%,省级或自治区级领导人的 61 人,占总人数的 3.1%,州长和州委书记 45 人,占总人数的 2.3%,污染者和破坏者的 1466 人,占总人数的 74.3%。

表 14 所在地区生态环境遭到污染和破坏承担责任的人

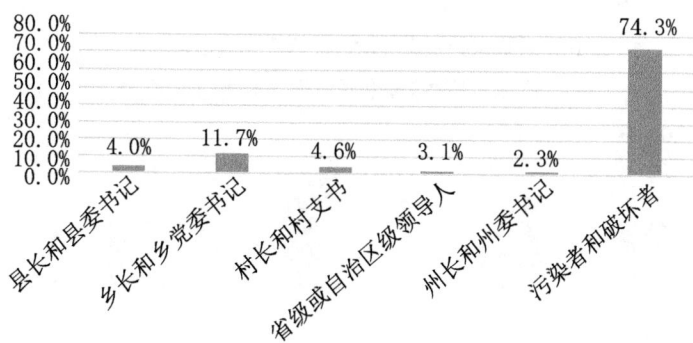

15. 您对国家实行环境保护目标责任制和考核评价制度态度如何?

选择支持的 1579 人,占总人数的 80.0%,不支持的 41 人,占总人数的 2.1%,其他的 352 人,占总人数的 17.9%。

表 15　对国家实际环境保护目标责任制和考核评价制度的态度

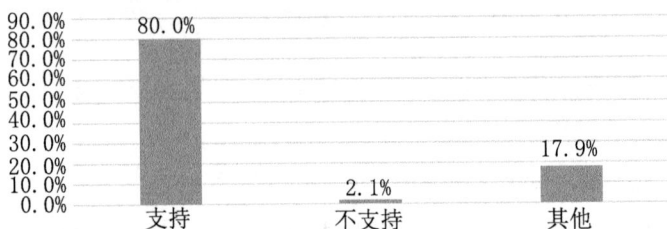

16. 您对为保护生态环境,国家实行生态移民、退耕还林、退牧还草和退田还湖政策如何看待?

选择支持的 989 人,占总人数的 50.2%,不支持的 793 人,占总人数的 40.2%,其他的 190 人,占总人数的 9.6%。

表 16　对为保护生态环境,国家实行生态移民、退耕还林、退牧还草和退田还湖政策的态度

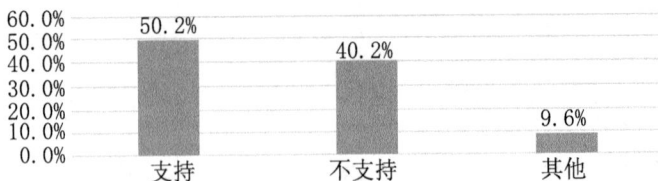

17. 就您所知道的情况,您认为国家实行生态移民、退耕还林、退牧还草和退田还湖政策中的补助政策标准如何?

选择高的 41 人,占总人数的 2.1%,不高的 123 人,占总

人数的 6.2%，低的 1659 人，占总人数的 84.1%，太低的 149
人，占总人数的 7.6%。

表 17 国家实行生态移民、退耕还林、退牧还草和
退田还湖政策中的补助政策标准

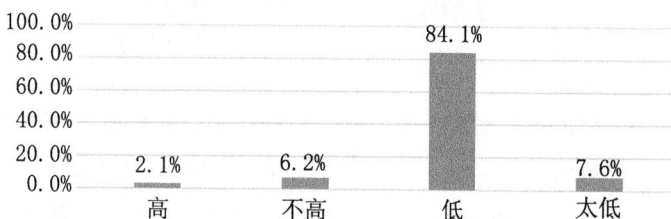

18. 您认为在生态补偿机制中，谁应当进行生态补偿？

选择政府的 1569 人，占总人数的 79.6%，受益者的 342
人，占总人数的 17.3%，不知道的 61 人，占总人数的 3.1%。

表 18 在生态补偿机制中进行生态补偿的责任人

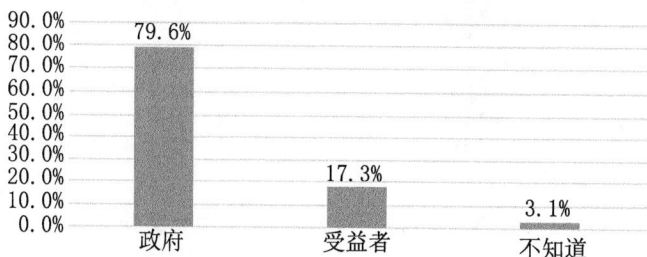

19. 您知道国家对您所在地区生态环境保护进行财政转移支
付吗？

选择知道的 1631 人，占总人数的 82.7%，不知道的 341
人，占总人数的 17.3%。

表 19　国家对地区生态环境保护进行财政转移支付的认知

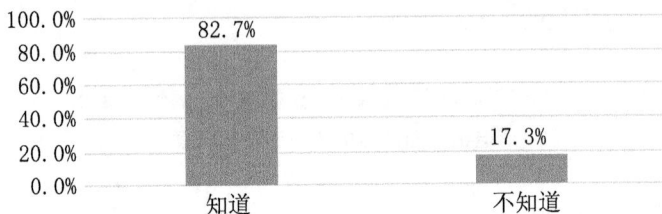

20. 青藏高原地区拥有丰富的自然资源，如果国家允许进行资源开发和利用，您认为应当进行矿产资源生态补偿吗？

选择应当的 1856 人，占总人数的 94.1%，不应当的 21 人，占总人数的 1.1%，不知道的 95 人，占总人数的 4.8%。

表 20　对矿产资源生态补偿的态度

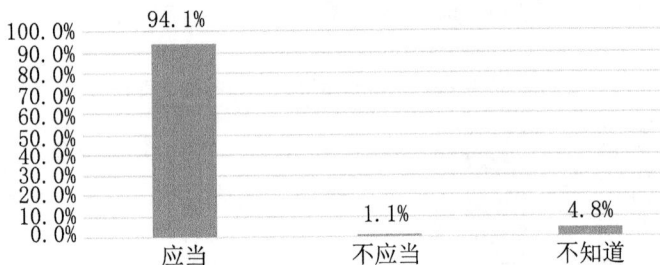

21. 您在日常生活中将生活废弃物进行分类处置吗？

选择是的 156 人，占总人数的 7.9%，不是的 1531 人，占总人数的 77.6%，不知道的 285 人，占总人数的 14.5%。

表 21　生活废弃物是否进行分类处置

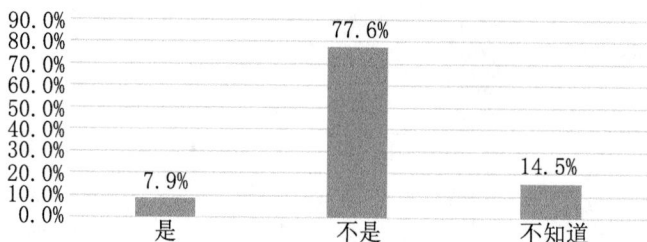

22. 您对建设项目中防治污染的设施应当与主体工程同时设计、同时施工、同时投产使用怎么看?

选择支持的 1688 人,占总人数的 85.6%,不支持的 12 人,占总人数的 0.6%,不知道的 272 人,占总人数的 13.8%。

表 22　对建设项目中防治污染的设施的意见

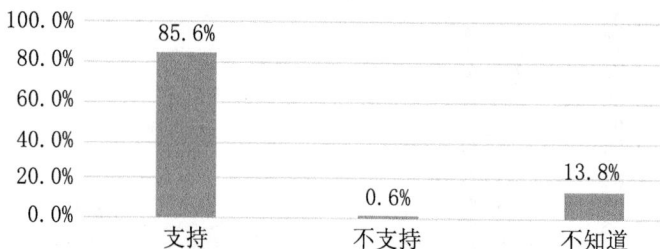

23. 您认为排污企业依法向国家缴纳排污费后是否还应当承担环境责任?

选择是的 1721 人,占总人数的 87.3%,不是的 32 人,占总人数的 1.6%,不知道的 219 人,占总人数的 11.1%。

表 23　排污企业依法向国家缴纳排污费后是否还应当承担环境责任

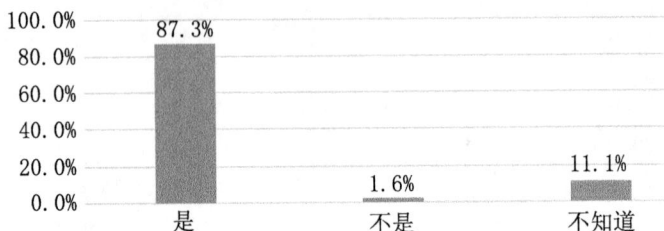

24. 您对教育行政部门、学校应当将环境保护知识纳入学校教育内容，培养学生的环境保护意识如何看待？

选择支持的 1763 人，占总人数的 89.4%，不支持的 11 人，占总人数的 0.6%，不知道的 198 人，占总人数的 10.0%。

表 24　将环境保护知识纳入学校教育内容的看法

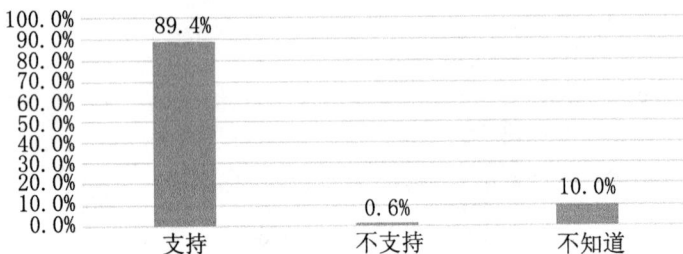

25. 您知道环境污染责任保险吗？

选择知道的 231 人，占总人数的 11.7%，不知道的 1741 人，占总人数的 88.3%。

表 25　环境污染责任保险的认知

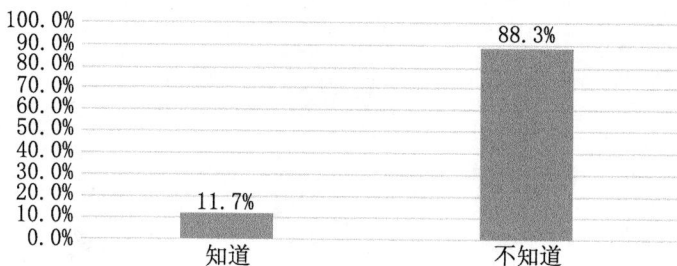

26. 您知道您所在的省或自治区环境主管部门在定期发布环境状况公报吗？

选择知道的 971 人，占总人数的 49.2%，不知道的 1001 人，占总人数的 50.8%。

表 26　对所在的省或自治区环境主管部门定期发布环境状况公报的认知

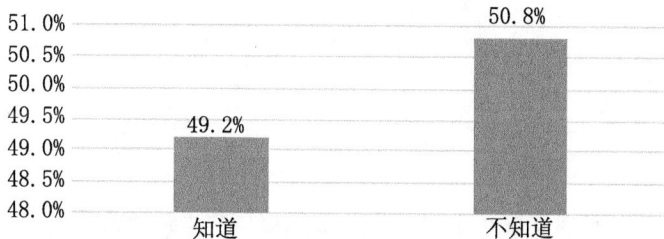

27. 您在使用清洁能源吗？

选择是的 689 人，占总人数的 34.9%，不是的 1212 人，占总人数的 61.5%，不知道的 71 人，占总人数的 3.6%。

表 27　是否使用清洁能源

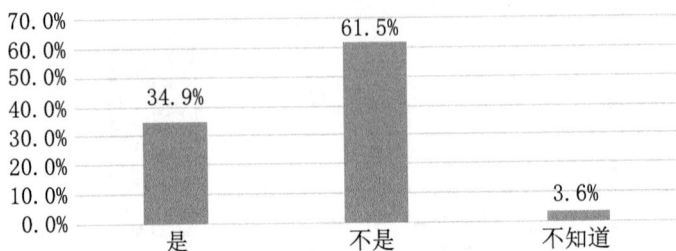

28. 您知道关于污染和破坏环境犯罪吗?

选择知道的 1834 人,占总人数的 93.0%,不知道的 138 人,占总人数的 7.0%。

表 28　对污染和破坏环境属于犯罪的认知

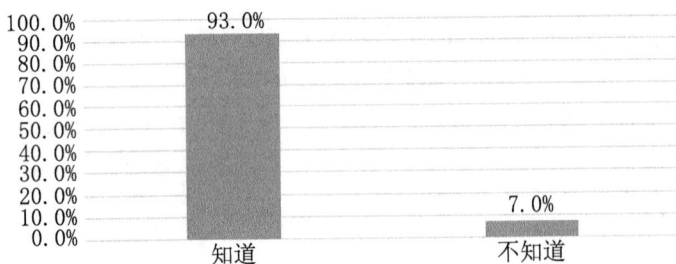

29. 您在日常生活中遵守生态环境保护的规范是哪一个?

选择法律规范的 211 人,占总人数的 10.7%,道德规范的 62 人,占总人数的 3.1%,宗教规范的 1699 人,占总人数的 6.2%。

表 29　日常生活中遵守生态环境保护的规范

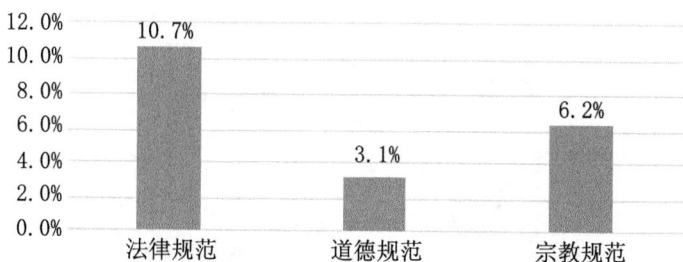

30. 您支持将少数民族生态环境保护习惯转化为国家法吗？

选择支持的 1732 人，占总人数的 87.8%，不支持的 240 人，占总人数的 12.2%。

表 30　对将少数民族生态环境保护习惯转化为国家法的态度

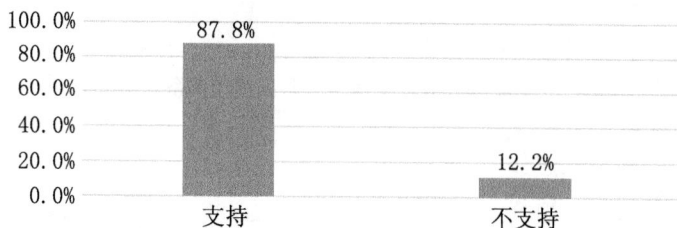

31. 您怎样理解人与自然的关系？

选择人和自然是一个整体的 1748 人，占总人数的 88.7%，人与自然相分离的 24 人，占总人数的 1.2%，人和自然没关系 200 人，占总人数的 10.1%。

表 31　人与自然的关系

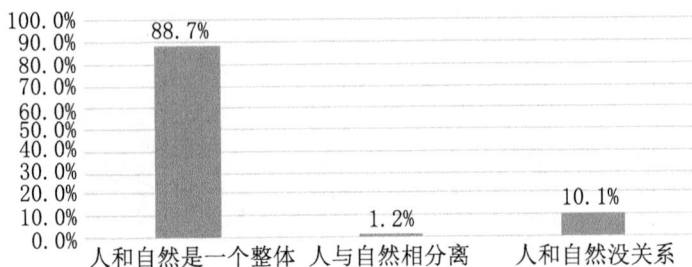

88.7%
1.2%
10.1%
0.0% 10.0% 20.0% 30.0% 40.0% 50.0% 60.0% 70.0% 80.0% 90.0% 100.0%
人和自然是一个整体　人与自然相分离　人和自然没关系

32. 您如何认识经济发展和生态保护的关系？

选择发展经济和保护生态环境同时进行的 1210 人，占总人数的 61.4%，发展经济比保护生态环境重要的 112 人，占总人数的 5.7%，保护生态环境比发展经济重要的 331 人，占总人数的 16.8%，发展经济和保护生态环境没有关系 319 人，占总人数的 16.2%。

表 32　经济发展和生命保护的关系

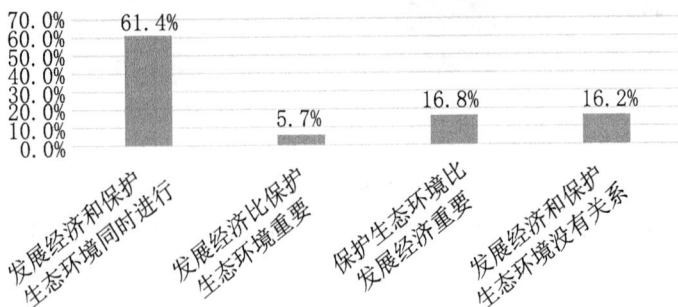

61.4%
5.7%
16.8%
16.2%
0.0% 10.0% 20.0% 30.0% 40.0% 50.0% 60.0% 70.0%
发展经济和保护生态环境同时进行　发展经济比保护生态环境重要　保护生态环境比发展经济重要　发展经济和保护生态环境没有关系

33. 您认为生态移民是否影响当地民族关系的和谐发展？

选择会影响的 1948 人，占总人数的 98.8%，不会影响的 11人，占总人数的 0.6%，不知道的 13 人，占总人数的 0.6%。

表 33　生态移民是否影响当地民族关系的和谐发展

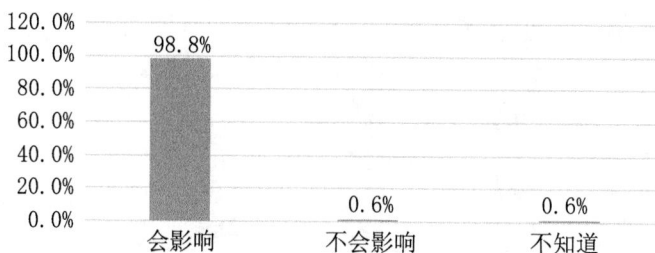

34. 您对当地政府采取的环境治理措施了解吗？

选择了解的 1578 人，占总人数的 80.0%，不了解的 394 人，占总人数的 20.0%。

表 34　是否了解当地政府采取的环境治理措施

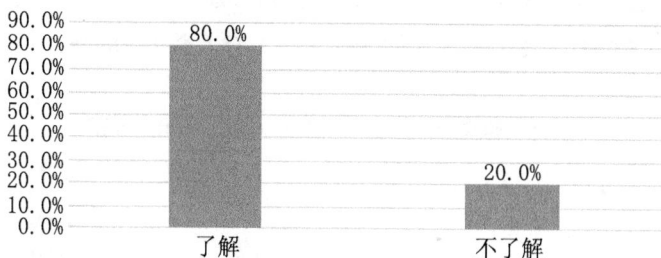

35. 您认为当地污染和破坏生态环境最严重的事件是哪一个？

选择草场退化的 781 人，占总人数的 39.6%，河流水量减少的 631，占总人数的 32%，矿产资源无序开采的 526 人，占总人数的 26.7%，空气污染的 34 人，占总人数的 1.7%。

表35 当地污染和破坏生态环境最严重的事件

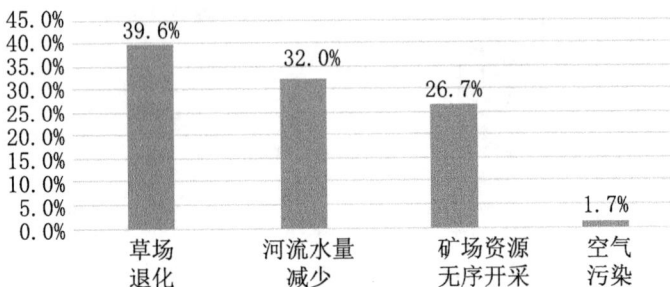

36. 您知道公民、法人和其他组织对污染环境和破坏生态环境行为向有关部门举报，接受举报的机关对举报人的信息是否保密？

选择是的598人，占总人数的30.3%，不是的621人，占总人数的31.5%，不知道的753人，占总人数的38.2%。

表36 接受举报的机关对举报人的信息是否保密

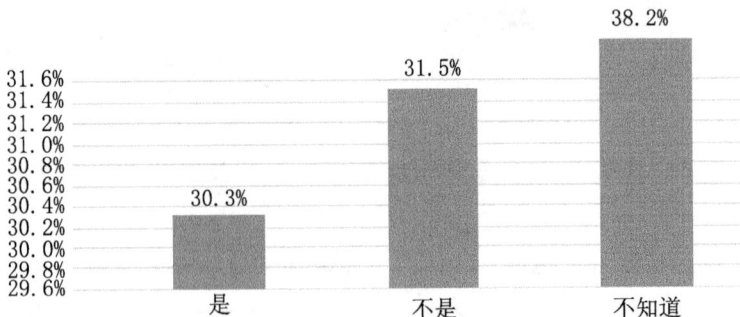

37. 您对在本地区发展旅游业的态度如何？

选择支持的1210人，占总人数的61.4%，不支持的549人，占总人数的27.8%，不知道的213人，占总人数的10.8%。

表 37　对在本地区发展旅游业的态度

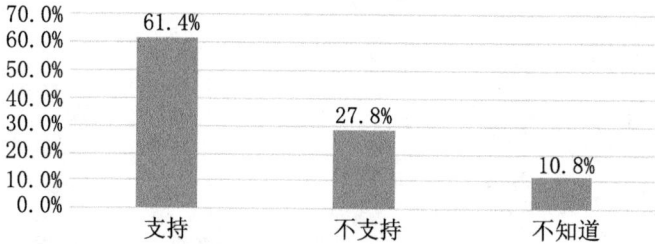

38. 您认为如何处理本地发展旅游业和生态环境保护的关系?

选择协调发展的 1437 人,占总人数的 72.9%,限制旅游业发展的 310 人,占总人数的 15.7%,重点发展旅游产业的 225 人,占总人数的 11.4%。

表 38　如何处理本地发展旅游业和生态环境保护的关系

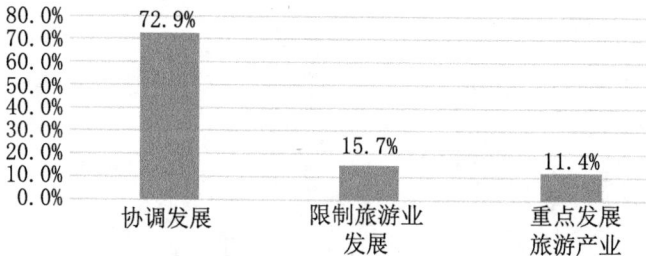

39. 您认为本地农牧业生产活动对水环境的影响程度如何?

选择影响较大的 1011 人,占总人数的 51.3%,影响较小的 213 人,占总人数的 10.8%,无影响的 31 人,占总人数的 1.6%,不知道的 717 人,占总人数的 36.4%。

表39　本地农牧业生产活动对水环境的影响程度

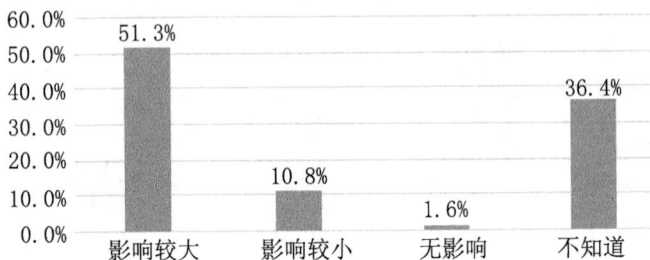

40. 您认为本地区水污染的来源最主要的是哪一个?

选择工业污水排放的657人,占总人数的33.3%,农牧业活动排放的662人,占总人数的33.6%,生活污水排放的653人,占总人数的33.1%。

表40　本地区水污染最重要的来源

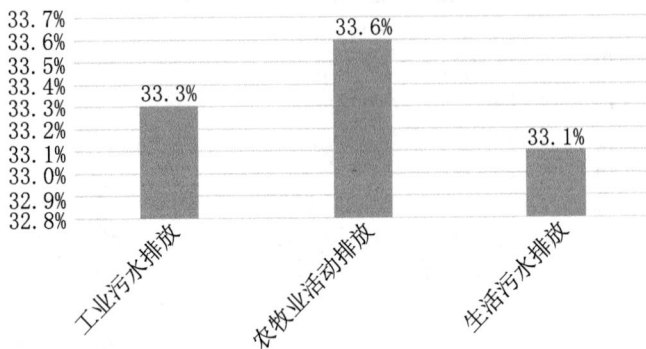

41. 您认为目前环境对您的生活影响程度如何?

选择严重影响的1369人,占总人数的69.4%,比较影响的461人,占总人数的23.4%,无影响的142人,占总人数的7.2%,无所谓的0人。

表 41 目前环境对您生活影响程度

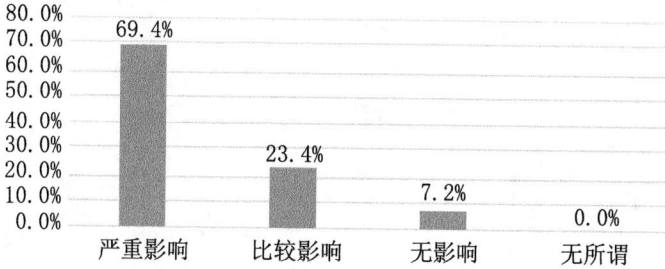

42. 您最了解的环保术语是哪一个？

选择水污染谁付费的 1342 人，占总人数的 68.1%，排放总量控制 431 人，占总人数的 21.9%，环境影响评价 121 人，占总人数的 6.0%，清洁生产 78 人，占总人数的 4.0%。

表 42 最了解的环保术语

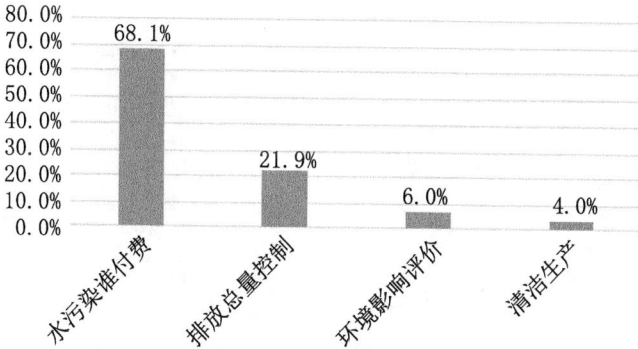

43. 您对当地环境保护部门管理的总体评价如何？

选择很好的 346 人，占总人数的 17.5%，基本满意的 1322 人，占总人数的 67.1%，不规范的 91 人，占总人数的 4.6%，很差的 213 人，占总人数的 10.8%。

表 43 对当地环境保护部门管理的总体评价

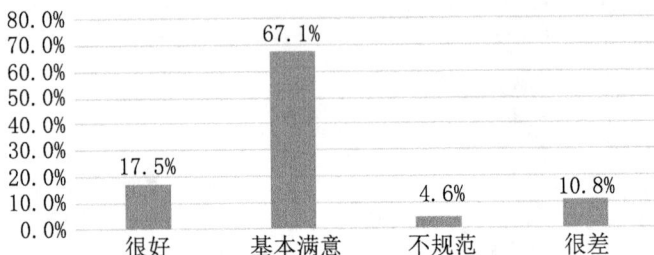

44. 藏药有很大一部分来自于青藏高原的动植物资源，您认为发展藏药会破坏生态环境吗？

选择会的 951 人，占总人数的 48.2%，不会的 1021，占总人数的 51.8%。

表 44 发展藏药会不会破坏生态环境

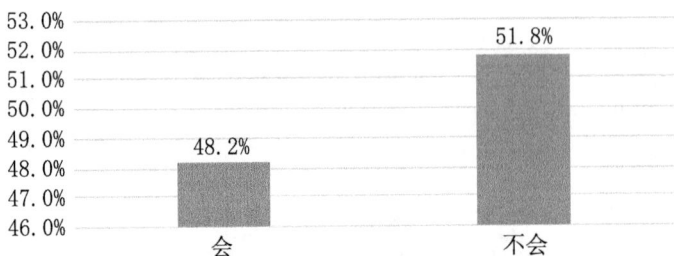

45. 您认为生态环境保护能否帮助农牧民脱贫致富？

选择能的 791 人，占总人数的 40.1%，不能的 1181 人，占总人数的 59.9%。

表 45　生态环境保护能否帮助农牧民脱贫致富

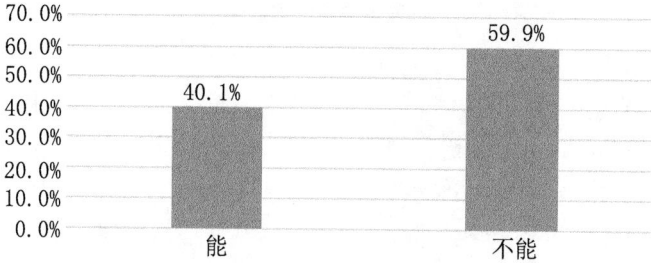

46. 您认为青藏高原地区生态环境保护和人权保护的关系如何?

选择紧密的 1699 人,占总人数的 86.2%,关系不大的 273人,占总人数的 13.8%。

表 46　青藏高原地区生态环境保护和人权保护的关系

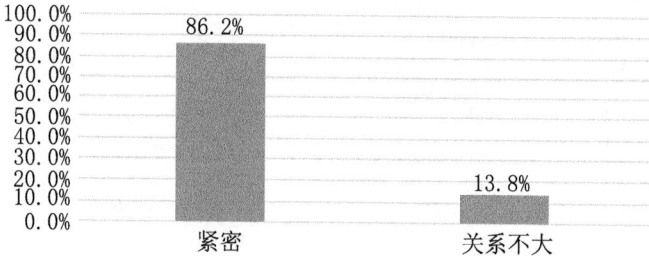

47. 根据亲身体会,您认为国家在青藏高原地区生态环境保护方面是否取得了重大成就?

选择是的 1702 人,占总人数的 86.3%,不是 270 人,占总人数的 13.7%。

表 47　国家在青藏高原地区生态环境保护方面是否
取得了重大成就

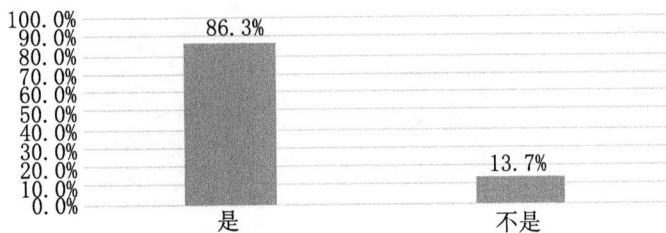

86.3%

13.7%

是　　　　　　　　　　　不是

48. 您支持在我国建立环境法院吗?

选择支持的 1358 人，占总人数的 68.9%，不支持的 614
人，占总人数的 31.1%。

表 48　是否支持在我国建立环境法院

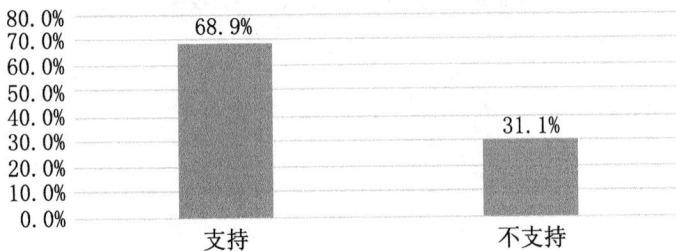

68.9%

31.1%

支持　　　　　　　　　　不支持

49. 您认为青藏高原地区自然资源的权属归谁?

选择国家的 1543 人，占总人数的 78.2%，当地居民的 429
人，占总人数的 21.8%。

表 49　青藏高原地区自然资源的权属

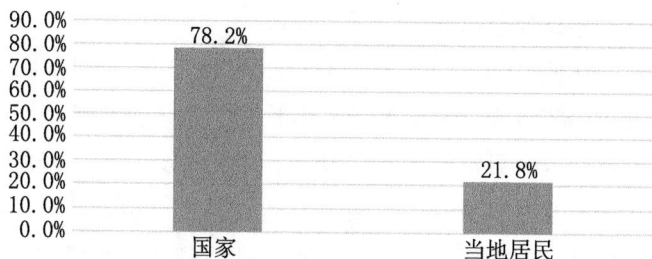

50. 您支持征收环境税吗?

选择支持的 1725 人, 占总人数的 87.5%, 不支持的 247人, 占总人数的 12.5%。

表 50　对征收环境税的态度

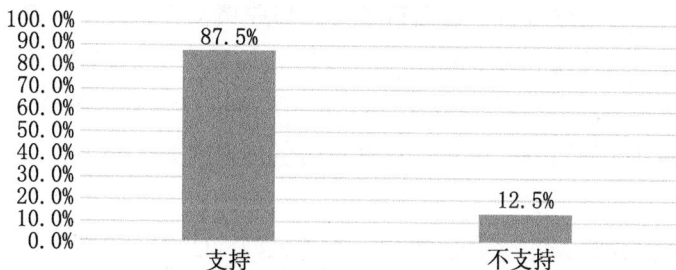

总之, 被调查者对此次调查非常支持, 填写答卷也十分认真, 这就说明, 我们得到的数据具有真实性和可靠性。笔者认为, 问卷调查的题目设计和问卷调查地点的选择具有代表性。因此, 我们可以得出调查问卷得到的数据具有可靠性的结论。

(二) 访谈情况的说明

访谈进行得较为顺利的是青海各州县, 因为, 课题组成员在青海各州县人熟地熟, 这些为调研提供了足够的便利条件。

尽管在其他省区访谈进行不是非常顺利，但访谈计划所预设的访谈目的还是如期达到。

此次访谈的地点主要有玉树州的玉树市下拉秀镇嘎玛村、囊谦县吉尼赛乡麦曲村、娘拉乡多伦村，杂多县萨呼腾镇塔那滩生态移民区。果洛州的玛多县花石峡镇措柔村、扎陵湖乡多涌村，班玛县江日堂乡尕日麻村，达日县吉迈镇普芒村。海北州的门源县青石嘴镇红山嘴村，刚察县沙柳河镇新海村，海西州的乌兰县铜普镇察汗诺村，格尔木市郭勒木德镇东村。黄南州的尖扎县康扬镇巷道村，同仁县隆务镇热贡社区（隆务寺部分僧人）。海南州的同德县尕巴松多镇科加村、兴海县子科滩镇纳洞村麻主社。西宁市的湟源县日月藏族乡克素尔村。西藏拉萨市当雄县羊八井镇彩渠塘村和桑巴萨社区，昌都市的类乌齐县类乌齐镇尼多村，那曲市色尼区那曲镇罗岗村。云南迪庆州的香格里拉市建塘镇解放村。甘南州的玛曲县尼玛镇贡玛村、夏河县阿木去乎镇合咱村。阿坝州的阿坝县阿坝镇藏锋一村、壤塘县上杜柯乡西穷村。甘孜州的色达县亚龙乡扎穷村、石渠县色须镇拉纳贡马村。

此次访谈的村子近30个，对象人数为237人（不包括调研地点的国家机关、行政和司法机关工作人员、当地活佛及僧人和解放军等），这237人中有男性101人，占访谈对象总人数（下称总人数）的42.6%，女性136人，占总人数的57.4%。农牧民211人，占总人数的89%，其他人员（商人、暑假回家的大学生）26人，占总人数的11%。藏族人数209人，占总人数的88.2%，蒙古族5人，占总人数的2.1%，回族3人，占总人数的1.3%，其他民族（包括汉族、土族、撒拉族等）20人，占总人数的8.4%。小学以下文化程度的189人，占总人数的

79.7%，小学以上文化程度的 48 人，占总人数的 20.3%。

　　从访谈内容来看，访谈对象对国家采取保护生态环境的措施非常支持，对生态环境保护宣传工作也非常满意，但对自身在生态环境保护中得到的实惠颇有微词。他们认为，青藏高原的自然资源是自己祖先留给他们的，自然资源所有权归他们。国家对自然资源开发能够推动本地经济社会发展，特别在对口支援过程中他们得到了实惠。比如，村子有健身器材，县城里还有体育场馆设施，孩子上学基本上在寄宿且吃住全免费，看病也有医疗报销和村里发放补助费等。但在自然资源开发中他们得到的实惠很少。同时，他们还认为，青藏高原自然资源开发力度太大，破坏了当地的生态环境。在未开发前，当地生态环境比现在要好得多。

　　访谈对象还认为，为了保护生态环境，他们有的进行生态移民，原来的草山不让放牧，只能将牛羊圈起来进行育肥，这些都影响了他们的经济收入。有的村（牧）民，特别是三江源生态保护核心区的牧民认为因不让放牧，自己每年的收入减少过半，严重影响了自己的生活，导致整天为生活而发愁。尽管村子每年都在发放补助费或生态补偿费，这些费用发得太少。村子也鼓励访谈对象搞第三产业，由于流动人口少，因缺少服务对象，第三产业就不了了之。

　　访谈对象还认为，污染和破坏生态环境的责任应当由政府来承担，政府允许修路和开挖，责任当然应当由他们来承担。针对国家关于青藏高原生态环境保护的法律法规问题，他们讲出了自己的看法并认为："我没念过书，国家的法律不知道，我也爱护草山和水，活佛说让我这样做（玉树市下拉秀镇嘎玛村村民刚森语）。"这种说法和想法在访谈对象中较为普遍，这就说明，对青藏高原的当地民众特别是少数民族群众生态环境保护行为进行调控的不是国家法，而是习惯法和宗教规范。

访谈者对青藏高原地区生态环境保护问题也提出了自己的解决办法。概括起来主要有：①国家应当减少对青藏高原自然资源开发力度，让"自然回归自然"；②提高补助费（生态补偿费等）发放数量和标准；③对口支援要针对当地居民的生活，应该切实提高农牧民的生活水平；④政府所采取的保护生态环境的措施要有效果；⑤国家投入大量人力、物力和财力保护青藏高原生态环境，我们的生活水平却在下降，原因是无法再放牧牛羊，牛羊是我们生活的全部，有了牛羊就有吃喝穿，没有牛羊我们什么都没有了，而且牛羊在放牧过程中还能踩死草场中的毒草，牛羊粪便又能给草场提供养分和肥料，适当放牧还能对草场进行保护。⑥草场鼠害严重，[1]老鼠的天敌越来越少，要加强益类动物的繁育和保护工作等。⑦无论是生态移民还是

---

〔1〕 笔者在青海省玉树州囊谦县带100多名师范生顶岗支教（由于课题的缘由，我主动申请前往囊谦县做带队教师，时间为2016年9月3日至12月25日，在这期间，我利用休息和节假日孤身驱车深入海拔大都在4000~5000米左右的三江源头，我克服缺氧、寒冷、饥饿等困难，对三江源头生态环境进行实地考察和亲身体验，获取了第一手资料。这是我平生第一次也是最后一次上三江源头，因为随着年龄增长再上三江源头身体已根本不允许。不管怎样，这种体验在我人生中留下了不可磨灭的印象，曾两次前往基尼赛乡第二寄宿制学校（小学）看望顶岗支教的两位学生，也顺便进行调研。该学校有80多位藏族学生，由于学校建在海拔4000米以上，位置偏僻，办学十分困难，老师和学生冬天取暖靠牛粪，做饭所用的柴火也是牛粪。汽车（校长扎西巴周开车）从公路上下来要走20多公里的土路，说是路实际上就是人车走得多了所形成的路，道路坑洼不平，坐在汽车中的我被颠簸得几乎呕吐。实在无法忍受，我请校长停车休息，在休息的同时，我顺便对路旁的草场进行观察发现并进行统计，约10平方米的草地有31个老鼠洞，每个老鼠洞周边约5厘米的地方没有草，有的只是沙土。若日晒风化或缺雨少水，这一片草地可能完全会沙化。

退耕还林、退牧还草，政府要加大对农牧民的产业扶持力度，挖掘新的经济增长点，使农牧民的生计有所保障。[1]

特别在玉树州访谈时，访谈对象对玉树灾后重建工作发表了自己看法，他们感谢党和国家以及全国人民对玉树藏族同胞的支持和帮助。有的访谈对象说他自己现住房屋就是政府帮助他（她）修建的，并表示非常满意。

总之，访谈地点既有纯牧业区，也有农牧结合区，既有三江源生态保护核心区，也有非核心区。无论从访谈涉及的地区、人员覆盖面、民族构成等，还是从访谈的可信度来看，这次访谈也是成功有效的。

五、调查和访谈总结

1. 青藏高原地区生态环境保护取得的成绩

前文对青藏高原生态环境保护与建设以及经济社会发展所取得的成就已经做过总结，笔者在此只针对问卷调查和在访谈中被调查者和访谈对象所提及的关于生态环境保护方面所取得的成就进行简要总结。

青藏高原生态环境保护取得的成绩主要表现在：①各族干部群众对党和国家、青藏高原的各级党委和政府针对本地区生态环境保护与建设方面所颁布的法律法规以及相关政策满意度和支持率比较高，这就说明目前相关的法律政策切合实际，顺应、符合民意民心，法律政策贯彻执行起来也具有一定的群众

---

〔1〕　访谈者也关注寄宿制学校问题，他们认为，寄宿制学校对学生成长不利，学生年龄太小就离开父母上学，学生心理承受能力有限，建议采取更好的办法解决农牧民子女的上学教育问题。

基础，增加了各族群众保护生态环境的自觉性。②各族群众具有较强的保护生态环境意识，这种意识的形成更多地得益于少数民族的生态环境保护习惯法和宗教规范，当然也离不开政府等相关机构对生态环境保护和宣传工作的重视以及政府下大力气对生态环境保护与治理所做的工作。因为这些工作就发生在群众的身边，他们在这方面更有话语权。③各族群众对发展经济和保护生态环境的关系认识比较到位，大多数群众认为发展经济和保护生态环境应同步进行，在项目建设方面应贯彻"三同时"制度。④在生态保护习惯法和国家法的互动方面，被调查者和访谈对象认为支持将少数民族生态环境保护习惯法转化为国家法的占87.8%，这就告诉我们要加大青藏高原生态环境保护民间习惯法的研究力度，适时地将当地的习惯法（民间法）转化为国家法。⑤支持本地发展旅游业的占被调查对象的61.4%，这就说明广大群众对旅游业发展支持力度较高，这也符合青藏高原产业发展的国家规划，发展青藏高原特色旅游是我们今后重点考虑的问题。⑥对是否建立环境法院问题，被调查者和访谈对象大都表示支持，他们也更多地考虑通过法律手段保护生态环境等。

2. 青藏高原生态环境保护存在的问题

笔者认为，从对田野调查的数据分析看，存在的问题主要有：①青藏高原自然资源的"一物两权"问题。国家法和民间习惯法对自然资源归属有不同的理解，这就需要我们在执行国家法过程中要高度重视这一问题。②生态补偿费（补助费）偏少，补偿标准偏低，大多数群众对此不满意。③当地群众对政府将生态环境保护工作纳入政府工作计划不知道的占到53.9%，这就说明当地政府对相关政策宣传力度相对不够（也不排除被调查者和访谈对象文盲率较高等因素），这就要求当地政府拓宽宣传渠道，把党和国家的声音传送到千家万户，尽力做到使国家的各项政策为群众所了解和掌握，增强群众执行政策的自觉性。④大多数人对民间生态环境保护组织的情况不了解，这也要求我们要下力气培育和发展青藏高原生态环境民间组织，为环境公益诉讼奠定基础。⑤在回答本地区水污染来源问题上，大多数被调查者和访谈对象认为生活污水排放对水污染最为严重。⑥在回答当地污染和破坏生态环境最严重的事件问题回答上，39.6%的被调查者认为是草场退化等。

3. 问题的对策

本研究成果的最终目的是起草青藏高原地区生态环境保护条例（学者稿），因此，笔者对调研中所得出的经验和存在的问题要从立法的角度进行充分考量，通过技术手段将"经验和问题"在立法中要有所体现。比如，依照我国现行《环境保护法》这一基本法并结合青藏高原实际设计法律责任规范时，笔者拟将法律规范的主体在法律行为缺位（主要指行政不作为）的情形下，主体应当承担的责任在立法中必须体现出来。同时，针对存在问题，笔者将务必注重所起草的法律具有较强的可操作性。依法理，为增强一部法律的可操作性，可通过"实施细则或办法"的形式解决这一问题。但我们认为，把握法律和实施细则的"度"问题非常重要，如果过分依赖实施细则或办法，就会导致法律的空洞化，如果将实施细则或办法的内容规定在法律中，立法重点就会发生偏移。因此，起草者将谨慎处理好法律和实施细则或办法的关系。

另外，"成绩和问题"涉及行政、执法、司法、法律监督和法律宣传教育等方面，研究者所起草的法律将务必避免"大杂烩"的现象。为克服这一现象，起草者对立法重点问题要进行归纳、总结和凝练，宜细则细，宜粗则粗，要在起草质量上下功夫。

笔者阅读过许多调研报告，个别调研报告存在"被调研的问题"和解决的对策上出现了"两张皮"现象，笔者在此将引以为戒，尽量做到将存在的问题和"立法对策"进行有机结合。

第二节　青藏高原地区生态环境保护条例
（学者稿）

目　录

第一章 总 则

第一条 为保护青藏高原地区生态环境，推进生态文明建设，实现经济社会可持续发展，确保国家生态安全，[1]根据国家有关法律、行政法规，结合本地区实际，制定本条例。

第二条 公民、法人和其他组织在青藏高原地区从事生态环境保护以及与生态环境相关的活动，应当遵守本条例。

本条例所称的青藏高原地区，是指西藏自治区，青海省（除西宁市和海东市）、新疆维吾尔自治区、甘肃省甘南藏族自治州、四川省阿坝藏族羌族自治州、甘孜藏族自治州、云南省迪庆藏族自治州等27个地区179个县。[2]

第三条 生态环境保护以维护生态安全为目标，促进边疆稳定和民族团结，以大气、水体、湿地、草地、[3]森林、野生

---

〔1〕 国家生态安全属于国家安全之一种。所谓国家安全是指一个国家处于没有危险的客观状态，是维持主权国家存在和保障其根本利益的各种要素的综合。子杉：《国家的选择与安全——全球化进程中国家安全观的演变与重构》，上海三联书店2006年版，第9页。

〔2〕 青藏高原地区是地理意义上的概念，由于其生态环境的整体性，国家也从这一特性出发对青藏高原地区的生态环境保护建设工作进行整体规划。比如，2011年3月30日，国务院通过的《青藏高原区域生态建设与环境保护规划（2011—2030年）》，规划对青藏高原的范围进行了界定（包括西藏、青海、四川、云南、新疆6省（区）27个地区179个县），笔者在此对青藏高原地区的范围表述与国家完全一致。另外，研究者也考虑到用地理坐标对青藏高原范围进行确定，《甘肃祁连山国家级自然保护区管理条例》（2017年）第2条对祁连山国家级自然保护区范围就进行了"地理坐标式"的表述，但这种表述可能使人不能立即明确青藏高原地区的范围。

〔3〕 "草地"是生态学概念，重在强调生长草本和灌木植物并能发展畜牧业的土地，其有独特的生态系统，是可更新的自然资源，"草原"仅指以草本植物为主的植被形态。青藏高原许多草地不仅有草本植物，还有灌木植物，另外，所起草条例重在生态环境保护。故，笔者在此使用"草地"一词，这种表述最能反映青藏高原草地的特点。

动植物为重点，将生态文明建设放在优先地位，构建资源节约型、环境友好型社会。[1]

第四条 生态环境保护坚持保护优先、风险预防、综合治理、公众参与、环境信息公开、污染者付费原则。

第五条 本地区内国际河流的生态环境保护应当坚持与其他国家或地区和平协商、共同合作的原则。

第六条 国务院生态环境保护部门对青藏高原地区生态环境负总责。[2]

青藏高原地区内的省、区、州、市、县（区）人民政府负责本行政区域内的生态环境保护工作。

乡（镇）人民政府、街道办事处做好辖区内生态环境保护工作。

第七条 国务院设立青藏高原地区生态环境保护委员会，负责青藏高原地区生态环境保护的统筹规划、综合协调、监督检查工作。其主要工作职责是：

（一）组织编制青藏高原地区生态环境保护总体规划，指导省（区）级涉及青藏高原生态环境保护规划编制工作；

---

〔1〕 2017年1月18日，习近平总书记在联合国总部发表演讲，指出构建人类命运共同体是一个美好的目标，中国愿同联合国成员国一道共同推进人类命运共同体的伟大进程。笔者也考虑到国务院通过的《青藏高原区域生态建设与环境保护规划（2011—2030年）》采用"国家生态安全"和青藏高原"五大功能区"划分的表述，故在条文中使用"国家生态安全"术语。

〔2〕 笔者对此条的撰写主要借鉴美国流域水环境保护的做法，在青藏高原地区建立统一协调的生态环境保护机构，将权力主体和责任主体明确化，克服目前青藏高原地区在生态环境保护方面"各自为政，各扫门前雪"的现象。青藏高原地区的生态环境保护工作已经纳入国家战略规划，在国家层面理应设置相应机构规划、管理、监督青藏高原的生态环境保护工作。本条文分为3款，目的在于强化当地政府的生态环境保护的权力和责任。

（二）制定青藏高原地区生态环境保护管理方案，负责方案的执行工作；

（三）审查涉及青藏高原地区生态环境保护的有关省（区）级专项规划；

（四）建立青藏高原地区生态环境监测体系和生态环境保护政务信息平台系统，发布青藏高原生态环境保护公告和相关信息；

（五）建立青藏高原地区生态环境状况评价指标体系；

（六）评估青藏高原地区生态环境状况，提出青藏高原地区生态环境保护的建议；

（七）组织开展青藏高原地区生态环境保护的监督检查和专项整治工作；

（八）根据工作需要，可以设立青藏高原地区生态环境综合执法机构；

（九）国务院规定的其他职责。

青藏高原地区生态环境保护委员会主任由国务院副总理或国务委员担任，其机构设置及具体工作职责由国务院规定。[1]

青藏高原地区的各级人民政府根据生态环境保护工作的需要，可以设立青藏高原地区生态环境保护管理机构。

---

〔1〕《美国田纳西流域管理局法》第 1 条就阐明了建立田纳西流域管理局（TVA）的宗旨，TVA 的职能主要体现在防治洪水、灌溉、植被保护、生物多样性保护、推动流域经济发展和社区服务等方面。在美国人眼里，TVA 是最具有效率的政府机构。美国的做法是，TVA 局长由总统直接任命。此种做法值得我们借鉴。因此，笔者考虑由国务院副总理或国务委员担任青藏高原地区生态环境保护委员会主任对青藏高原地区生态环境保护和建设具有意义。

第八条 县级以上人民政府及其职能部门应当严格执法，[1]在各自职责范围内，共同做好本行政区域内生态环境保护监督管理工作。

青藏高原地区的自然保护区、国家公园、森林公园、地质公园、湿地公园、植物园、国有林场、风景名胜区和自然文化遗存等管理机构，做好其管理范围内的生态环境保护工作。

第九条 青藏高原地区省（区）级人民政府在国务院青藏高原地区生态环境保护委员会的领导和协调下，建立区域合作、信息通报共享、预警应急、[2]联合执法和协商治理机制，共同做好青藏高原生态环境保护工作。[3]

第十条 国务院应当将青藏高原地区生态环境保护纳入国民经济和社会发展规划，设立青藏高原地区生态环境保护专项资金，纳入年度财政预算予以保障。

县级以上人民政府应当将本行政区域内的生态环境保护工

---

〔1〕 有学者对区域环境的执法模式进行了研究，他认为，我国区域环境执法模式有三种：整合模式、督政模式与合作模式，并提出了完善区域环境执法的保障机制（信息共享机制、外部监督机制和利益平衡机制）。详见王超锋：《我国区域环境执法的模式探究》，载《甘肃政法学院学报》2017年第6期。

〔2〕 美国的环境应急管理制度较为发达，它的环境应急管理法律规范体系比较完善，特别在制度创新方面有所创新，比如，超级基金制度，美国在1980年通过了《环境应对、赔偿和责任综合法》，该法授权美国环境保护局对全国污染场地进行管理。若无法找到责任者或责任者缺乏环境修复能力，"超级基金"将拨款支付相关费用。参见周圆等：《美国环境应急管理制度简析》，载《生态环境与保护》2018年第4期。

〔3〕 这种想法似乎有些大胆，生态环境问题事关我国的生态安全、经济安全、资源安全、社会大局稳定和长治久安。因此，笔者认为，应借鉴我国国税机关设置做法，将青藏高原地区的生态环境保护机构直属于国务院领导，或建立大区级的生态环境保护机构，此机构凌驾于各省（区）人民政府之上，专门负责生态环境保护工作。同时，将上述机构的环境督察行为制度化、规范化、常态化，将目前的片区（如生态环境保护部西北督察局）环境督察权力归属于上述机构。

作纳入国民经济和社会发展规划，应当整合统筹各类资金，用于青藏高原地区生态环境保护基础设施建设，支持生态工业、生态畜牧业、生态农业、生态旅游业和循环经济发展。

县级以上人民政府应当鼓励和支持藏医药产业和民族手工业发展。

第十一条　青藏高原地区的生态修复工程和建设项目应当同时设计、同时施工、同时投入使用。[1]

第十二条　青藏高原生态环境保护委员会应当建立和健全青藏高原地区生态环境补偿机制，[2]依法对青藏高原地区生态环境保护给予经济补偿。

青藏高原地区生态环境保护委员会监督检查生态环境补偿具体实施工作。

---

〔1〕　"三同时制度"在我国生态环境保护法律法规中早有表述，但实际执行起来难度很大。笔者 2013 年 9 月在青海海西蒙古族藏族自治州天峻县实地考察时发现，由于木里煤矿已探明煤炭储量近 12.8 亿吨，矿区平均海拔 3950—4150 米，该矿区离天峻县城 152 千米。因此，矿区的产煤要通过汽车向外运输，由于煤炭运输车辆装载吨位大，路基破坏严重，同时，运输车辆未采取环保措施，导致道路的土尘和煤尘因车辆通过和大风作用，煤尘和土尘随风飞扬。当地的牧民告诉笔者，草场上的羊在冬天由于煤粉等夹杂在羊毛中，羊毛都变黑、变脏，只有夏天下雨才可以将羊毛洗洗，羊才能白一点。2017 年 8 月，笔者再次前往木里矿区，由于涉嫌非法开采和破坏青藏高原生态系统，政府对部分开采已经叫停，开采规模大大减小，"雨洗羊"事件少有发生。起初，木里煤矿开采是经政府许可的，"三同时制度"确切未得到有效执行。因此，笔者在条例起草中单列一条进行强调。

〔2〕　详见苏婷婷、陈吉利：《论我国国家公园生态补偿机制的构建》，载《中南林业科技大学学报》（社会科学版）2019 年第 4 期；王前进等：《生态补偿的政策学理论基础与中国的生态补偿政策》，载《林业经济》2019 年第 9 期；孙宏亮等：《中国跨省界流域生态补偿实践进展与思考》，载《中国环境管理》2020 年第 4 期；丁国峰：《论我国民族地区生态补偿立法机制的完善》，载《青海社会科学》2020 年第 3 期；董占峰等：《黄河流域生态补偿机制建设的思路与重点》，载《生态经济》2020 年第 2 期；汪永福：《跨省流域生态补偿的区域合作法治化》，载《浙江社会科学》2021 年第 3 期等。

青藏高原地区县级以上人民政府根据国家有关规定应当制定本行政区域的生态环境补偿办法或实施细则。

第十三条 青藏高原地区生态环境保护委员会应当建立直接受益区和青藏高原地区生态公共产品供给区横向生态补偿机制。

各级政府应当对下级人民政府在生态环境补偿工作中做出显著成绩的给予表彰和奖励。

第十四条 建立多元化生态环境保护融资机制，通过政策引导吸引国内外资金用于青藏高原地区生态环境保护工作。

鼓励公民、法人和其他组织对青藏高原生态环境保护工作进行捐资、助资。

第十五条 青藏高原地区生态环境保护部门对本行政区域内的开发利用资源规划和对生态环境有影响的建设项目应当进行环境影响评价。

第十六条 青藏高原地区县级以上人民政府实行生态环境保护目标责任制。下一级人民政府的生态环境保护责任目标由上一级人民政府制定。上一级人民政府对下一级人民政府的考核结果应当向社会公布，接受社会监督。

上一级人民政府对下一级人民政府各项工作的考核实行生态环境保护"一票否决制"。

第十七条 青藏高原地区可能污染和破坏生态环境的法人或其他组织应当投保环境责任保险。[1]

第十八条 公民、法人和其他组织污染和破坏青藏高原地区生态环境的，应当承担法律责任。

---

〔1〕 美国、法国和日本等发达国家法律要求特殊危险型企业的环境风险应当向保险公司投保，这种保险的性质属于强制保险。我们可以借鉴这一做法。

各级人民政府应当支持和鼓励民间生态环境保护组织的发展。

各级人民政府应当支持法律规定的机关和依法成立的社会组织对污染和破坏青藏高原地区生态环境的行为，依法提起的环境公益诉讼。[1]

第十九条　公民、法人和其他组织有权对污染和破坏青藏高原地区生态环境的行为进行检举和控告。

县级以上人民政府应当公布检举和控告的方式。对检举和控告受理后，应当依法及时查处，并将查处结果反馈检举人和控告人。

县级以上人民政府对公民、法人和其他组织的检举和控告应当进行保密。

县级以上人民政府对检举和控告查证属实的公民、法人和其他组织应当进行奖励。

第二十条　县级以上人民政府应当鼓励和支持公民、法人和其他组织对青藏高原地区生态环境保护进行科学研究，做好科研成果的转化工作。

县级以上人民政府应当鼓励和支持公民、法人和其他组织应用高新技术和设备保护和修复青藏高原地区的生态环境工作。[2]

---

〔1〕　根据《全国人民代表大会常务委员会关于授权最高人民检察院在部分地区开展公益诉讼试点工作的决定》和《检察机关提起公益诉讼试点方案》之规定，人民检察院提起民事公益诉讼的案件，一般由侵权行为地、损害结果地或者被告住所地的市人民检察院管辖。笔者认为，在处理此类案件的过程中，对人民检察院取证权的设定应当借鉴行政公益诉讼的相关规定。详见关保英《检察机关在行政公益诉讼中应享有取证权》，载《法学》2020 年第 1 期。

〔2〕　有学者从低碳发展角度讨论了环境治理及技术进步对我国低碳经济效率的影响问题，提出要技术进步和创新，发展低碳经济。生态环境治理同样如此。参见谢波、宋煜杰：《环境治理及技术进步对我国低碳经济效率的影响——基于超效率SBM—VRS 模型的研究》，载《生态环境与保护》2018 年第 1 期。

第二十一条　县级以上人民政府对本地区少数民族生态保护习惯的科学研究应当鼓励和支持。

县级以上地方权力机关和人民政府在条件具备时可以将本行政区域内的居民的生态环境保护习惯转化为生态环境保护地方性法规。

第二十二条　县级以上人民政府应当利用新闻媒体等载体进行青藏高原地区生态环境保护与建设的宣传教育工作，增强公民、法人和其他组织的生态环境保护意识和法治意识。

县级以上人民政府根据青藏高原地区生态环境保护的需要应当将生态环境保护知识纳入各级各类学校的教育内容，培养学生的环境保护意识。[1]

第二十三条　县级以上人民政府应当对青藏高原地区生态环境保护工作中做出突出贡献的公民、法人和其他组织给予表彰奖励。

---

〔1〕　西方国家环境问题产生比我国早，环境教育当然比我国也早。众所周知，德国的环境教育在全世界最为先进，德国人的环境保护意识无处不在，由于德国是绿色环保运动的发源地，成年人特别是教师的环境保护意识非常强，这些教师对环境教育的影响也最深。德国中小学虽未开设专门的环境教育课程，但任课教师在物理、生物、化学、历史和地理等课程中对环境教育都有所渗透。德国人的环境教育方法主要有课堂学习、校园活动和校外环境教育中。德国的环境教育最大特点是"养成式"教育而非"说教式"教育。教师带领学生走进自然、感受自然，从而激发学生热爱自然的自觉性。我国现行《环境保护法》第9条第2款规定，环境保护知识应当纳入学校教育内容。在调研中，研究者发现，个别地区未将环境法的这一规定加以落实。笔者建议，在我国的各级各类学校特别是中小学不必开设专门的环境教育课程，但应在其他的学生必修课程中参入环境教育内容。这就要求当地教育行政主管部门对中小学的课程计划和安排中要进行充分考虑，确实做到"环境教育从娃娃抓起"。

第二章　　生态环境保护规划

第二十四条　青藏高原地区生态环境保护委员会应当协同青藏高原地区各省（区）人民政府结合国家的生态环境保护的法律法规和政策依法制定青藏高原地区生态环境保护与建设总体规划。

县级以上人民政府编制的生态环境保护与建设规划应当包括生态环境保护与建设分阶段的战略目标、生态环境保护与建设区域布局、主要任务、治理措施以及确保规划实施的政策措施。编制的其他各类规划应当与生态环境保护与建设规划相配套。[1]

省（区）级的生态环境保护与建设总体规划应当报青藏高原地区生态环境保护委员会备案。

县级以上人民政府应当编制本行政区域内生态环境保护与建设总体规划。下一级人民政府编制的生态环境保护与建设总体规划，应当报上一级人民政府批准后实施。

第二十五条　青藏高原地区生态环境保护委员会编制、修订生态环境保护与建设专项规划或调整规划实施方案应当组织专家进行论证。

省（区）级人民政府编制、调整本行政区域生态环境保护与建设专项规划和实施方案应当报青藏高原地区生态环境保护

---

〔1〕　如青海省人民政府印发的《青海省生态环境建设规划》（青政〔1999〕21号），规划的内容包括存在的主要问题、指导思想和战略目标、生态环境建设区域布局和工程项目规划和规划实施的政策措施等。其中生态环境建设区域布局和工程项目规划最为详细，该内容涉及黄河源头及上游地区（黄河源头水源涵养重点治理区、龙羊峡库区和盆地风沙和水土流失重点治理区）等，重点在于建设目标的规划。

委员会备案。

县级以上人民政府编制本行政区域内生态环境保护与建设专项规划和调整实施方案应当报上一级人民政府批准后实施。

第二十六条 县级以上人民政府编制、调整本行政区域生态环境保护与建设规划和实施方案应当征询专家意见，并广泛征求公众意见。

第二十七条 县级以上人民政府编制专项计划和将要实施的建设项目，涉及公民、法人和其他组织利益的，应当举行听证会听取利害关系人的意见。

第二十八条 县级以上人民政府及有关部门对不符合规划要求的建设项目不得办理相关手续。

第二十九条 县级以上人民政府应当对江河源头、水源涵养地、水土保持区、湿地、湖泊、防风固沙、重要资源保护等具有特殊生态功能的区域实行优先保护和管理的原则。

第三十条 严格执行国家或省（区）主体功能区划，在禁止开发区内，依照法律法规和规划实施强制性生态保护。在限制开发区内，应当减轻生态空间的承载力，坚持保护优先、适度开发、合理选择发展原则，发展绿色优势产业，加强生态环境修复，逐步恢复并维持生态平衡。[1]

第三十一条 在禁止开发区和限制开发区内，为实施国家确立的能源、交通、水利、国防战略建设项目，项目实施者应当承担因项目建设对生态环境产生破坏的生态修复责任。

县级以上人民政府有权对项目实施者的生态修复效果进行

---

〔1〕 比如，西藏禁止开发和限制开发区域面积超过 80 万平方公里，约占全区国土面积的 70%。其中，在 41 万平方公里土地上建设了各类自然保护区 61 个。详见 http://politics.people.com.cn/n/2015/0330/—c70731-26772951.html。

监督检查。

第三十二条　生态功能区的保护和建设费用主要由设立生态功能区的人民政府列入财政预算统筹安排。

第三十三条　在自然保护区核心区和缓冲区、饮用水源地的一级和二级保护区不得进行与生态环境保护、科学研究无关的活动。[1]

第三章　自然生态环境保护

第三十四条　县级以上人民政府应当加强草地、森林和人工绿地资源保护工作，维护生态系统平衡，发挥自然生态环境的涵养水源、调节气候、水土保持、净化空气等方面的功能。

第三十五条　青藏高原地区自然生态环境保护应当坚持分类指导、分区推进、严格监管、加强法治、合理开发利用、防治结合的原则。

县级以上人民政府应当积极动员和组织全社会力量，尊重自然生态环境规律，保护和改善自然生态环境的恢复能力。[2]应当依法严厉打击破坏生态环境行为，巩固生态建设成果，遏

---

〔1〕　三江源自然保护区被分为25个核心区、25个缓冲区、1个实验区。核心区面积（核心保护区和缓冲区）为11.2万平方千米，，占保护区总面积的35.2%，在核心区外，划出20.6万平方千米作为实验区。详见青海国家公园建设研究课题组：《青海国家公园建设研究》，四川大学出版社2018年版，第19~20页。

〔2〕　笔者在调研中发现，在青藏高原生态环境保护方面，各级人民政府投入了大量人力、物力和财力，生态环境状况有所好转，但过分重视项目工程的作用，忽视了生物自有的修复功能。笔者认为，在立法中要强调和重视自然生态环境自有的恢复功能。

制生态环境恶化趋势。[1]

第三十六条 县级以上人民政府应当严格按照国家和地方生态功能区划分[2]做好草地、森林和人工绿地资源保护工作。

第三十七条 国家应当加大重点生态功能区转移支付力度，用于保障青藏高原地区的水源涵养生态功能区、生物多样性保护生态功能区、土壤保持生态功能区的生态环境保护与建设。[3]

---

〔1〕 青藏高原生态环境恶化的原因除自然因素外，人为因素起了重要作用。笔者在青海海北州门源县、祁连县调研时发现，在居民居住周边地区，塑料垃圾随风吹起。在资源开发利用过程中，掠夺式和粗放型开发方式普遍存在，县城焚烧垃圾现象也存在。关于焚烧垃圾问题，笔者在玉树州囊谦县（顶岗支教）城几乎每天都能见到焚烧垃圾现象。因为在笔者的住约150米和400米的大街上就放有汽车可以运走的铁制垃圾箱，我每天都要散步经过垃圾箱，焚烧垃圾所产生的烟雾使人窒息、咳嗽、难受。可见，有法必依，严格执法，严厉打击违法行为也是我们考虑的重点问题之一。

〔2〕 原环境保护部和中国科学院编制的由原环境保护部下发的《全国生态功能区划》（公告〔2015〕61号）将三江源、川西北高原、祁连山、昆仑山、甘南山地、横断山区、滇西及滇南地区划分为水源涵养区。滇西北高原、藏东南地区、甘南地区、羌塘高原等地划分为生物多样性保护区。祁连山区、藏东南等地划分为土壤生态功能区。

〔3〕 根据财政部网站公布的数据，2008—2014年，中央财政累计下拨国家重点生态功能区转移支付2004亿元，其中2014年480亿元。2017年8月2日，财政部按照《中央对地方重点生态功能区转移支付办法》（财预〔2017〕126号）下发《财政部关于下达2017年中央对地方重点生态功能区转移支付的通知》（财预〔2017〕127号）对具体县、市、行委下达转移支付资金，比如，西藏自治区涉及当雄县和措勤县等36个县，青海省湟中县和德令哈市等41个。2017年10月13日，财政部下发《关于提前下达2018年中央对地方重点生态功能区转移支付的通知》（财预〔2017〕149号）西藏自治区、青海省、甘肃省、四川省、云南省、新疆维吾尔自治区分别转移支付12.04亿元、26.14亿元、46.53亿元、26.24亿元、28.98亿元、29.76亿元。2018年3月15日，全国人大代表四川省甘孜藏州州委副书记、州长肖有才提出，国家应尽快出台针对高原高寒、深度贫困地区特别是甘孜藏区差异化生态保护补偿政策，加大国家重点生态功能区转移支付力度。

第三十八条　县级以上人民政府应当加强水源涵养生态功能区的保护和管理工作。禁止或限制在水源涵养区无序开采、毁林开荒、湿地和草地开垦、过度放牧和道路建设等。

县级以上人民政府应当恢复和重建水源涵养区草地、湿地、森林等生态系统，提高生态系统的水源涵养能力。坚持以自然恢复为主，禁止在水源涵养区大规模人工造林。

县级以上人民政府应当严格控制水体污染，禁止导致水体污染的产业发展，积极开展生态清洁小流域的建设。

县级以上人民政府应当严格控制在水源涵养区的载畜量，鼓励和支持牧民实行轮牧、休牧、禁牧的作业方式。应当重视、支持生态移民后续产业发展。

第三十九条　县级以上人民政府应当采取措施，保护植被，涵养水源，防止水体污染，防止水资源枯竭，保证饮用水水源安全。

第四十条　县级以上人民政府应当加强生物多样性保护，生态功能区的保护和建设工作。防止森林、草地、湿地等自然栖息地生态环境遭到破坏。禁止对野生动植物进行滥捕、滥采、滥猎。

县级以上人民政府应当开展生物多样性资源的调查、监测工作，对生物多样性保护现状进行评估，对存在问题及时采取措施、对策。

县级以上人民政府应当保护自然生态系统和重要物种栖息地，限制或禁止各种损害栖息地的经济社会活动和生产方式。

县级以上人民政府应当加强外来物种的控制，禁止在生物多样保护生态功能区引进外来物种或放归外来物种。

第四十一条　县级以上野生动植物行政主管部门应当监测

生态环境对野生动植物的影响，对列入国家和省（区）重点保护野生动植物名录的野生动植物，应当采取保护措施，必要时建立繁育基地和种质资源库。

第四十二条 修建铁路、公路、水利、水电工程应当规划、建设动物迁徙通道和预留鱼类洄游通道。

第四十三条 县级以上人民政府应当加强土壤保持生态功能区生态环境保护与建设工作，防止不合理的土地利用和开发，防止地表植被退化，防止水土流失严重和荒漠化危害发生。

县级以上人民政府应当调整产业结构，加快城镇化和新农村建设进程，降低人口对生态系统的压力。

县级以上人民政府应当全面实施保护天然林、退耕还林、退牧还草工程。严禁过度放牧。

县级以上人民政府应当在水土流失严重地区可能对当地或下游造成严重危害的区域实施水土保持工程，进行重点治理。

第四十四条 县级以上人民政府应当按照人与自然和谐相处的原则，采取科学措施，合理利用和保护人工绿地。严禁侵占和毁坏绿地。

第四十五条 县级以上人民政府应当对森林资源采取保护性措施，维护森林生态系统平衡。严禁公民、法人和其他组织对森林资源乱砍滥伐。

第四十六条 按照国家和省（区）有关法律法规的规定，县级以上人民政府应当设立森林生态效益补偿基金，主要用于对森林资源的营造、抚育、退耕（牧）还林、保护和管理。森林生态效益补偿基金应当专款专用。

第四十七条 县级以上人民政府应当加强对草地保护、建设和利用的管理，维护草地生态平衡，发挥草地生态功能，防止草地沙化和水土流失。

在禁止开发地区的草地上，严禁进行矿产开采和工程建设。在限制开发地区的草地上确须进行矿产开采和工程建设的，必须严格履行审批手续。严禁因采土、采沙、采石等对草地生态环境破坏行为的发生。

县级以上人民政府应当严格执行破坏者修复草地生态功能的制度。[1]

第四十八条　县级以上人民政府应当加强对湿地生态环境的保护和管理，维护湿地生态平衡，发挥湿地生态功能。禁止在水源涵养生态功能区的湿地内进行与湿地生态环境保护和研究无关的一切活动。[2]

第四十九条　禁止在水源涵养生态功能区、生物多样性保护生态功能区的湿地内建设任何生产设施和从事破坏湿地生态环境的生产经营活动。禁止在土壤保持生态功能区的湿地内建

---

〔1〕　笔者在调研中发现，青藏高原地区的"生态保护实验区"在资源开采和项目工程建设中对草地破坏力度最大，而且相关政府机构对此监管也不到位。笔者在青海海南州共和县实地考察时也发现，有一利用太阳能和风能发电公司，其场地内原来为草地，由于建设和生产，公司大面积的生产区地面寸草不生，待大风吹来，生产区及周边沙土随风而起。如果不尽快对该大片草地进行修复和治理，这片草地一定会荒漠化。因此，笔者在此强调应当严格执行破坏者修复草地生态功能的制度。尽管和"条例"中的原则有重合之处，笔者仍然在此对"损害担责原则"进行变相重复。

〔2〕　关于青藏高原的湿地问题，前文已经讨论。2013 年 3 月 28 日，我国颁布《湿地保护管理规定》（国家林业局令第 32 号），该规定对我国湿地保护进行了全面规定。2017 年 12 月 3 日，"湿地保护体系国际研讨会"在海南省海口市召开，会议指出，我国目前共有 26 个省份已经出台了省级湿地保护条例。青海、西藏等均颁布湿地保护条例，这些条例为青藏高原地区的生态环境保护做出了贡献。湿地作为青藏高原地区自然生态环境的一部分，尽管各地区对湿地保护都有相关规定，但作为青藏高原地区的生态环境保护条例，其内容应当具备湿地生态环境保护的内容。森林、草地和水资源同样如此。

设污染环境、破坏自然资源或者景观，以及破坏珍稀水禽等物种栖息繁衍场所的项目。任何公民、法人和其他组织不得破坏湿地内水生生物和鸟类的生息繁衍场所。

第五十条 县级以上人民政府应当将水资源、森林、草地、湿地生态环境保护纳入国民经济社会发展规划，统筹兼顾，加大对水资源、森林、草地、湿地保护投入力度，将水资源、森林、草地、湿地保护和管理经费纳入本级财政预算。

第四章 经济发展和自然资源开发利用生态环境保护

第一节 农（牧）业生产生态环境保护

第五十一条 县级以上人民政府应当采取措施应对因农（牧）业生产给生态环境造成的影响。支持和发展生态、绿色农（牧）业，促进农（牧）业生产可持续发展。

第五十二条 县级以上人民政府应当制定防治土壤污染和碱化、草地退化和沙化治理方案，改善土壤环境质量，提高土壤生产力。

农（牧）业行政主管部门应当对农（牧）业生态环境状况进行监测和评价，建立农（牧）业生态环境监测网点，定期发布农业生态环境质量报告，预测农业生态环境变化趋势。

禁止向农（牧）业生产环境排放有毒有害物质。

第五十三条 县级以上人民政府应当鼓励和支持农（牧）民转变传统的生产经营方式，提高生产效率，拓宽农（牧）民增收渠道。

第五十四条 县级以上人民政府应当积极推广高效、生态、现代的农（牧）业生产技术，加快科技成果转化步伐。[1]

鼓励农（牧）民发展乡村旅游、草地生态观光业，减轻人、地、草、畜矛盾，改善农村、牧区生态环境。

第五十五条　县级以上人民政府应当加大农（牧）业基础设施建设投入力度。对农（牧）业产生废弃物和农村生活垃圾应当进行无害化处理，改善农村居

民的生产、生活条件，提高农牧民的生活质量。

第五十六条　专业从事标准化畜禽养殖、集中饲养和农畜产品加工的公民、法人和其他组织应当对产生的废弃物进行无害化处理，禁止污染环境。

第二节　工业生产生态环境保护

第五十七条　县级以上人民政府应当根据本行政区域的经济社会发展规划，编制工业发展中长期规划，发展新型工业，严格控制工业废弃物对生态环境的污染和破坏。

第五十八条　县级以上人民政府应当按照国家和本行政区域的产业政策，在承接中、东部产业转移过程中，引进符合本地区生态环境保护与建设要求的产业。

严禁引进国家明令淘汰、禁止的生产方式落后、环境污染严重、原材料和能源消耗高的落后生产能力、工艺和技术。

第五十九条　县级以上人民政府应当对工业生产污染的全过程进行监测、监督和控制，应当建立工业污染控制绩效评价

---

[1]　详见克先才让：《夏河县草原畜牧业现状及发展技术需求》，载《中国牛业科学》2017年第1期。

体系。[1]

对工业生产污染全过程监测数据和控制绩效评价结果应当向全社会公布。对排放废弃物超过国家标准的工业企业应当严格监管。

第六十条 县级以上人民政府应当加大工业污染治理的资金投入力度，提高工业污染投资的使用效率。

第六十一条 县级以上人民政府应当鼓励和支持工业企业推广清洁生产工艺和资源回收利用技术，大力推进循环经济发展。

第六十二条 县级以上人民政府应当严格控制和减少工业企业污染物排放总量，严格执行排污许可证制度和排污收费制度，提高工业废弃物的重复利用率水平。

第三节 建设项目生态环境保护[2]

第六十三条 县级以上人民政府应当对本行政区域内的建设项目加强监管，防止因建设项目对生态环境造成污染和破坏。

县级以上人民政府为确保生态环境保护工作与建设项目的协调发展，应当将建设项目生态环境保护工作纳入本部门工作计划，采取有利于建设项目生态环境保护的经济、技术政策和措施。

第六十四条 县级以上人民政府应当严格执行建设项目环

---

〔1〕 详见贾瑞跃、赵定涛：《工业污染控制绩效评价模型：基于环境规制视角的实证研究》，载《系统工程》2012 年第 6 期。

〔2〕 1998 年 12 月 29 日，国务院颁布《建设项目环境保护管理条例》（国务院第 253 号令），2017 年 6 月 21 日，国务院颁布《关于修改〈建设项目环境保护管理条例〉的决定》（国务院第 682 号令），新条例自 2017 年 10 月 1 日起施行，该条例共 5 章，30 条。1990 年 6 月 16 日，交通部颁布《交通建设项目环境保护管理办法》（1990 年第 17 号令），2003 年 5 月 13 日，交通部又颁布《交通建设项目环境保护管理办法》（交通部第 5 号令），该办法共 5 章 26 条。

境影响评价和预审制度。[1]

需要报生态环境保护部门审批的建设项目，建设单位应当将环境影响报告书、环境影响报告表和环境影响登记表等其他材料报有审批权的生态环境保护部门预审。预审部门应当自收到报批材料十五个工作日内，提出同意或不同意的预审意见。

生态环境保护部门应当对报批环境影响评价的建设项目组织相关专家进行评价或授权第三方生态环境影响评价机构进行评价。

未经法定程序报批和未批准的环境影响评价的建设项目，不得开工建设。

第六十五条　县级以上人民政府应当对建设项目运行过程中产生不符合经审批的环境影响报告书情形的，应当开展环境影响后评价工作。

第六十六条　县级以上人民政府应当对建设项目依法严格管理，遵循公正科学、便民高效、透明公开、严格审批的原则。

第六十七条　建设项目需要配套的环境保护设施，应当执行"三同时制度"。

第六十八条　建设单位在建设项目运行期间应当采取切合实际的生态环境保护措施，制定生态环境保护办法，增强施工人员环保意识，将项目建设对生态环境造成的影响和破坏降到最低限度。

第六十九条　县级以上人民政府应当支持和鼓励项目建设单位采用先进技术、设备和工艺，减少对生态环境的破坏。

---

〔1〕　早在 2002 年 10 月 28 日，我国就颁布了《环境影响评价法》，2016 年 7 月 2 日，第十二届全国人民代表大会常务委员会第二十一次会议于对原《环境影响评价法》进行修订，新修订的法律于 2016 年 9 月 1 起施行。2016 年 12 月 27 日，原环境保护部颁布《建设项目环境影响评价分类管理名录》。2015 年 12 月 10 日，原环境保护部颁布《建设项目环境影响后评价管理办法（试行）》（环境保护部第 37 号令）。

第四节 城乡建设生态环境保护

第七十条 县级以上人民政府制定和实施的城乡建设规划，应当符合本地区生态环境保护与建设整体规划的要求。

第七十一条 县级以上人民政府应当在城乡建设中坚持生态环境保护建设与城乡建设同步规划、同步实施、同步发展、统筹兼顾的原则。

第七十二条 县级以上人民政府在制定和实施城乡建设规划时，应当设计和规划与城乡建设的配套绿化带、绿地、休闲公园和城乡废弃物回收、无害处理设施。

第七十三条 城乡建筑物及环境设施的设计和建设，应当与当地传统建筑风貌和生态环境相协调。[1]

县级以上人民政府应当对青藏高原地区的历史文化名城（镇、村）和具有重大历史、科学、艺术价值的文物古迹进行严格保护。

禁止在自然遗产地、风景名胜区、文物古迹、著名旅游景点进行新区、别墅群建设。

第七十四条 县级以上人民政府应当根据本行政区域的经济社会发展规划和生态环境保护与建设的需要，制定和实施生态移

---

〔1〕 我国"十二五规划纲要"提出，要"把城乡社区建设成为管理有序、服务完善、文明祥和的社会生活共同体。"2013 年 12 月，中央城镇化工作会议指出："推进城镇化是解决三农问题的重要途径，是推动区域协调发展的有力支撑，是扩大内需和促进产业升级的重要抓手。"并强调要优化布局，根据资源环境承载能力构建科学合理的城镇化宏观布局，把城市群作为主体形态，促进大中小城市和小城镇合理分工、功能互补、协同发展。要坚持生态文明，着力推进绿色发展、循环发展、低碳发展，尽可能减少对自然的干扰和损害，节约集约利用土地、水、能源等资源，要传承文化，发展有历史记忆、地域特色、民族特色的美丽城镇。详见：袁方成等：《完善乡村治理体系的探索与实践》，载《城乡一体化建设及改革创新研究》，人民日报出版社 2017 年版，第 258~259 页。

民搬迁计划，科学选择移民安置点，做好各项移民安置工作。

已经实施移民搬迁的，原有的建筑物应当限期拆除，原有的建筑物用地和生活用地应当进行生态修复。

第七十五条　县级以上人民政府应当鼓励和支持城乡居民使用清洁能源，减少对生态环境的污染和破坏。应当对城乡居民的生活废弃物统一作无害化处理。应当对城乡的卫生环境进行整治。

县级以上人民政府应当加大投入力度，建设污水排放处理和集中供热等公共设施。

第七十六条　城乡居住、办公和其他商业性项目，应当依法进行环境影响评价。环境影响评价不符合国家和地方法律、法规以及政策规定的，不得开工建设。

第五节　旅游开发建设生态环境保护〔1〕

第七十七条　县级以上人民政府应当编制和实施旅游发展规

---

〔1〕　为推动旅游业发展，我国于 2013 年 4 月 25 日颁布了《旅游法》，这是我国第一部旅游基本法。为进一步贯彻《旅游法》，青藏高原的各级人民政府纷纷采取措施通过法律手段来推动本地区旅游业发展。由于青藏高原独特脆弱的生态环境，青海省为了实现旅游业的可持续发展，针对本地区的旅游业现状，2017 年 11 月，青海可可西里、新疆阿尔金山、西藏羌塘国家级自然保护区发布公告禁止一切非法穿越。2018 年 4 月，青海省人民政府叫停青海湖鸟岛、沙岛景区从事旅游经营活动。5 月，三江源国家公园发布公告，在黄河源区扎陵湖、鄂陵湖和星星海自然保护分区禁止开展一切旅游活动。宣布未经许可，严禁在岗什卡雪峰进行登山滑雪和户外探险。缘何政府对相关地区进行限制旅游，其主要原因在于旅游给当地生态环境已经造成了很大的破坏力。2018 年 1 月 12 日，《三江源国家公园总体规划》（以下简称《规划》）在第 5 章第 4 节"生活体验"中指出，按照绿色、循环、低碳的理念设计生态体验路线、环境教育项目，合理确定访客承载数量，加强生态体验管理。比如《规划》表 4 对长江园区功能区划及管理目标和管控措施进行规划，在核心保育区不设生态体验点，可依托生态监测点开展科研和环境教育活动；在生态保育修复区适度开展生态体验和环境教育活动，不得修建人工设施；在传统利用区，特许开办牧家乐及文化和餐饮娱乐服务等，严格控制访客流量，访客按规划路线、指定区域

划，[1]编制和实施的规划应当符合国家、省（区）级人民政府关于青藏高原地区和本地区的生态环境保护规划的要求。

编制旅游发展规划应当广泛征求专家和社会公众的意见和建议。

第七十八条 旅游景区、景点的布局、线路设计、访客量控制要坚持生态环境保护优先，旅游业可持续发展的原则。

县级以上人民政府对访客量超过旅游景区、景点承载力的，旅游线路可能破坏生态环境的，可以关闭旅游景区、景点，取消旅游线路。

县级以上人民政府可以根据上一级人民政府的相关规定，结合本地旅游业发展实际对旅游景区、景点、旅游区域的访客量进行限制。

第七十九条 县级以上人民政府应当加强对旅游业市场的监管，严禁旅游企业违法经营。严禁公民、法人和其他组织非法从事旅游业。

第八十条 旅游景区、景点应当加强公共卫生管理，对旅游产生的废弃物应当统一收集、统一清运、统一处理。禁止随意丢弃垃圾和排放污水。

第八十一条 进入青藏高原地区的人员，应当遵守相关法律法规、当地少数民族的风俗习惯和景区、景点的管理规定。

第八十二条 旅游景区、景点对其旅游基础设施建设的项目

（接上页）开展相关活动。《规划》的表6（黄河园区）、表8（澜沧江园区）都有类似规划。可见，在青藏高原地区发展旅游业与生态环境的保护与建设的关系处理问题是我们要重点考虑的问题之一。

〔1〕 比如，青海在2009年就编制《青海省三江源地区生态旅游发展规划（2009—2025年）》《青海省旅游业"十二五"发展规划》《青海省旅游业"十三五"发展规划》和《青海省贵德县旅游业"十三五"发展规划》等。

应当依法进行环境影响评价。未经法定程序报批和未批准的环境影响评价项目，不得开工建设。

第六节　资源开发利用生态环境保护

第八十三条　县级以上人民政府应当编制和实施本地区的资源开发利用规划，所编制的规划应当符合青藏高原地区生态环境保护的整体规划要求。

编制资源开发利用规划应当广泛征求专家和社会公众的意见和建议。

第八十四条　自然资源开发利用应当坚持合理开发、综合利用、可持续发展的原则。

第八十五条　县级以上人民政府应当采取措施确保在资源开发利用过程中地表水和地下水体不被污染，防止水资源枯竭。

自然人、[1]法人和其他组织在资源利用开发过程中向水体排放污水、废水，应当符合国家和地方的污染物排放标准。不得未经许可将污水、废水直接排入水体。

第八十六条　县级以上人民政府应当鼓励和支持资源开发利用企业采取先进技术和工艺，提高资源综合利用率。对资源开发利用过程中产生的废气、固体废物、有毒有害物质，开发企业应当采取环保措施，减少对生态环境的污染和破坏。

第八十七条　开发企业因其生产对生态环境造成污染和破坏的，造成居民身体健康损害和财产损失的，应当承担赔偿责任。

第八十八条　县级以上人民政府应当建立矿山地质环境治理恢复基金。矿产资源开发企业因其生产对生态环境造成污染

---

[1]　依我国《民法典》的规定，合伙组织属于特殊的自然人。

和破坏的，应当承担矿山地质环境治理恢复责任。[1]

县级以上人民政府有权对承担矿山地质环境治理恢复的效果进行监督检查。

第八十九条　国家或省（区）人民政府应当建立和完善自然资源利用补偿机制。

第五章　法律责任[2]

第九十条　违反本条例第三十三条规定，在自然保护区核心区和缓冲区、饮用水源地一级和二级保护区进行与生态环境保护、科学研究无关活动的，由县级以上环境保护部门责令停止一切活动；对生态环境造成破坏的，对法人和其他组织吊销许可证或者执照，并处以五万元以上十万元以下罚款，对公民处以五千元以上一万元以下罚款；责令其承担生态环境修复和治理费用。[3]

---

〔1〕　2017 年 11 月 1 日，财政部、国土资源部、环境保护部联合印发《关于取消矿山地质环境治理恢复保证金建立矿山地质环境治理恢复基金的指导意见》（财建〔2017〕638 号），该意见第 2 项内容指出，保证金取消后，企业应承担矿山地质环境治理恢复责任。

〔2〕　2015 年，原环境保护部颁布了《生态环境损害赔偿制度改革试点方案》。2017 年 8 月 29 日，中共中央办公厅、国务院办公厅印发了《生态环境损害赔偿制度改革方案》。2017 年 12 月，原环境保护部正式出台《生态环境损害赔偿制度改革方案》，该方案包括总体要求和目标、工作原则、适用范围、工作内容、保障措施和其他事项。有学者针对该方案提出要构建生态环境损害的行政救济模式、民事救济模式和协调互补的生态环境损害救济机制。详见王岚：《论生态环境损害救济机制》，载《社会科学》2018 年第 6 期。

〔3〕　研究者在设计环境行政责任制度时，考虑的因素主要有充分发挥环境行政处罚规制功能的应然与实然因素，特别注重发挥法律威慑、风险预防和生态恢复（修复）的功能。参见谭冰霖：《环境行政处罚规制功能之强补》，载《法学研究》2018 年第 4 期。

第九十一条　违反本条例第三十八条第一款规定，在水源涵养区无序开采、毁林开荒、湿地和草地开垦、过度放牧和道路建设，造成生态环境破坏的，对法人和其他组织吊销许可证或者执照，并处以五万元以上十万元以下罚款，对公民处以五千元以上一万元以下罚款；责令其承担生态环境修复和治理费用。

第九十二条　违反本条例第四十条第四款规定，在生物多样保护生态功能区引进外来物种或放归外来物种的，对法人和其他组织处以五万元以上十万元以下罚款，对公民处以五千元以上一万元以下罚款。

第九十三条　违反本条例第四十五条规定，致使林木受到毁坏的，依法赔偿损失；由县级以上林业部门责令停止违法行为，可处毁坏林木价值五倍以上十倍以下罚款。

第九十四条　违反本条例第四十七条第二款规定，造成生态环境破坏的，由县级以上国土部门责令停止违法行为，对法人和其他组织吊销许可证或者执照，并处以五十万元以上二百万元以下罚款，对公民处以一万元以上五万元以下罚款；责令其承担生态环境修复和治理费用。

第九十五条　违反本条例第六十四条第四款、第七十六条、第八十二条规定，由县级以上环境保护主管部门责令停止建设，对法人和其他组织吊销许可证或者执照，并处以五十万元以上二百万元以下罚款，对公民处以一万元以上五万元以下罚款；责令其承担生态环境修复和治理费用。

第九十六条　拒绝环境保护主管部门现场监督检查或在监督检查过程中弄虚作假的，拒不执行相关行政部门处罚决定的，给予警告，责令限期改正，逾期不改正的，对法人和其他组织处以一万元以上五万元以下罚款，对公民处以五百元以上一千元以下罚款。

第九十七条 根据本条例规定，对公民、法人和其他组织进行罚款处罚的，适用《中华人民共和国行政处罚法》之第三条、第四十二条规定。

依照本条例第九十条、第九十一条、第九十二条、第九十三条、第九十四条第九十五条、第九十六条规定，对公民作出一百元以上，对法人和其他组织作出吊销许可证或者执照，并处一万元以上罚款处罚决定的，应当告知当事人有要求举行听证的权利。

第九十八条 违反本条例规定的行为，法律、法规已有处罚规定的，从其规定；构成犯罪的，依法追究刑事责任。

行为人共同造成生态环境污染和破坏的，除行为人承担行政责任和刑事责任外，应当承担生态环境损害赔偿责任。

第九十九条 国家工作人员在青藏高原地区生态环境保护工作中弄虚作假、违反规定审批、不履行法定职责、监管查处不力、玩忽职守、滥用职权，造成生态环境事故的，由县级以上监察委员会进行调查、处置；构成犯罪的，依法追究刑事责任。

第六章 附 则

第一百条 青藏高原地区各省、自治区人民政府，可以根据本条例的规定，结合本地区的实际情况，制定实施办法。

第一百零一条 本条例由全国人民代表大会常务委员会负责解释。

第一百零二条 本条例自公布之日起生效。

参考文献

一、专著类

1. 毛泽东：《毛泽东选集》（第 2 卷），人民出版社 1952 年版。

2. 毛泽东：《毛泽东选集》（第 5 卷），人民出版社 1977 年版。

3. 毛泽东：《毛泽东文集》（第 6 卷），人民出版社 1999 年版。

4. 毛泽东：《毛泽东文集》（第 7 卷），人民出版社 1999 年版。

5. 邓小平：《邓小平文选》（第 1 卷），人民出版社 1989 年版。

6. 邓小平：《邓小平文选》（第 2 卷），人民出版社 1983 年版。

7. 邓小平：《邓小平文选》（第 3 卷），人民出版社 1993 年版。

8. 习近平：《习近平谈治国理政》，外文出版社 2014 年版。

9. 习近平：《习近平谈治国理政》（第 2 卷），外文出版社 2017 年版。

10. 习近平：《决胜全面建成小康社会夺取新时代中国特色社会主义伟大胜利——在中国共产党第十九次全国代表大会上的报告》，人民出版社 2017 年版。

11. 中共中央文献研究室：《江泽民论有中国特色社会主义》（专题摘编），中央文献出版社 2002 年版。

12. 中国社会科学院民族研究所：《列宁论民族问题》（上册），民族出版社 1987 年版。

13. 马克思、恩格斯：《马克思恩格斯全集》（第 1 卷），人民出版社 1956 年版。

14. 马克思、恩格斯：《马克思恩格斯选集》（第 1 卷），人民出版社 1995 年版。

15. 马克思、恩格斯:《马克思恩格斯全集》(第 23 卷),中共中央马克思、恩格斯、列宁、斯大林著作编译局译,人民出版社 1972 年版。

16. 马克思:《资本论》(第 1 卷),中共中央马克思、恩格斯、列宁、斯大林著作编译局译,人民出版社 1975 年版。

17. 石硕:《青藏高原的历史与文明》,中国藏学出版社 2007 年版。

18. 刘同德:《青藏高原区域可持续发展研究》,中国经济出版社 2010 年版。

19. 青海志编纂委员会:《青海历史纪要》,青海人民出版社 1980 年版。

20. 崔永红等:《青海通史》,青海人民出版社 1999 年版。

21. 青海省统计年鉴委员会:《2017 年青海统计年鉴》,中国统计出版社 2017 年版。

22. 费孝通:《从事社会学五十年》,天津人民出版社 1983 年版。

23. 胡若隐:《从地方分治到参与共治——中国流域水污染治理研究》,北京大学出版社 2012 年版。

24. 李克郁、李美玲:《河湟蒙古尔人》,青海人民出版社 2005 年版。

25. 张植荣:《中国边疆与民族问题——当代中国的挑战及其历史由来》,北京大学出版社 2005 年版。

26. 孙崇凯、吴秀兰:《青海藏区经济社会和谐发展法治保障研究》,青海民族出版社 2014 年版。

27. 王希恩:《当代中国民族问题解析》,民族出版社 2002 年版。

28. 张岱年、方立克:《中国文化概论》,北京师范大学出版社 2004 年版。

29. 贾伟、李臣玲等:《安多地区多元文化共生现象与构建和谐社会研究》,民族出版社 2014 年版。

30. 《线装经典》编委会:《论语》,云南出版集团、云南教育出版社 2011 年版。

31. 罗朝阳:《21 世纪青海经济发展问题研究》,青海人民出版社 2004 年版。

32. 《河湟地区生态环境保护与可持续发展》编辑委员会:《河湟地区生态

环境保护与可持续发展》，青海人民出版社 2012 年版。

33. 张文显：《法理学》（第 4 版），高等教育出版社、北京大学出版社 2011 年版。

34. 蒋大兴：《公司法律报告》，中信出版社 2003 年版。

35. 董开军：《青藏高原生态法治问题研究》，青海民族出版社 2011 年版。

36. 汪劲：《中外环境影响评价制度比较研究——环境与开发决策的正当法律程序》，北京大学出版社 2006 年版。

37. 王明远：《环境侵权救济法律制度》，中国法制出版社 2001 年版。

38. 俞可平：《治理与善治》，社会科学文献出版社 2000 年版。

39. 王佐龙：《西部社会民族法律文化研究》，中国民主法制出版社 2006 年版。

40. 郑家栋：《断裂中的传统：信念与理性之间》，中国社会科学出版社 2001 年版。

41. 葛洪义：《法与实践理性》，中国政法大学出版社 2002 年版。

42. 张济民：《青海藏区部落习惯法资料集》，青海人民出版社 1993 年版。

43. 张济民：《渊源流近——藏族部落习惯法法规及案例辑录》，青海人民出版社 2002 年版。

44. 陈庆英：《藏族部落制度研究》，中国藏学出版社 1995 年版。

45. 星全成、马连龙：《藏族社会制度研究》，青海民族出版社 2000 年版。

46. 王作全：《三江源区生态环境保护法治化研究》，北京大学出版社 2007 年版。

47. 孟广耀等：《蒙古民族通史》，内蒙古大学出版社 2002 年版。

48. 奇格：《古代蒙古法制史》，辽宁民族出版社 2004 年版。

49. 金瑞林等：《环境与资源保护法学》，北京大学出版社 1999 年版。

50. 冷罗生：《日本公害诉讼理论与案例评析》，商务印书馆 2005 年版。

51. 汪劲等：《环境正义：丧钟为谁而鸣——美国联邦法院环境诉讼经典判例选》，北京大学出版社 2006 年版。

52. 吴建斌：《日本公司法规范》，法律出版社 2003 年版。

53. 王立:《环保法庭案例选编》,法律出版社 2012 年版。

54. 刘家兴、潘剑锋:《民事诉讼法教程》（第 4 版），北京大学出版社
    2013 年版。

55. 刘桂环等:《中国生态补偿政策概览》,中国环境出版社 2013 年版。

56. 蔡晶晶:《社会—生态系统视野下的集体林权制度改革——基于福建省
    的实证研究》,中国社会科学出版社 2012 年版。

57. 吕忠梅:《超越与保守——可持续发展视野下的环境法创新》,法律出
    版社 2003 年版。

58. 金瑞林:《环境法学》,北京大学出版社 1999 年版。

59. 任自力、周学峰:《保险法总论:原理·判例》,清华大学出版社 2010
    年版。

60. 张晓玲:《人权法学》,中共中央党校出版社 2014 年版。

61. 梁慧星:《为权利而斗争》,中国法制出版社、金桥文化出版社（香港）
    有限公司 2000 年版。

62. 王作全:《公司法学》,北京大学出版社 2015 年版。

63. 樊杏华:《环境损害责任法律理论与实证分析研究》,人民日报出版社
    2015 年版。

64. 刘彩灵、李亚红:《环境刑法的理论与实践》,中国环境科学出版社
    2012 年版。

65. 王泽鉴:《侵权行为法》,中国政法大学出版社 2001 年版。

66. 曾世雄:《损害赔偿法原理》,中国政法大学出版社 2001 年版。

67. 蔡守秋:《欧盟环境政策法律研究》,武汉大学出版社 2002 年版。

68. 蔡守秋:《环境资源法教程》（第 2 版），高等教育出版社 2010 年版。

69. 陈华彬:《物权法原理》,国家行政学院出版社 1998 年版。

70. 韩立新:《环境价值论》,云南人民出版社 2005 年版。

71. 刘湘溶:《人与自然的道德话语》,湖南师范大学出版社 2004 年版。

72. 徐祥民、孟庆垒:《国际环境法基本原则研究》,中国环境科学出版社
    2008 年版。

73. 陈慈阳:《环境法总论》(2003 年修订版),中国政法大学出版社 2003 年版。

74. 韩德培:《环境保护法教程》(第 8 版),法律出版社 2018 年版。

75. 蔡守秋:《环境法教程》,法律出版社 1995 年版。

76. 刘彩灵、李亚红:《环境刑法的理论与实践》,中国环境科学出版社 2012 年版。

77. 王文革:《环境知情权保护立法研究》,中国法制出版社 2012 年版。

78. 杨桢:《英美契约法论》(修订本),北京大学出版社 2000 年版。

79. 金炳镐:《民族关系理论通论》,中央民族大学出版社 2007 年版。

80. 金炳镐:《民族理论通论》,中央民族大学出版社 2007 年版。

81. 杨虎得:《中国民族理论十讲》,高等教育出版社 2015 年版。

82. 马戎:《民族与社会发展》,民族出版社 2001 年版。

83. 吴仕民:《中国民族理论新编》,中央民族大学出版社 2006 年版。

84. 王希恩:《民族过程与国家》,甘肃人民出版社 1998 年版。

85. 中国大百科全书总编辑委员会《法学》编辑委员会:《中国大百科全书》(法学卷),中国中国大百科全书出版社 1984 年版。

86. 王健主编:《主体功能区建设与资源生态补偿机制》,国家行政学院出版社 2009 年版。

87. 张立:《三江源自然保护区生态保护立法问题研究》,中国政法大学出版社 2014 年版。

88. 赵新全:《三江源区退化草地生态系统恢复与可持续管理》,科学出版社 2011 年版。

89. 杜发春:《三江源生态移民研究》,中国社会科学出版社 2014 年版。

90. 葛洪义:《法理学》,中国人民大学出版社 2011 年版。

91. 朱景文:《法社会学》(第 2 版),中国人民大学出版社 2008 年版。

92. 吕忠梅:《环境法新视野》,中国政法大学出版社 2000 年版。

93. 严存生:《西方法律思想史》,中国法制出版社 2012 年版。

94. 谢晖:《法学范畴的矛盾辨思》,山东人民出版社 1999 年版。

95. 周晓虹:《文化反哺：变迁社会中的代际革命》，商务印书馆 2015 年版。

96. 冯嘉:《环境法原则论》，中国政法大学出版社 2012 年版。

97. 郑永流:《法律方法阶梯》，北京大学出版社 2008 年版。

98. 陈金钊:《法治与法律方法》，山东人民出版社 2003 年版。

99. 黄恒学、何小刚:《环境管理学》，中国经济出版社 2012 年版。

100. 彭晓春等:《清洁生产与循环经济》，化学工业出版社 2009 年版。

101. 陈泉生:《环境法哲学》，中国法制出版社 2012 年版。

102. 周旺生:《立法学》（第 2 版），法律出版社 2000 年版。

103. 罗成典:《立法技术论》（第 4 版），文笙书局 1983 年版。

104. 姜全吉等:《逻辑学》（第 3 版），高等教育出版社 2004 年版。

105. 吕忠梅:《沟通与协调之途：论公民环境权的民法保护》，中国人民大学出版社 2005 年版。

106. 舒国滢等:《法学方法论问题研究》，中国政法大学出版社 2007 年版。

107. 黎宗华、李延恺:《安多藏族史略》，青海民族出版社 1992 年版。

108. 梁剑琴:《环境正义的法律表达》，科学出版社 2011 年版。

109. 杜发春:《三江源生态移民研究》，中国社会科学出版社 2014 年版。

110. 万建中:《中国禁忌史》，武汉大学出版社 2016 年版。

111. 蒋大国:《城乡一体化建设及改革创新研究》，人民日报出版社 2018 年版。

112. 国家环境保护总局环境工程评估中心:《环境影响评价相关法律法规汇编》，中国环境科学出版社 2005 年版。

113. 张君明:《环境法与生态文明建设》，吉林大学出版社 2017 年版。

114. 周伯煌:《物权法视野下的林权法律制度》，中国人民大学出版社 2010 年版。

115. 潘志伟等:《再生水回用法律保障机制研究——以西北地区为例》，光明日报出版社 2017 年版。

116. 钭晓东等:《民本视域下环境法调整机制变革——温州模式内在动力

的新解读》，中国社会科学出版社 2010 年版。

117. 李瑶：《突发环境事件应急处置法律问题研究》，知识产权出版社 2012 年版。

118. 农业部草原监理中心：《中国草原执法概论》，人民出版社 2007 年版。

119. 徐祥民主编：《中国环境法学评论》（第 12 卷），社会科学文献出版社 2017 年版。

120. 李爱年、李惠玲：《环境与资源保护法》，浙江大学出版社 2008 年版。

121. 子杉：《国家的选择与安全——全球化进程中国家安全观的演变与重构》，上海三联书店 2006 年版。

122. 黄皖毅：《哈贝马斯视域中的公共性研究》，红旗出版社 2018 年版。

123. 陈志勤：《地方社会与民俗文化建构》，上海人民出版社 2018 年版。

124. 梁治平：《法律何为》，广西师范大学出版社 2013 年版。

125. 洪浩：《法律解释的中国范式——造法性司法解释研究》，北京大学出版社 2017 年版。

126. 姜文来、杨瑞珍：《资源资产论》，科学出版社 2003 年版。

127. 王善英：《理性化与人类生存境况——韦伯理性化思想研究》，安徽大学出版社、北京师范大学出版集团 2012 年版。

128. ［美］克里斯托弗·斯奈德、沃尔特·尼科尔森：《微观经济理论基本原理与扩展》，杨筠、李锐译，北京大学出版社 2015 年版。

129. ［美］罗伯特·考特、托马斯·尤伦：《法和经济学》，张军等译，上海三联书店、上海人民出版社 1994 年版。

130. ［美］理查德·A. 波斯纳：《法律的经济分析》（上册），蒋兆康译，中国大百科全书出版社 1997 年版。

131. ［美］蕾切尔·卡逊：《寂静的春天》，吕瑞兰等译，吉林人民出版社 1997 年版。

132. ［美］罗斯科·庞德：《法律史解释》，邓正来译，中国法制出版社 2002 年版。

133. ［德］卡尔·拉伦茨：《法学方法论》，陈爱娥译，商务印书馆 2003

年版。

134. ［德］萨维尼：《当代罗马法体系》（第 1 卷），朱虎译，中国法制出版社 2010 年版。

135. ［意］布鲁诺·莱奥尼等：《自由与法律》，秋风译，吉林人民出版社 2004 年版。

136. 欧洲民法典研究组、欧盟现行私法研究组：《欧洲示范民法典草案：欧洲私法的原则、定义和示范规则》，高圣评译，中国人民大学出版社 2012 年版。

137. ［美］罗伯特·C.埃里克森：《无需法律的秩序——邻人如何解决纠纷》，苏力译，中国政法大学出版社 2003 年版。

138. ［美］F·N.麦尔吉：《世界哲学宝库——世界 225 篇哲学名著述评》，《世界哲学宝库》编委会译，中国广播电视出版社 1991 年版。

139. ［英］弗里德利希·冯·哈耶克：《法律、立法与自由》（第 1 卷），邓正来等译，中国大百科全书出版社 2000 年版。

140. ［日］舘稔等：《环境的科学》，薛德榕等译，科学出版社 1978 年版。

141. ［美］W.查尔斯·索耶、理查德·L.斯普林克：《国际经济学》（第 3 版），刘春生等译，中国人民大学出版社 2010 年版。

142. ［印］阿马蒂亚·森：《以自由看待发展》，于真、任赜译，中国人民大学出版社 2013 年版。

143. ［印］阿马蒂亚·森：《正义的理念》，王磊、李航译，中国人民大学出版社 2012 年版。

144. ［印］阿马蒂亚·森：《资源、价值与发展》（上、下），杨茂林、郭婕译，吉林人民出版社 2011 年版。

145. ［英］阿·汤因比、［日］池田大作：《展望二十一世纪——汤因比与池田大作对话录》，苟春生等译，国际文化出版公司 1986 年版。

146. ［古希腊］亚里士多德：《政治学》，吴寿彭译，商务印书馆 1965 年版。

147. ［法］孟德斯鸠：《论法的精神》（上下册），张雁深译，商务印书馆

1963 年版。

148. ［德］胡塞尔：《纯粹现象学通论》，李幼蒸译，商务印书馆 1992 年版。

149. ［美］罗纳德·德沃金：《认真对待权利》，信春鹰、吴玉章译，中国大百科全书出版社 1998 年版。

150. ［美］德怀特·H. 波金斯等：《发展经济学》，彭刚等译，中国人民大学出版社 2013 年版。

151. ［美］梅里利·S. 格林德尔：《打造一个好政府——发展中国家公共部门的能力建设》，孟华、李彬译，商务印书馆 2015 年版。

152. ［美］戴维·N. 韦尔：《经济增长》（第 2 版），王劲峰等译，中国人民大学出版社 2011 年版。

153. ［美］E. 博登海默：《法理学：法律哲学与法律方法》，邓正来译，中国政法大学出版社 1999 年版。

154. ［美］戴维·佩珀：《生态社会主义：从深生态学到社会正义》，刘颖译，山东大学出版社 2012 年版。

155. ［德］黑格尔：《历史哲学》，王造时译，生活·读书·新知三联书店 1956 年版。

156. ［美］威廉·N. 邓恩：《公共政策分析导论》（第 4 版），谢明等译，中国人民大学出版社 2011 年版。

157. ［美］戴维.M. 沃克：《牛津法律大词典》，北京社会科技发展研究所组织翻译，光明日报出版社 1989 年版。

158. ［奥］汉斯·凯尔森：《法与国家的一般理论》，沈宗灵译，中国大百科全书出版社 2003 年版。

159. ［德］罗尔夫·克尼佩尔：《法律与历史——论〈德国民法典〉的形成与变迁》，朱岩译，法律出版社 2003 版。

160. ［法］帕斯卡尔：《思想录》，何兆武译，商务印书馆 1995 年版。

161. 美国环境保护局：《美国流域水环境保护规划手册》，李云生等译，中国环境科学出版社 2010 年版。

162. ［法］笛卡尔：《谈谈方法》，王太庆译，商务印书馆 2009 年版。

163. ［美］赫尔曼·E. 达利、小约翰·B. 柯布：《21 世纪生态经济学》，王俊、韩冬筠译，中央编译出版社 2015 年版。

164. ［美］理查德·B. 斯图尔特：《美国行政法的重构》，沈岿译，商务印书馆 2002 年版。

165. ［英］霍布斯：《利维坦》，黎思复、黎廷弼译，商务印书馆 1995 年版。

166. ［美］乔治·A. 阿克洛夫：《现实主义经济学之路》，李彬译，中国人民大学出版社 2013 年版。

167. ［美］迈克尔·斯彭斯、丹尼·莱普泽格：《全球化与增长——后危机时代的含义》，刘学梅译，中国人民大学出版社 2016 年版。

168. ［美］查尔斯·德伯：《公司帝国》，闫正茂译，中信出版社 2004 年版。

169. ［法］亨利·勒帕日：《美国新自由主义经济学》，李燕生译，北京大学出版社 1985 年版。

170. ［日］圆谷峻：《判例形成的日本新侵权行为法》，赵莉译，法律出版社 2008 年版。

171. ［美］约翰·罗尔斯：《正义论》（修订版），何怀宏等译，中国社会科学出版社 2009 年版。

172. ［美］格蕾琴·C. 戴利、凯瑟琳·埃利森：《新生态经济——使环境保护有利可图的探索》，郑晓光、刘晓光译，上海科技教育出版社 2005 年版。

173. ［美］詹姆斯·奥康纳：《自然的理由——生态学马克思主义研究》，唐正东等译，南京大学出版社 2003 年版。

174. ［美］彼得·S. 温茨：《环境正义论》，朱丹琼、宋玉波译，上海人民出版社 2007 年版。

175. ［美］迈克尔·沃尔泽：《正义诸领域：为多元主义与平等一辩》，褚松燕译，译林出版社 2002 年版。

176. ［德］乌尔里希·贝克：《风险社会》，何博文译，译林出版社 2004 年版。

177. ［美］阿尼尔·马康德雅等：《环境经济学辞典》，朱启贵译，上海财经大学出版社 2006 年版。

178. ［英］马丁·格里菲斯：《欧盟水框架指令手册》，水利部国际经济技术合作交流中心译，中国水利水电出版社 2008 年版。

179. ［美］纳什：《大自然的权利》，杨通进译，青岛出版社 1999 年版。

180. ［德］迪特尔·梅迪库斯：《德国民法总论》，邵建东译，法律出版社 2000 年版。

181. ［德］霍尔斯特·海因里希·雅科布斯：《十九世纪德国民法科学与立法》，王娜译，法律出版社 2003 年版。

182. ［德］罗尔夫·克尼佩尔：《法律与历史论——〈德国民法典〉形成与变迁》，朱岩译，法律出版社 2003 年版。

183. ［英］菲利克斯·格罗斯：《公民与国家——民族、部落和族属身份》，王建娥、魏强译，新华出版社 2003 年版。

184. ［美］克利福德·格尔茨：《文化的解释》，韩莉译，译林出版社 1999 年版。

185. ［加］威尔·金里卡《少数的权利：民族主义、多元文化主义和公民》，邓红风译，上海译文出版社 2005 年版。

186. ［英］埃里克·霍布斯鲍姆：《民族与民族主义》，李金梅译，上海人民出版社 2000 年版。

187. ［美］爱·麦·伯恩斯：《当代世界政治理论》，曾炳钧译，商务印书馆 1990 年版。

188. ［美］塞缪尔·亨廷顿：《文明冲突与世界秩序的重建》，周琪等译，新华出版社 1998 年版。

189. ［德］康德：《实践理性批判》，韩水法译，商务印书馆 2003 年版。

190. ［德］黑格尔：《法哲学原理》，范扬、张企泰译，商务印书馆 1982 年版。

191. ［法］帕斯卡尔：《思想录》，何兆武译，商务印书馆 1995 年版。

192. ［美］理查德·塔纳斯：《西方思想史》，吴象婴等译，上海社会科学院出版社 2011 年版。

193. ［美］威廉·佩珀雷尔·蒙塔古：《认识的途径》，吴士栋译，吉林人民出版社 2011 年版。

194. ［英］卡尔·皮尔逊：《科学的规范》，李醒民译，商务印书馆 2012 年版。

195. ［德］康德：《法的形而上学原理——权利的科学》，沈叔平译，商务印书馆 2009 年版。

196. ［法］蒲鲁东：《什么是所有权》，孙署冰译，商务印书馆 2009 年版。

197. ［英］戴维·坎贝尔：《塑造安全》，李中、刘海青译，吉林人民出版社 2011 年版。

198. ［法］奥古斯特·孔德：《论实证精神》，黄建华译，商务印书馆 2009 年版。

199. ［美］赫尔曼·E. 达利、小约翰·B. 柯布：《为了共同的福祉——重塑面向共同体，环境和可持续未来的经济》，王俊、韩冬筠译，中央编译出版社 2017 年版。

200. ［法］弗雷德里克·巴斯夏《财产、法律与政府》，秋风译，商务印书馆 2012 年版。

二、论文类

1. 聂辉华：《时代呼唤"改革经济学"》，载国家发展和改革委员会国际合作中心：《创造公平、开放与可持续发展的社会——中青年改革开放论坛（莫干山会议·2012）文集》，中国市场出版社 2013 年版。

2. 常修泽：《党的十八大后的中国改革战略探讨——一种超越"革命"和"变法"的思维》，载国家发展和改革委员会国际合作中心：《创造公平、开放与可持续发展的社会——中青年改革开放论坛（莫干山会议·2012）文集》，中国市场出版社 2013 年版。

3. 米健:《当代德国法学名著总序》,载〔德〕迪特尔·梅迪库斯:《德国民法总论》,邵建东译,法律出版社 2001 年版。

4. 吕忠梅:《环境司法理性不能止于"天价"赔偿:泰州环境公益诉讼案评析》,载《中国法学》2016 年第 3 期。

5. 张艳:《欧盟环境法律制度及其借鉴意义》,载《辽宁教育行政学院学报》2005 年第 7 期。

6. 邵道萍:《环境法律制度的完善与创新——基于气候变化应对的视角》,载《广西政法管理干部学院学报》2011 年第 4 期。

7. 陈泉生、郑艺群:《论科学发展观与法学方法论的生态化》,载《现代法学》2008 年第 2 期。

8. 魏玉金:《后现代主义无法颠覆传统法学方法论》,载《东南学术》2005 年第 5 期。

9. 姚舟:《"生态人"类型模式是生态化法学方法论的基石》,载《东南学术》2005 年第 5 期。

10. 汪再祥:《"法学方法论生态化"之批判》,载《南京大学法律评论》2009 年第 1 期。

11. 莫卫香:《对法学方法论生态化的反思》,载《法制与社会》2014 年第 30 期。

12. 郑艺群:《法学方法论生态化的深层结构》,载《河北法学》2006 年第 5 期。

13. 邓正来:《研究哈耶克法律理论的一个前提性评注——〈法律、立法与自由〉代译序》,载〔英〕弗里德利希·冯·哈耶克:《法律、立法与自由》(第 1 卷),邓正来等译,中国大百科全书出版社 2000 年版。

14. 文伯屏:《论环境资源法律体系》,载《中国海洋法学评论》,2005 年卷第 2 期,第 164 页。

15. 朱春玉:《环境法学体系的重构》,载《中州学刊》2010 年第 5 期。

16. 徐祥民、刘卫先:《环境法学方法论研究的三个问题》,载《郑州大学学报》2010 年第 4 期。

17. 刘湘溶、王彬辉：《环境法学权利研究方法论》，载《现代法学》2008
年第 6 期。

18. 苏力：《中、西方法学语境中的"法律道德性"》，载《国家检察官学
院学报》2005 年第 5 期。

19. 顾炜：《浅议立法技术》，载《北京理工大学学报》（社会科学版）
2000 年第 1 期。

20. 刘风景：《立法目的条款之法理基础及表述技术》，载《法商研究》
2013 年第 3 期。

21. 钱弘道：《法律经济学和中国法律改革、未来中国法学》，载《法律科
学》2002 年第 4 期。

22. 张羽君：《孟德斯鸠立法思想评述——从一个维度解读〈论法的精
神〉》，载《河北法学》2009 年第 3 期。

23. 王亚新：《司法成本与司法效率——中国法院的财政保障与法官激励》，
载《法学家》2010 年第 4 期。

24. 马志伟：《我与青海国家公园建设》，载《青海师范大学学报》2017 年
第 1 期。

25. 夏凌：《法国环境法的法典化及其对我国的启示》，载《江西社会科学》
2008 年第 4 期。

26. 张梓太：《论我国环境法法典化的基本路径与模式》，载《现代法学》
2008 年第 4 期。

27. 杜群：《可持续发展与中国环境法创新——环境法律体系的重塑》，载
《北京师范大学学报》2001 年第 5 期。。

28. 高俊英等：《环境法学研究方法论探讨》，载《商业时代》2012 年第
12 期。

29. 刘超：《环境法学研究中的个人主义方法论——以环境权研究为中心》，
载《昆明理工大学学报》2010 年第 4 期。

30. 李爱年、陈程：《生态整体观与环境法学方法论》，载《时代法学》
2008 年第 4 期。

31. 何锦前:《价值视域下的环境税立法》,载《法学》2016 年第 8 期。

32. 何锦前:《论环境税法的功能定位——基于对"零税收论"的反思》,载《现代法学》2016 年第 4 期。

33. 徐凤:《欧盟国家征收环境税的基本经验及其借鉴》,载《河北法学》2016 年第 2 期。

34. 冯铁拴:《重构环境税法建制原则——对污染者付费原则的反思与突破》,载《太原理工大学学报》2016 年第 4 期。

35. 李劲、李丽君:《环境侵权归则原则探究》,载《法学杂志》2007 年第 3 期。

36. 王明远:《法国环境侵权救济法研究》,载《清华大学学报》(哲学社会科学版) 2000 年第 1 期。

37. 吕忠梅:《环境侵权诉讼证明标准初探》,载《政法论坛》2003 年第 5 期。

38. 徐祥民:《环境污染责任解析——兼谈〈侵权责任法〉与环境法的关系》,载《法学论坛》2010 年第 2 期。

39. 闫向荣、黄庆明:《中外环境侵权民事责任体制比较研究》,载《福建政法管理干部学院学报》2003 年第 2 期。

40. 徐以祥:《风险预防原则和环境行政许可》,载《西南民族大学学报》2009 年第 4 期。

41. 白明华:《风险预防原则在国际河流开发中的定位》,载《西安电子科技大学学报》2016 年第 2 期。

42. 金铭:《风险预防原则在美国环境法中的适用》,载《河北经贸大学学报》2014 年第 4 期。

43. 杨茜:《德国环境责任保险制度的启示》,载《环境经济》2012 年第 7 期。

44. 张晓文:《环境责任保险的公益性》,载《政法论坛》2009 年第 4 期。

45. 王振杰:《环境保险借鉴社会保险费用负担方式初探——对环境责任保险制度的思考》,载《中国海洋大学学报》2005 年第 4 期。

46. 南文渊:《藏族地区实施文化生态与自然生态环境保护为一体的战略探讨》,载《青海民族研究》2003 年第 4 期。

47. 张得祖:《略论青海文化资源的价值品位及其开发问题》,载《青海师范大学学报》(哲学社会科学版)2005 年第 6 期。

48. 沈大军、陈传友:《青藏高原水资源及其开发利用》,载《自然资源学报》1996 年第 1 期。

49. 克先才让:《夏河县草原畜牧业现状及发展技术需求》,载《中国牛业科学》2017 年第 1 期。

50. 贾瑞跃、赵定涛:《工业污染控制绩效评价模型:基于环境规制视角的实证研究》,载《系统工程》2012 年第 6 期。

51. 洛桑·灵智多杰:《青藏高原水资源的保护与利用》,载《资源科学》2005 年第 2 期。

52. 沈镭:《青藏高原矿产资源潜力及其开发前景》,载《中国地质矿产经济》1994 年第 11 期。

53. 潘桂堂等:《加强青藏高原矿产资源勘查与研究保障国家资源供应》,载《国土资源科技管理》2004 年第 1 期。

54. 张光德等:《柴达木盆地三湖地区盐岩区表层调查方法研究》,载《石油物探》2013 年第 2 期。

55. 史晓辉等:《地震属性在预测生物气中的应用—以柴达木盆地三湖地区台南构造为例》,载《石油天然气学报》2014 年第 1 期。

56. 秦建中:《青藏高原羌塘盆地油气资源潜力分析》,载《石油实验地质》2006 年第 6 期。

57. 杨日红等:《西藏羌塘盆地中生代构造岩相演化及油气远景》,载《长春科技大学学报》2000 年第 3 期。

58. 吴珍汉等:《羌塘盆地结构构造与油气勘探方向》,载《地质学报》2014 年第 6 期。

59. 陈文彬等:《藏北羌塘盆地石炭系烃源岩的发现及其油气地质意义》,载《地质通报》2013 年第 7 期。

60. 孙海松等:《青海草地资源综合评价原则及方法的探讨》,载《青海大学学报》2004 年第 2 期。

61. 周青平、杨阳:《青海草地资源持续发展道路的探索》,载《青海畜牧兽医杂志》1999 年第 2 期。

62. 李旭谦等:《青海草地资源生态功能评述》,载《青海草业》2011 年第 4 期。

63. 扎呷:《论西藏的草场资源与环境保护》,载《中国藏学》2005 年第 3 期。

64. 代卫川:《西藏草场荒漠化防治的博弈分析》,载《西藏发展论坛》2009 年第 3 期。

65. 张洪元:《浅谈甘南草地资源及畜牧业发展》,载《草业科学》1991 年第 3 期。

66. 宁和平等:《黄河上游甘南草地资源可持续利用研究—以甘南州玛曲县为例》,载《安徽农业科学》2010 年第 30 期。

67. 姬永莲:《甘南草地资源评价与发展建议》,载《草业科学》1996 年第 10 期。

68. 赵筱:《青海旅游资源的"多维"开发》,载《青海师范大学学报》2015 年第 3 期。

69. 张忠孝:《青海旅游资源的分类及评价》,载《青海师范大学学报》1990 年第 4 期。

70. 土登次仁:《西藏旅游业发展的资源优势与战略构想》,载《西藏大学学报》1997 年第 1 期。

71. 王洪振等:《西藏旅游资源综合开发潜力评价研究》,载《电子科技大学学报》2001 年第 4 期。

72. 王平:《甘孜藏族自治州旅游经济可持续发展研究》,载《经济视角》2011 年第 10 期。

73. 臧建成、孙涛:《西藏东南部林牧交错带林地与湿地的土壤动物群落比较》,载《西北农业学报》2017 年第 26 期。

74. 周九菊:《建立甘南国家级生态功能保护区的战略思路》,载《畜牧兽医杂志》2011 年第 6 期。

75. 贾敏如等:《藏药特色与可持续发展》,载《中草药》2010 年第 2 期。

76. 楞本嘉:《藏药资源与濒危野生物种的保护研究》,载《中国民族医药杂志》2003 年第 1 期。

77. 夏吾杨本:《藏药新药研究开发的战略思考》,载《中西医结合心血管病杂志》2016 年第 35 期。

78. 李林华:《加强西藏森林资源管理的对策与措施》,载《中南林业调查规划》2012 年第 4 期。

79. 莫泓铭、夏龄:《甘孜州林业资源现状及其发展对策》,载《陕西林业科技》2016 年第 6 期。

80. 诺桑等:《西藏高原太阳红斑紫外线的测量》,载《西藏大学学报》2008 年第 2 期。

81. 吴鹏、周晓彤:《青藏高原太阳辐射特征及对合成材料的影响》,载《机车车辆工艺》2002 年第 5 期。

82. 杨原等:《浅谈西藏地区加快风能利用的必要性》,载《西藏科技》2008 年 2 期。

83. 张核真等:《西藏风能资源的初步分析与评价》,载《西藏科技》2005 年第 3 期。

84. 李超等:《青藏高原地区总辐射超太阳常数的观测研究》,载《成都气象学院学报》2000 年第 2 期。

85. 韩生福、严维德:《青海地热资源勘查开发利用现状、潜力及工作部署》,载《青海国土经略》2013 年第 5 期。

86. 王建林、熊伟:《晚更新世以来西藏古人类迁移与气候变化关系》,载《地理学报》2004 年第 2 期。

87. 王恒杰:《迪庆藏区的历史传统与自然因素》,载《中国藏学》1992 年第 1 期。

88. 费孝通:《关于我国的民族的识别问题》,载《中国社会科学》1980 年第 1 期。

89. 费孝通:《谈深入开展民族调查问题》,载《中南民族学院学报》1982
年第 3 期。

90. 格勒:《论古代羌人与藏族的历史渊源关系》,载《中山大学学报》
1985 年第 2 期。

91. 马晓东:《青海民族区域自治行政建置的特点》,载《青海民族研究》
2004 年第 3 期。

92. 马晓东:《青海民族区域自治行政体制与功能》,载《攀登》2009 年第
3 期。

93. 关桂霞:《历史的选择 当代的使命——新中国建立初期青海民族区域
自治的实践》,载《青海民族大学学报》2012 年第 2 期。

94. 刘夏蓓:《区域文化的人类学解析——以西北安多地区为例》,载《思
想战线》2005 年第 5 期。

95. [法]卡尔梅·桑木丹:《藏传佛教宗派无别观的起源与发展》,同美
译,载《西南民族大学学报》2013 年第 9 期。

96. 张亚辉:《马克斯·韦伯论藏传佛教》,载《北方民族大学学报》2014
年第 5 期。

97. 房建昌:《西藏的回族及其清真寺考略—兼论伊斯兰教在西藏的传播及
其影响》,载《西藏研究》1988 年第 4 期。

98. 马成俊等:《藏区社会稳定的影响因素、评估维度与治理机制创新研
究》,载《西南民族大学学报》2017 年第 1 期。

99. 孟立军:《我国现阶段的民族问题和政治稳定》,载《民族论坛》1995
年第 4 期。

100. 高秋芳等:《关于文化产业成为主导产业的投入产出分析》,载《统计
与决策》2012 年第 1 期。

101. 牛文元:《可持续发展理论内涵的三元素》,载《中国科学院院刊》
2014 年第 4 期。

102. 蔺运珍:《经济全球化对世界环境保护的影响》,载《理论学习》2004

年第 11 期。

103. 吴坚扎西:《西藏生态环境现状与治理举措》,载《西藏科技》2004 年 8 期。

104. 曾彩琳:《国际河流公平合理利用原则:回顾、反思与消解》,载《世界地理研究》2012 年第 2 期。

105. 司林波、李雪婷:《新加坡的生态问责制》,载《东南亚纵横》2017 年第 4 期。

106. 司林波、张新宇:《澳大利亚生态问责制述评》,载《西华大学学报》2016 年第 1 期。

107. 张洁:《藏族习惯法在现代化立法上重构的理论探讨》,载《江西青年职业学院学报》2013 年第 4 期。

108. 孙崇凯:《论藏族习惯法的法哲学基础——以玉树部落制度为例》,载《青海民族研究》2011 年第 2 期。

109. 华热·多杰:《浅谈藏区环保习惯法》,载《青海民族研究》2003 年第 3 期。

110. 彭宇文:《关于藏族古代法律及法律文化的若干思考——借鉴梅因〈古代法〉进行的研究》,载《法学评论》2004 年第 2 期。

111. 常丽霞、崔明德:《藏族牧区生态习惯法文化的当代变迁与走向——基于拉卜楞地区的个案分析》,载《兰州大学学报》2013 年第 3 期。

112. 陈烨:《蒙古族文化的生态学思考》,载《内蒙古社会科学》2001 年第 5 期。

113. 额尔登:《蒙古族习惯法的法理学分析》,载《西北民族大学学报》2008 年第 2 期。

114. 王孔敬、佟宝山:《论古代蒙古族的生态环境保护》,载《贵州民族研究》2006 年第 1 期。

115. 吴志辉:《论北川羌族习惯法的演化与我国现代法治的重构》,载《贵州民族研究》2016 年第 7 期。

116. 秦虎、陈亚林:《美国环境保护大区制模式解析与启示》,载《环境保护》2014 年第 15 期。

117. 胡中华：《论美国环境公益诉讼制度之基础》，载《宁波职业技术学院学报》2006 年第 4 期。

118. 吴宇：《德国环境团体诉讼的嬗变及对我国的启示》，载《现代法学》2017 年第 2 期。

119. 张大海：《论我国环境保护团体诉讼的建构——以德国环境保护团体诉讼制度为参考》，载《法律适用》2012 年第 8 期。

120. 宋宗宇、郭金虎：《环境司法专门化的构成要素与实现路径》，载《法学杂志》2017 年第 7 期。

121. 张黎黎：《美国环境执法机构设置及其启示》，载《广州环境科学》2008 年第 4 期。

122. 秦虎、张建宇：《美国环境执法特点及其启示》，载《环境科学研究》2005 年第 1 期。

123. 张丽娟、王延伟：《美国环境执法经验及其对我国的借鉴》，载《法制与社会》2014 年第 36 期。

124. 王树义、刘静：《美国自然资源损害赔偿制度探析》，载《法学评论》2009 年第 1 期。

125. 蓝艳等：《美国环境执法的实践经验及其对中国的启示》，载《环境保护》2016 年第 19 期。

126. 严厚福：《美国环境刑事责任制度及其对中国的启示》，载《南京工业大学学报》2017 年第 3 期。

127. ［日］佐藤孝弘：《日本的公司社会责任和社会期待》，载《亚太经济》2008 年第 4 期。

128. 卢国学：《日本行政指导对我国行政管理的启发与借鉴》，载《东北亚论坛》1997 年第 2 期。

129. 张晓萍、朴玉兰：《日本行政指导救济制度新探》，载《牡丹江大学学报》2017 年第 9 期。

130. 王树义：《论生态文明建设与环境司法改革》，载《中国法学》2014

年第 3 期。

131. 沈跃东：《可持续发展裁决机制的一体化——以新西兰环境法院为考察对象》，载《西北农林科技大学学报》2008 年第 3 期。

132. 杨帆、黄斌：《瑞典、澳大利亚、新西兰、美国的环境法院及其启示》，载《法律适用》2014 年第 4 期。

133. 李挚萍：《美国佛蒙特州环境法院的发展及对中国的启示》，载《中国政法大学学报》2010 年第 1 期。

134. 杨帆、黄斌：《瑞典、澳大利亚、新西兰、美国的环境法院及其启示》，载《法律适用》2014 年第 4 期。

135. 范仑海、蒋伟：《美国流域水环境网络治理模式及启示》，载《经济研究导刊》2018 年第 1 期。

136. 郑亚方：《美国流域治理法律制度发展述评》，载《法治与社会》2017 年第 24 期。

137. 田丰：《论美国州际河流污染的合作治理模式》，载《武汉科技大学学报》2013 年第 4 期。

138. 李晶等：《英国和德国水环境治理模式鉴析》，载《水利发展研究》2004 年第 1 期。

139. 张明生：《德国水资源管理的启示》，载《科技通报》2008 年第 2 期。

140. 赖力等：《生态补偿理论、方法研究进展》，载《生态学报》2008 年第 6 期。

141. 汪劲：《论生态补偿的概念——以〈生态补偿条例〉草案的立法解释为背景》，载《中国地质大学学报》2014 年第 1 期。

142. 李文华等：《森林生态补偿机制若干重点问题研究》，载《中国人口·资源与环境》2007 年第 2 期。

143. 李文华、刘某承：《关于中国生态补偿机制建设的几点思考》，载《资源科学》2010 年第 5 期。

144. 刘峰江、李希昆：《生态市场补偿制度研究》，载《云南财贸学院学报》2005 年第 1 期。

145. 王清军、蔡守秋：《生态补偿机制的法律研究》，载《法学研究》2006年第7期。

146. 李艳芳：《论我国环境影响评价制度及其完善》，载《法学家》2000年第5期。

147. 王雪梅：《中欧环评公众参与机制的比较与立法启示》，载《中国地质大学学报》2014年第4期。

148. 李修棋：《论环境法中的信息规制》，载《中国政法大学学报》2015年第1期。

149. 熊英等：《中国环境污染责任保险制度的构想》，载《现代法学》2007年第1期。

150. 周立新：《在借鉴中建立我国环境责任保险制度》，载《中国环境管理干部学院学报》2009年第4期。

151. 李刚：《我国环境责任保险构建的思考》，载《西南石油大学学报》2014年第1期。

152. 刘大志：《公共产品的新界定——回顾与展望》，载《广东行政学院学报》2012年第5期。

153. 林芳惠、苏祖鹏：《美国环境责任保险制度对我国的启示》，载《水土保持科技情报》2005年第5期。

154. 游桂云、张连勤：《西方国家环境责任保险制度比较及启示》，载《上海保险》2008年第2期。

155. 张兴伟：《日本环境污染赔偿责任保险的实践与启示》，载《苏州大学学报》2016年第4期。

156. 陈泉生：《环境权之辨析》，载《中国法学》1997年第2期。

157. 李岚红：《论环境侵权社会救济制度在我国的构建》，载《理论学刊》2010年第10期。

158. 代杰：《论环境损害责任三元立法》，载《环境与可持续发展》2011年第3期。

159. 周珂、杨子蛟：《论环境侵权损害填补综合协调机制》，载《法学评论》2003 年第 6 期。

160. 曹明德：《从人类中心主义到生态中心主义伦理观的转变——兼论道德共同体范围的扩展》，载《中国人民大学学报》2002 年第 3 期。

161. 潘德勇：《欧盟环境损害赔偿立法模式对中国的借鉴》，载《贵州大学学报》2010 年第 5 期。

162. 杜群：《日本环境基本法的发展及我国对其的借鉴》，载《比较法研究》2002 年第 4 期。

163. 杨春桃：《我国〈环境保护法〉中政府环境责任追究制度的重构——以美国、日本环境立法经验为参照》，载《中国政法大学学报》2013 年第 3 期。

164. 刘国斌、孙雅俊：《日本推行企业社会责任的环保效应分析》，载《现代日本经济》2016 年第 6 期。

165. 柯坚：《环境法原则之思考——比较法视角下的共通性、差异性及其规范性建构》，载《中山大学学报》2011 年第 3 期。

166. 陈泉生、周辉：《论环境责任原则》，载《中国发展》2004 年第 4 期。

167. 邓可祝：《政府环境责任的法律确立与实现——〈环境保护法〉修订案中政府环境责任规范研究》，载《南京工业大学学报》（社会科学版）2014 年第 3 期。

178. 胡静：《环境权的规范效力：可诉性和具体化》，载《中国法学》2017 年第 5 期。

169. 蔡守秋：《论环境权》，载《金陵法学评论》2002 年第 1 期。

170. 肖巍：《作为人权的环境权与可持续发展》，载《哲学研究》2005 年第 11 期。

171. 王明远：《论环境权诉讼——通过私人诉讼维护环境权益》，载《比较法研究》2008 年第 3 期。

172. 吕忠梅、刘超：《环境权的法律论证——从阿列克西法律论证理论对环境权基本属性的考察》，载《法学评论》2008 年第 2 期。

173. 蔡守秋：《从环境权到国家环境保护义务和环境公益诉讼》，载《现代法学》2013 年第 6 期。

174. 张震:《环境权的请求权功能:从理论到实践》,载《当代法学》2015 年第 4 期。

175. 吕忠梅:《环境权入宪的理路与设想》,载《法学杂志》2018 年第 1 期。

176. 潘自勉:《理性与生活意义——关于责任伦理的思考》,载《广东社会科学》1991 年第 3 期。

177. 张红杰等:《政府环境责任论纲》,载《郑州大学学报》2017 年第 3 期。

178. 贾晓燕:《环境责任分配的公平性考量》,载《商业时代》2010 年第 31 期。

179. [德] 约翰·陶皮茨:《联邦德国"环境责任法"的制定》,汪学文译,载《德国研究》1994 年第 4 期。

180. 李冬梅:《论美国〈综合环境反应、赔偿和责任法〉上的环境责任标准》,载《长春市委党校学报》2010 年第 6 期。

181. 吕忠梅、窦海阳:《修复生态环境责任的实证解析》,载《法学研究》2017 年第 3 期。

182. 罗汉高、李明华:《环境正义理论视阈下社会正义问题的新进路》,载《江西理工大学学报》2015 年第 4 期。

183. 刘颖、韩秋红:《奥康纳生态社会主义之正义观——生产正义亦或分配正义》,载《当代世界与社会主义》2012 年第 6 期。

184. 王柏文、接峰:《詹姆斯·奥康纳的生态学马克思主义述评》,载《吉林师范大学学报》2016 年第 4 期。

185. 王雨辰、游琴:《基于"反思平衡"方法的环境正义论——评彼得·S. 温茨的"同心圆"理论》,载《吉首大学学报》2016 年第 1 期。

186. 高国荣:《美国环境正义运动的缘起、发展及其影响》,载《史学月刊》2011 年第 11 期。

187. 王向红:《美国的环境正义运动及其影响》,载《福建师范大学学报》

2007 年第 4 期。

188. 文贤庆：《环境保护与世界性的环境正义》，载《北京林业大学学报》2015 年第 3 期。

189. 韩立新：《环境问题上的代内正义原则》，载《江汉大学学报》2004 年第 5 期。

190. 孟根巴根：《探析环境风险预防原则在我国的适用》，载《求是学刊》2012 年第 2 期。

191. 陈海嵩：《环境风险预防的国家任务及其司法控制》，载《暨南学报》2018 年第 3 期。

192. 姜敏：《环境法基本原则与环境行政许可制度建构》，载《中国政法大学学报》2011 年第 4 期。

193. 蔡守秋、王欢欢：《欧盟环境法的发展历程与趋势》，载《福州大学学报》2009 年第 4 期。

194. 高秦伟：《论欧盟行政法上的风险预防原则》，载《比较法研究》2010 年第 3 期。

195. 薛雪：《美国风险预防原则研究及其对中国的启示》，载《教育教学论坛》2015 年第 22 期。

196. 成克武等：《美国〈濒危物种法〉及其相关政策措施》，载《世界林业研究》2008 年第 4 期。

197. 王萌等：《我国环境法确立风险预防原则的思考》，载《中国环境管理干部学院学报》2013 年第 2 期。

198. 曹明德：《论生态法的基本原则》，载《法学评论》2002 年第 6 期。

199. 王利：《论我国环境法治中的污染者付费原则——以紫金矿业水污染事件为视角》，载《大连理工大学学报》2012 年第 4 期。

200. 何文初：《环境法的"污染者负担"原则研究》，载《长沙电力学院学报》2002 年第 1 期。

201. 王健：《OECD 国家的环境税及其对我国的启示》，载《中国资源综合利用》2004 年第 5 期。

202. 杨喆等：《污染者付费原则的再审视及对我国环境税费政策的启示》，载《中央财经大学学报》2015 年第 11 期。

203. 卢晨阳：《欧盟环境政策的发展演变及特点》，载《国际研究参考》2014 年第 2 期。

204. 罗汉高、李明华：《欧盟"污染者付费原则"的新进路——基于欧盟成本回收和负担分配的判例法》，载《成都行政学院学报》2015 年第 1 期。

205. 王宇博：《欧盟环境破坏责任指令解读——确保污染者付费》，载《中国标准化》2007 年第 11 期。

206. 王慧、赵胜营：《欧盟环境责任指令的法律解读及其启示》，载《南宁师范高等专科学校学报》2007 年第 1 期。

207. 王春婕：《欧盟环境指令的合法性分析——以 WEEE 和 ROHs 为对象》，载《河北法学》2006 年第 3 期。

208. ［荷］爱德华·H.P. 布兰斯：《2004 年〈欧盟环境责任指令〉下损害公共自然资源的责任：起诉权和损害赔偿的估算》，戴萍译，载《国际商法论丛》2008 年第 1 期（第 9 卷）。

209. 李本：《欧盟环境执法 PPP 原则及其例外考察——兼议对中国环境补贴制度设计的启示》，载《理论学刊》2009 年第 10 期。

210. 徐锋：《国际贸易中的政府补贴与反补贴》，载《世界贸易组织动态与研究》2002 年第 6 期。

211. 姜发根：《农业补贴与反补贴制度演进研究》，载《粮食科技与经济》2010 年第 1 期。

212. 潘慧庆：《浅析我国的"污染者负担"原则》，载《科教文汇》2007 年第 6 期。

213. 阳相翼：《污染者负担原则面临的挑战及其破解》，载《行政与法》2012 年第 12 期。

214. 柯坚：《论污染者负担原则的嬗变》，载《法学评论》2010 年第 6 期。

215. 乔军：《三江源生态保护：立法需求、问题分析与制度设计》，载《青海社会科学》2018 年第 2 期。

216. 陈艳、许克祥：《三江源地区生态保护的政策研究》，载《安徽工业大学学报》2007 年第 6 期。

217. 孙饶斌：《三江源生态保护经济技术路线》，载《人民论坛》2011 年第 29 期。

218. 李秋静、薛立：《三江源生态保护与建设的探讨》，载《青海环境》2014 年第 4 期。

219. 杜建功：《合理开发利用西藏草场资源》，载《资源开发与保护》1990 年第 1 期。

220. 邓一君、吕志祥：《生态补偿标准的经济学分析——以甘肃省甘南州为例》，载《中国环境管理干部学院学报》2017 年第 3 期。

221. 于欣荣：《甘孜藏区矿产资源开发与矿区生态环境保护探析》，载《黑龙江生态工程职业学院学报》2017 年第 5 期。

222. 喻林超：《阿坝州生态环境保护和建设在西部大开发中的战略地位探讨与研究》，载《四川环境》2001 年第 2 期。

223. 秦茂军、汤明华：《迪庆藏区民俗文化与生态环境保护》，载《林业调查规划》2012 年第 1 期。

224. 舒旻：《论生态补偿资金的来源与构成》，载《南京工业大学学报》2015 年第 1 期。

225. 王军峰、侯超波：《中国流域生态补偿机制实施框架与补偿模式研究——基于补偿资金来源的视角》，载《中国人口·资源与环境》2013 年第 2 期。

226. 关桂霞：《三江源生态移民生存发展问题研究》，载《攀登》2011 年第 6 期。

227. 李建静：《三江源生态环境保护与建设探讨》，载《山西林业科技》2007 年第 3 期。

228. 马洪波、吴天荣：《建立三江源生态补偿机制试验区的思考》，载《开发研究》2008 年第 5 期。

229. 白建俊、谢芳：《对黄南藏族自治州三江源自然保护区生态移民情况的调查》，载《青海金融》2007年第7期。

230. 何洁：《长征时期汉藏民族关系的深化发展及其对藏区社会的影响研究——以四川藏区为例》，载《中国藏学》2016年第3期。

231. 赵文霞：《公众监督对企业环境规制遵从的影响研究》，载《生态环境与保护》2018年第5期。

232. 周圆等：《美国环境应急管理制度简析》，载《生态环境与保护》2018年第4期。

233. 郑欣璐等：《我国规划环境影响评价制度评析——新制度经济学的视角》，载《生态环境与保护》2018年第2期。

234. 谢波、宋煜杰：《环境治理及技术进步对我国低碳经济效率的影响——基于超效率SBM—VRS模型的研究》，载《生态环境与保护》2018年第1期。

235. 陈彦晶：《商事习惯之司法功能》，载《清华法学》2018年第1期。

236. 吴月刚等：《试论习近平新时代民族工作思想体系》，载《民族研究》2018年第3期。

237. 麻国庆：《民族研究的新时代与铸牢中华民族共同体意识》，载《中央民族大学学报》2017年第6期。

238. 金帅等：《动态惩罚机制下企业环境遵从行为演化动态分析》，载《系统管理学报》2017年第6期。

239. 贺新元：《全面理解"中国特色解决民族问题的正确道路"——学习中央民族工作会议和〈关于加强和改进新形势下民族工作的意见〉》，载《西藏研究》2015年第2期。

240. 温铁军：《生态文明与比较视野下的乡村振兴战略》，载《上海大学学报》2018年第1期。

241. 于景元：《系统科学和系统工程的发展与应用》，载《科学决策》2017年第12期。

242. 马宁：《环境责任保险与环境风险控制的法律体系建构》，载《法学研究》2018 年第 1 期。

243. 尤明青：《论环境质量标准与环境污染侵权责任的认定》，载《经济法学、劳动法学》2018 年第 2 期。

244. 王超锋：《我国区域环境执法的模式探究》，载《甘肃政法学院学报》2017 年第 6 期。

245. 刘静然：《论污染者环境修复责任的实现》，载《法学杂志》2018 年第 4 期。

246. 卢国琪：《"两山"理论的本质：什么是绿色发展，怎样实现绿色发展》，载《观察与思考》2017 年第 10 期。

247. 束锡红等：《三江源藏族生态移民社会融入实证研究——以青海省泽库县和日村为个案》，载《中南民族大学学报》2017 年第 4 期。

248. 邢永跃、徐少同：《美国联邦登记制度对中国政府信息公开的借鉴》，载《电子政务》2013 年第 9 期。

249. 黄清华：《论以市场方式完善环境污染纠纷多元解决机制》，载《法治研究》2018 年第 3 期。

250. 王江：《环境法"损害担责原则"的解读与反思——以法律原则的结构性功能为主线》，载《法学评论》2018 年第 3 期。

251. 王岚：《论生态环境损害救济机制》，载《社会科学》2018 年第 6 期。

252. 王春业：《论立法权扩容背景下地方立法的节制》，载《法学论坛》2018 年第 1 期。

253. 程雨燕：《生态环境损害赔偿制度的理念转变与发展方向——兼与美国自然资源损害制度比较》，载《社会科学辑刊》2018 年第 3 期。

254. 李涛、杨喆：《美国流域水环境保护规划制度分析与启示》，载《青海社会科学》2018 年第 3 期。

255. 李志斐：《气候变化对青藏高原水资源安全的影响》，载《国家安全研究》2018 年第 3 期。

256. 谭冰霖：《环境行政处罚规制功能之强补》，载《法学研究》2018 年第 4 期。

257. 吴俊：《中国民事公益诉讼年度观察报告（2017）》，载《当代法学》2018 年第 5 期。

258. 王勇：《论司法解释中的"严重污染环境"——以 2016 年〈环境污染刑事解释〉为展开》，载《法学杂志》2018 年第 9 期。

259. 唐珊：《环境损害救济的逻辑重构——从"权利救济"到"法益救济"的嬗变》，载《法学评论》2018 年第 5 期。

260. 石硕、王志：《汉藏交往中的藏族居住与从业调查——基于成都藏族流动人口的适应性调查》，载《中国藏学》2019 年第 4 期。

261. 李志农、刘虹每：《论云南藏区多民族共同体的早期构建》，载《中央民族大学学报》2019 年第 4 期。

262. 杨春蓉：《建国 70 年来我国民族地区生态环境保护政策分析》，载《西南民族大学学报》2019 年第 9 期。

263. 李晓波：《论我国解决民族问题的宪法原则实施机制——以"民族团结"为视角》，载《贵州民族研究》，2020 年第 4 期。

264. 苏婷婷、陈吉利：《论我国国家公园生态补偿机制的构建》，载《中南林业科技大学学报》2019 年第 4 期。

265. 王前进等：《生态补偿的政策学理论基础与中国的生态补偿政策》，载《林业经济》2019 年第 9 期。

266. 王宗礼：《国家建构视域下铸牢中华民族共同体意识研究》，载《西北师大学报》2020 年第 5 期。

267. 苏发祥、王亚涛：《论甘肃藏区各民族间交往交流交融的现状及其特点》，载《中国藏学》2020 年第 2 期。

268. 谭文平：《少数民族地区乡村振兴视域下治理效能提升研究——基于西藏自治区日喀则市拉孜县 G 村的观察》，载《黑龙江民族丛刊》2020 年第 1 期。

269. 祁进玉、陈晓璐：《三江源地区生态移民异地安置与适应》，载《民族研究》2020 年第 4 期。

270. 朱金春：《跨越边界的互动与融合：川甘青交界地区的族际交往与和

谐民族关系建构》，载《青海社会科学》2020 年第 3 期。

271. 梁琚牵、耿磊：《访问团与新中国成立初期西北民族工作研究——以甘南藏区为中心的考察》，载《宁夏社会科学》2020 年第 6 期。PHam

272. 申卫星、刘云：《法学研究新范式：计算法学的内涵、范畴与方法》，载《法学研究》2020 年第 5 期。

273. 关保英：《检察机关在行政公益诉讼中应享有取证权》，载《法学》2020 年第 1 期。

274. 吴元元：《认真对待社会规范——法律社会学的功能分析视角》，载《法学》2020 年第 8 期。

275. 孙宏亮等：《中国跨省界流域生态补偿实践进展与思考》，载《中国环境管理》2020 年第 4 期。

286. 丁国峰：《论我国民族地区生态补偿立法机制的完善》，载《青海社会科学》2020 年第 3 期。

277. 赵莺燕、于法稳：《黄河流域水资源可持续利用：核心、路径及对策》，载《中国特色社会主义研究》2020 年第 1 期。

278. 董战峰等：《黄河流域生态补偿机制建设的思路与重点》，载《生态经济》2020 年第 2 期。

279. 鞠昌华等：《生态安全：基于多尺度的考察》，载《生态与农村环境学报》2020 年第 5 期。

280. 汪永福、毕金平：《跨省流域生态补偿的区域合作法治化》，载《浙江社会科学》2021 年第 3 期。

281. 王小钢：《环境法典风险预防原则条款研究》，载《湖南师范大学学报》2020 年第 6 期。

282. 刘康等：《中国污水处理费政策分析与改革研究——基于污染者付费原则视角》，载《价格月刊》2021 年第 12 期。

283. 郝春旭等：《"十四五"时期生态补偿制度改革研究》，载《环境保护》2022 年第 10 期。

284. 任俊霖、匡洋：《长江经济带流域横向生态补偿进展、困境与优化路径》，载《长江科学院院报》（2022 年 9 月 2 日网络首发）。

285. 李毅：《黄河流域横向生态补偿的理论解析与制度完善》，载《西南林业大学学报》2022 年第 4 期。

286. 魏胜强：《新发展理念视域下的生态补偿制度研究》，载《扬州大学学报》2022 年第 1 期。

三、我国法律法规类

1. 《环境保护法》（2014 年修订）

2. 《宪法》（2018 年修正）

3. 《刑法》（1997 年）

4. 《环境保护税法》（2018 年修正）

5. 《环境保护税法实施条例》（2017 年）

6. 《民法典》（2020 年）

7. 《水污染防治法》（2017 年修订）

8. 《行政处罚法》（2021 年修正）

9. 《噪声污染防治法》（2021 年修订）

10. 《标准化法》（2017 年修订）

11. 《海洋环境保护法》（2017 年修正）

12. 《水法》（2016 年修正）

13. 《节约能源法》（2018 年修正）

14. 《行政强制法》（2011 年）

15. 《行政处罚法》（2021 年修正）

16. 《循环经济促进法》（2018 年修正）

17. 《城乡规划法》（2019 年修正）

18. 《固体废物污染环境防治法》（2020 年修订）

19. 《可再生能源法》（2009 年修正）

20. 《防沙治沙法》（2018 年修正）

21. 《行政许可法》（2019 年修正）

22. 《放射性污染防治法》（2003 年）

23. 《草原法》（2021 年修正）

24. 《环境影响评价法》（2018 年修正）

25. 《清洁生产促进法》（2012 年修正）

26. 《野生动物保护法》（2022 年修订）

27. 《土地管理法》（2019 年修正）

28. 《土地管理法实施条例》（2021 年修订）

29. 《森林法》（2019 年修订）

30. 《民族区域自治法》（2001 年修订）

31. 《陆生野生动物保护实施条例》（2016 年修订）

32. 《湿地保护法》（2021 年）

33. 《民事诉讼法》（2021 年修正）

四、地方法规、政策类

1. 《西藏自治区环境保护条例》（2013 年）

2. 《西藏自治区湿地保护条例》（2010 年）

3. 《西藏自治区矿产资源管理条例》（2011 年修正）

4. 《西藏自治区实施〈中华人民共和国土地管理法〉办法》（1999 年）

5. 《西藏自治区实施〈中华人民共和国野生动物保护法〉办法》（2002 年修正）

6. 《青海湖流域生态环境保护条例》（2022 年修正）

7. 《青海省可可西里自然遗产地保护条例》（2022 年修正）

8. 《三江源国家公园条例》（2020 年修正）

9. 《西宁市大气污染防治条例》（2021 年修正）

10. 《青海省生态文明建设促进条例》（2015 年修正）

11. 《青海省湟水流域水污染防治条例》（2020 年修正）

12. 《西宁市环境保护条例》（2018 年修正）

13. 《青海省地质环境保护办法》（已失效）

14. 《青海省实施〈中华人民共和国环境保护法〉办法》（已失效）

15. 《西宁市服务行业环境保护管理条例》（2021 年修正）

16. 《果洛藏族自治州生态环境保护条例》（已失效）

17. 《甘肃省甘南藏族自治州生态环境保护条例》（2013 年）

18. 《四川省阿坝藏族羌族自治州生态环境保护条例》（2010 年）

19. 《云南省迪庆藏族自治州草原管理条例》（2013 年）

20. 《四川省甘孜藏族自治州生态环境保护条例》（2017 年）

21. 《甘肃省实施〈中华人民共和国野生动物保护法〉办法》（2018 年修订）

22. 《海西蒙古族藏族自治州沙区植物保护条例》（2021 年修正）

23. 《西藏自治区生态环境保护监督管理办法》（2013 年）

24. 《西藏自治区人民政府办公厅关于健全生态保护补偿机制的实施意见》（2017 年）

25. 《西藏自治区城镇土地使用税征收管理暂行办法》（2010 年）

26. 《建设项目环境影响评价分类管理名录》（2018 年）

27. 《西藏自治区用水定额》（2017 年）

28. 《西藏自治区饮用水水源环境保护管理办法》（已失效）

29. 《西藏自治区取水许可和水资源费征收管理办法》（2008 年）

30. 《西藏自治区林地管理办法》（2018 年修正）

31. 《西藏自治区生态环境保护监督管理办法》（2013 年）

32. 《国家发展改革委办公厅关于印发西藏生态安全屏障保护与建设规划（2008-2030 年）的通知》（2008 年）

33. 《西藏自治区"十一五"时期环境保护规划》（2006 年）

34. 《西藏自治区"十二五"时期环境保护和生态建设规划》（2012 年）

35. 《西藏自治区"十三五"时期生态环境保护规划》（2018 年）

36. 《西藏自治区自然灾害救助应急预案》（2017 年修订）

37. 《西藏自治区土壤污染状况详查实施方案》（2017 年）

38. 《青海省主要污染物总量减排监测办法》（2008 年）

39. 《青海省主要污染物总量减排统计办法》（2008 年）

40. 《青海省矿山环境治理恢复保证金管理办法》（2007 年）

41. 《青海省排污许可证管理暂行规定》（2015 年）

42. 《青海省生态文明制度建设总体方案》（2014 年）

43. 《青海省农业环境保护办法》（2020 年修订）

44. 《西宁市环境噪声污染防治办法》（2011 年修正）

45. 《青海省生态环境监测技术人员持证上岗考核管理办法》（2020 年修订）

46. 《青海省重大生态工程生态监测项目管理办法》（2017 年）

47. 《青海省生态环境保护工作责任规定（试行）》（2016 年）

48. 《青海省污染源自动监控设施第三方运营管理办法》（2017 年）

49. 《青海省重点生态功能区县域生态环境质量检测与评估财政补助经费管理办法》（2015 年）

50. 《青海省木里焦煤资源开发利用与保护办法》（已失效）

51. 《西宁市机动车排气污染防治管理办法》（2015 年）

52. 《青海省环境保护"十一五"规划》（2006 年）

53. 《青海省环境保护"十二五"规划》（2011 年）

54. 《青海省环境保护"十三五"规划》（2016 年）

55. 《四川省"十一五"生态建设和环境保护规划》（2006 年）

56. 《四川省"十二五"生态建设和环境保护规划》（2011 年）

57. 《四川省"十三五"环境保护规划》（2017 年）

58. 西藏自治区人民政府 2016 年《政府工作报告》

59. 阿坝藏族羌族自治州 2016 年《政府工作报告》

60. 《2017 年西藏自治区环境状况公报》（2018 年）

61. 《甘肃省生态环境损害赔偿制度改革工作实施方案》（2018 年）

62. 《青海省生态环境损害赔偿制度改革工作实施方案》（2018 年）

63. 《四川省生态环境损害赔偿制度改革工作实施方案》（2018 年）

64. 《云南省生态环境损害赔偿制度改革实施方案》（2018 年）

65. 《西藏自治区生态环境损害赔偿制度改革工作实施方案》（2018 年）

五、国家政策类

1. 《国家国民经济和社会发展"十一五"规划纲要》（2006 年）

2. 《国家国民经济和社会发展"十二五"规划纲要》（2011 年）

3. 《国家国民经济和社会发展"十三五"规划纲要》（2016 年）

4. 《国家生态环境保护"十三五"规划》（2016 年）

5. 《国家环境保护"十五"计划》（2001 年）

6. 《国家环境保护"十一五"规划》（2007 年）

7. 《国家环境保护"十二五"规划》（2011 年）

8. 《国家"十三五"生态环境保护规划》（2016 年）

9. 《2017 年中国生态环境状况公报》（2018 年）

10. 《西藏的主权归属与人权状况》（1992 年）

11. 《西藏自治区人权事业的新进展》（1998 年）

12. 《西藏文化的发展》（2000 年）

13. 《西藏的现代化发展》（2001 年）

14. 《西藏的生态建设与环境保护》（2009 年）

15. 《西藏的民族区域自治》（2004 年）

16. 《西藏文化的保护与发展》（2008 年）

17. 《西藏民族改革 50 年》（2009 年）

18. 《西藏和平解放 60 年》（2011 年）

19. 《西藏的发展与进步》（2013 年）

20. 《西藏发展道路的历史选择》（2015 年）

21. 《民族区域自治制度在西藏的成功实践》（2015 年）

22. 《中国自然保护纲要》（1987 年）

23. 《国务院水污染防治行动计划》（2015 年）

24. 《国务院办公厅关于推进城镇人口密集区危险化学品生产企业搬迁改造的指导意见》（2017 年）

25. 《国务院办公厅关于印发第二次全国污染源普查方案的通知》（2017年）

26. 《国务院办公厅关于加快推进畜禽养殖废弃物资源化利用的意见》（2017年）

27. 《国务院关于印发"十三五"节能减排综合工作方案的通知》（2016年）

28. 《国务院办公厅关于印发湿地保护修复制度方案的通知》（2016年）

29. 《国务院办公厅关于印发控制污染物排放许可制实施方案的通知》（2016年）

30. 《清洁生产评价指标体系编制通则（试行稿）》（2013年）

31. 《关于加强农作物秸秆综合利用和禁烧工作的通知》（2013年）

32. 《再生铅行业准入条件》（2012年）

33. 《关于印发铬盐等5个行业清洁生产技术推行方案的通知》（2011年）

34. 《国家发展改革委关于印发国家东中西区域合作示范区建设总体方案的通知》（2011年）

35. 《国家发展改革委关于规范煤化工产业有序发展的通知》（2011年）

36. 《工业和信息化部关于印发镁冶炼企业准入公告管理暂行办法的通知》（2011年）

37. 《关于发布〈国家鼓励发展的重大环保技术装备目录（2011年版）〉的通告》（2011年）

38. 《国家发展改革委办公厅关于印发〈循环经济发展规划编制指南〉的通知》（2011年）

39. 《关于支持循环经济发展的投融资政策措施意见的通知》（2010年）

40. 《关于加强资源环境审计工作的意见》（2009年）

41. 《关于印发〈城镇污水处理厂污泥处理处置及污染防治技术政策（试行）〉的通知》（2009年）

42. 《关于资源综合利用及其他产品增值税政策的通知》（2008年）

43. 《关于调整环境标志产品政府采购清单的通知》（2009年）

44. 《新闻出版总署关于加强环境保护宣传教育工作的通知》（2008 年）

45. 《关于降低畜牧业生产建设项目环评咨询收费加强环评管理促进畜牧业发展的通知》（2008 年）

46. 《关于印发〈关于中央企业履行社会责任的指导意见〉的通知》（2008 年）

47. 《财政部关于印发〈城镇污水处理设施配套管网以奖代补资金管理暂行办法〉的通知》（2007 年）

48. 《关于印发〈国家环境与健康行动计划〉的通知》（2007 年）

49. 《关于印发节能减排全民行动实施方案的通知》（2007 年）

50. 《再生资源回收管理办法》（2019 年修订）

51. 《国家重点行业清洁生产技术导向目录（第三批）》（2006 年）

52. 《关于进一步加强旅游生态环境保护工作的通知》（2005 年）

53. 《关于排污费收缴有关问题的通知》（2003 年）

54. 《国务院土壤污染防治行动计划》（2016 年）

55. 《国务院关于落实科学发展观加强环境保护的决定》（2005 年）

56 《国家环境保护总局关于开展生态补偿试点工作的指导意见》（2007 年）

57. 《国务院关于加强环境保护重点工作的意见》（2011 年）

58. 《国务院关于保险业改革发展的若干意见》（2006 年）

59. 《党中央、国务院关于生态文明体制改革总体方案》（2015 年）

60. 《生态环境损害赔偿制度改革方案》（2017 年）

61. 《青藏高原区域生态环境与建设保护规划（2011—2030 年）》（2011 年）

62. 《三江源国家公园总体规划》（2018 年）

63. 《生态环境损害赔偿制度改革试点方案》（2015 年）

64. 《生态环境损害赔偿制度改革方案》（2018 年）

六、外国法律和国际条约类

1. 《美国联邦行政程序法》（1978 年修订）

2.《欧盟环境破坏责任指令》（2007 年）

3.《德国循环经济法》（2002 年修订）

4.《德国污染控制法》（1998 年修订）

5.《德国水法》（2009 年）

6.《欧盟海洋战略框架指令》（2008 年）

7.《欧盟水框架指令》（2000 年）

8.《欧盟 EUP 环保指令》（2005 年）

9.《欧盟工业排放指令》（2010 年）

10.《德国联邦污染控制法》（1998 年）

11.《欧盟空气质量框架指令》（1996 年）

12.《日本商法》（2001 年）

13.《新西兰资源管理法》（2009 年）

14.《保护臭氧层维也纳公约》（1985 年）

15.《欧盟环境破坏责任指令》（2007 年）

16.《美国清洁空气法》（1970 年）

17.《美国清洁水法法》（1972 年）

18.《关于消耗臭氧层物质的蒙特利尔议定书》（1987 年）

19.《联合国气候变化框架公约》（1997 年）

20.《〈联合国气候变化框架公约〉的京都议定书》（1997 年）

21.《控制危险废物越境转移及其处置的巴塞尔公约》（1989 年）

22.《防治倾倒废物及其他物质污染海洋的公约》（1972 年）

23.《保护世界文化和自然遗产公约》（1972 年）

24.《生物多样性公约》（1992 年）

25.《濒危野生动植物种国际贸易公约》（华盛顿公约）（1973 年）

26.《里约环境与发展宣言》（1992 年）

27.《21 世纪议程》（1992 年）

28.《关于森林问题的原则声明》（1992 年）

29.《哥本哈根协定》（2009 年）

30. 《卡塔赫纳生物安全议定书》（2000 年）

31. 《南极公约》（1959 年）

32. 《联合国防治荒漠化公约》（1994 年）

33. 《中国—东盟环保合作战略（2009—2015 年）》（2009 年）

34. 《关于持久性有机污染物的斯德哥尔摩公约》（2001 年）

35. 《世界人权宣言》（1948 年）

36. 《美国联邦登记法》（1935 年）

37. 《日本环境影响评价法》（1997 年）

38. 《日本环境基本法》（1993 年）

39. 《德国环境信息法》（2004 年）

40. 《人类环境宣言》（1972 年）

41. 《日本环境基本法》（1993 年）

42. 《单一欧洲法令》（1986 年）

43. 《欧盟第一环境行动规划（1973—1976 年）》

44. 《欧盟第二环境行动规划（1977—1981 年）》

45. 《欧盟第三环境行动规划（1982—1986 年）》

46. 《欧盟第四环境行动规划（1987—1992 年）》

47. 《欧盟第五环境行动规划（1993—2000 年）》

48. 《欧盟第六环境行动规划（2002—2012 年）》

49. 《欧盟第七环境行动规划（2014—2020 年）》

50. 《罗马条约》（1957 年）

51. 《欧洲联盟条约》（1991 年）

52. 《法国环境法典》（2007 年）

53. 《澳大利亚国家公园与野生生物法》（1974 年）

54. 《澳大利亚政府间环境协定》（1992 年）

55. 《澳大利亚清洁空气法》（1961 年）

56. 《澳大利亚清洁水法》（1970 年）

57. 《澳大利亚资源评价委员会法》（1989 年）

58.《新南尔威士州环境规划和评价法案》（1979 年）

59.《关税及贸易总协定》（1947 年）

60.《〈修正马拉喀什建立世界贸易组织协定〉议定书》（2014 年）

61.《补贴与反补贴税守则》（1979 年）

62.《国际性可航水道制度的国际公约与规约》（1921 年）

63.《关于涉及多国的水电开发公约》（1923 年）

64.《国际水道非航行使用法公约》（1997 年）

65.《跨界含水层法草案》（2008 年）

66.《国际河流利用规则》（1966 年）

67.《关于跨界地下水的汉城规则》（1986 年）

68.《关于水资源法的柏林规则》（2004 年）

致被调查者和参与访谈者的一封公开信

尊敬的被调查和参与访谈者：

青藏高原是我国最大、世界海拔最高的高原，也被称为"世界屋脊""地球第三极"，面积约为 250 万平方公里，包括我国西藏全部和青海、甘肃、四川、云南和新疆部分地区，包含 27 个地区（市、州）179 个县（市、区、行委）。青藏高原孕育了长江、黄河、澜沧江和雅鲁藏布江等大江大河，堪称"中华民族"乃至世界的水塔。这里的生态环境保护对维护国家生态安全，促进边疆稳定和民族团结，全面建成小康社会乃至世界的生态安全等具有十分重要的重要意义和深远的历史意义。

千百年来，以藏民族为主体的高原各族人民在开发高原、建设高原，发展中华民族文化和缔造祖国历史的过程中，谱写了辉煌灿烂的诗篇，创立了不朽功绩。新中国成立以后，青藏高原的各族人民在党中央和国务院的亲切关怀下，在社会发展等诸多方面取得了前所未有的成就，这些成就为世界所瞩目。

但是，由于自然地理和历史等原因，青藏高原地区经济发展相对滞后，生态环境相当脆弱，产业规模小，生产能力低下，是我国经济实力最薄弱的地区之一。随着人类活动的频繁和全球变暖等因素的影响，原本脆弱且极不稳定的高原环境承载的压力越来越大，生态环境出现恶化的趋势。植被退化、草场沙化、雪线上升、冰川退缩、水源枯竭、湖塘干涸和水土流失严重等一系列严峻问题直接威胁到我们的生存和发展。

党中央国务院高度重视青藏高原生态环境问题，2011 年 3 月，国务院就通过了《青藏高原区域生态建设与环境保护规划（2011—2030 年）》，根据不同地区的地理特征、自然条件和资源承载力，规划将青藏高原划分为生态安全保障区、城镇环境安全维护区、农牧业环境安全保障区、资源区和预留区。国家已经和将来会投入大量的人力、物力和财力不断加强青藏高原地区生态环境保护和建设工作。事实证明，我们在这方面已经取得了巨大成就，但也存在需要我们进一步解决的诸多问题。

此次调查和访谈目的就是深入田野获取第一手资料，为进一步解决青藏高原生态环境保护与建设存在的现实问题进行理论研究。感谢各位同胞的大力支持！

让我们携起手来，共同保护、守望青藏高原生态环境和我们赖以生存的精神家园！

《青藏高原生态环境保护法治化问题研究》课题组

2014 年 7 月 30 日

《青藏高原地区生态环境保护法治化问题研究》 调查问卷

（说明：本问卷调查均为单项选择题，请在被选项的字母上打上"√"）

1. 您的性别？

A. 男   B. 女

2. 您的民族？

A. 藏族   B. 蒙古族   C. 回族   D. 撒拉族

E. 土族   F. 傈僳族   G. 纳西族   H. 门巴族

I. 珞巴族   J. 怒族   K. 汉族   L. 其他

3. 您的文化程度？

A. 博士   B. 硕士   C. 大学本科   D. 大专

E. 高中   F. 初中   G. 小学   H. 文盲

I. 其他

4. 您的职业？

A. 公务员   B. 工人   C. 农民   D. 牧民

E. 学生   F. 解放军   G. 商人   H. 教师

I. 僧人   J. 其他

5. 您的年龄？

A. 20~30 岁   B. 31~40 岁   C. 41~50 岁   D. 51~60 岁

E. 61~70 岁   F. 71~80 岁   G. 81~90 岁   H. 其他

6. 您认为您生活、工作和学习的地方生态环境状况如何?

A. 很好　　B. 一般　　　C. 不好　　　D. 很差

E. 其他

7. 您对党中央提出的"五位一体(经济建设、政治建设、文化建设、社会建设和生态文明建设)"总体发展布局和将保护环境作为我国的基本国策如何看待?

A. 非常赞成和支持　　　　B. 不支持

C. 作用不大　　　　　　　D. 其他

8. 您对当地政府、司法机关、新闻媒体和其他机构进行生态环境保护宣传工作的效果怎么看?

A. 宣传效果好　　　　　　B. 宣传效果一般

C. 宣传效果较差　　　　　D. 其他

9. 您具有生态环境保护意识吗?

A. 有　　　B. 没有　　　C. 其他

10. 您对自己生活、工作和学习的地方出现环境污染生态破坏事故的态度如何?

A. 向有关部门举报　　　　B. 拍摄视频放在网上曝光

C. 与我无任何关系　　　　D. 到法院告当事人

11. 您是否愿意参加保护本地区的生态环境保护工作?

A. 愿意　　　B. 不愿意　　　C. 其他

12. 您所在地区当地政府是否将本地区的生态环境保护工作纳入政府的工作计划?

A. 已经纳入工作计划　　　B. 没有纳入工作计划

C. 不知道　　　　　　　　D. 其他

13. 您所在地区是否存在民间生态环境保护组织?

A. 有　　　B. 没有　　　C. 不知道

14. 您所在地区如果生态环境遭到污染和破坏承担责任的人是谁？

　　A. 县长和县委书记　　　B. 乡长和乡党委书记

　　C. 村长和村支书　　　　D. 省级或自治区级领导

　　E. 州长和州委书记　　　F. 污染者和破坏者

15. 您对国家实行环境保护目标责任制和考核评价制度态度如何？

　　A. 支持　　　B. 不支持　　　C. 其他

16. 您对为保护生态环境，国家实行生态移民、退耕还林、退牧还草和退田还湖政策如何看待？

　　A. 支持　　　B. 不支持　　　C. 其他

17. 就您所知道的情况，您认为国家实行生态移民、退耕还林、退牧还草和退田还湖政策中的补助政策标准如何？

　　A. 高　　　　B. 不高　　　C. 低　　　　D. 太低

18. 您认为在生态补偿机制中，谁应当进行生态补偿？

　　A. 政府　　　B. 受益者　　　C. 不知道

19. 您知道国家对您所在地区生态环境保护进行财政转移支付吗？

　　A. 知道　　　　　　　B. 不知道

20. 青藏高原地区拥有丰富的自然资源，如果国家允许进行资源开发和利用，您认为应当进行矿产资源生态补偿吗？

　　A. 应当　　　B. 不应当　　　C. 不知道

21. 您在日常生活中将生活废弃物进行分类处置吗？

　　A. 是　　　B. 不是　　　C. 不知道

22. 您对建设项目中防治污染的设施应当与主体工程同时设计、同时施工、同时投产使用怎么看？

A. 支持　　B. 不支持　　C. 不知道

23. 您认为排污企业依法向国家缴纳排污费后是否还应当承担环境责任？

A. 是　　B. 不是　　C. 不知道

24. 您对教育行政部门、学校应当将环境保护知识纳入学校教育内容，培养学生的环境保护意识如何看待？

A. 支持　　B. 不支持　　C. 不知道

25. 您知道环境污染责任保险吗？

A. 知道　　　　　　B. 不知道

26. 您知道您所在的省或自治区环境主管部门在定期发布环境状况公报吗？

A. 知道　　　　　　B. 不知道

27. 您在使用清洁能源吗？

A. 是　　B. 不是　　C. 不知道

28. 您知道关于污染和破坏环境犯罪吗？

A. 知道　　B. 不知道

29. 您在日常生活中遵守生态环境保护的规范是哪一个？

A. 法律规范　B. 道德规范　C. 宗教规范

30. 您支持将少数民族生态环境保护习惯转化为国家法吗？

A. 支持　　B. 不支持

31. 您怎样理解人与自然的关系？

A. 人和自然是一个整体　　B. 人与自然相分离

C. 人和自然没关系

32. 您如何认识经济发展和生态保护的关系？

A. 发展经济和保护生态环境同时进行

B. 发展经济比保护生态环境重要

C. 保护生态环境比发展经济重要

D. 发展经济和保护生态环境没有关系

33. 您认为生态移民是否影响当地民族关系的和谐发展？

A. 会影响　　B. 不会影响　　C. 不知道

34. 您对当地政府采取的环境治理措施了解吗？

A. 了解　　B. 不了解

35. 您认为当地污染和破坏生态环境最严重的事件是哪一个？

A. 草场退化　　　　　　B. 河流水量减少

C. 矿产资源无序开采　　D. 空气污染

36. 您知道公民、法人和其他组织对污染环境和破坏生态环境行为向有关部门举报，接受举报的机关对举报人的信息是否保密？

A. 是　　　B. 不是　　　C. 不知道

37. 您对在本地区发展旅游业的态度如何？

A. 支持　　B. 不支持　　C. 不知道

38. 您认为如何处理本地发展旅游业和生态环境保护的关系？

A. 协调发展　　　　　　B. 限制旅游业发展

C. 重点发展旅游产业

39. 您认为本地农牧业生产活动对水环境的影响程度如何？

A. 影响较大B. 影响较小　C. 无影响　　　D. 不知道

40. 您认为本地区水污染的来源最主要的是哪一个？

A. 工业污水排放　　　　B. 农牧业活动排放

C. 生活污水排放

41. 您认为目前环境对您的生活影响程度如何？

A. 严重影响 B. 比较影响　 C. 无影响　　　 D. 无所谓

42. 您最了解的环保术语是哪一个？

A. 水污染谁付费　　　　　　 B. 排放总量控制

C. 环境影响评价　　　　　　 D. 清洁生产

43. 您对当地环境保护部门管理的总体评价如何？

A. 很好　　　　　　　　　　 B. 基本满意

C. 不规范　　　　　　　　　 D. 很差

44. 藏药有很大一部分来自于青藏高原的动植物资源，您认为发展藏药会破坏生态环境吗？

A. 会　　　　　　　　　　　 B. 不会

45. 您认为生态环境保护能否帮助农牧民脱贫致富？

A. 能　　　　　　　　　　　 B. 不能

46. 您认为青藏高原地区是否存在过度开发问题？

A. 是　　　　　　　　　　　 B. 不是

47. 根据亲身体会，您认为国家在青藏高原地区生态环境保护方面是否取得了重大成就

A. 是　　　　　　　　　　　 B. 不是

48. 您支持在我国建立环境法院吗？

A. 支持　　　　　　　　　　 B. 不支持

49. 您认为青藏高原地区自然资源的权属归谁？

A. 国家　　　　　　　　　　 B. 当地居民

50. 您支持征收环境税吗？

A. 支持　　　　　　　　　　 B. 不支持

《青藏高原地区生态环境保护法治化问题研究》 访谈提纲

一、访谈目的

通过访谈，我们要充分了解青藏高原生态环境保护法治化建设中存在的主要问题，基于对访谈对象各种因素的考量，我们将无法得到更深层次的相关材料，就以访谈对象耳闻目睹、切身感受的相关材料为切入点进行访谈，这些切入点主要包括青藏高原的生态环境状况、国家对青藏高原地区生态环境的相关法律法规政策诸如生态补偿机制、税法制度、在生态环境方面的"一岗双责"制度和保护生态环境的基本国策等，使将要起草的青藏高原地区生态环境保护条例更接地气。

二、访谈方式和要求

访谈者和被访谈对象面对面进行交流，访谈者在访谈过程中必须坚持四项基本原则，坚持党的民族宗教政策，特别是习近平重要讲话精神，不利于民族团结的话不说，不利于民族团结的事不做，民族团结是我们做好访谈工作的生命线，切实维护团结平等互助和谐的社会主义新型民族关系，务必使访谈者的言行与党中央保持高度一致。

三、访谈对象

青藏高原地区的访谈对象（包括各民族干部群众）

四、提问提纲

（一）访谈开场语

您（们）好！

我（们）是国家社会科学规划办的《青藏高原生态环境保护法治化问题研究》课题组成员。我们这次访谈目的是保护青藏高原生态环境，进一步贯彻各民族"共同团结奋斗，共同繁荣发展"的战略思想，全面建成小康社会做出我们共同的贡献。耽误您（们）宝贵时间完成访谈任务，本次访谈主要通过问答方式进行，访谈内容将严格保密，请您（们）知无不言，言无不尽地真实回答每一问题，以确保我们访谈的科学性和有效性。

（二）访谈对话

第一部分：对话部分

问题：

1. 您的姓名？民族？职业？文化程度？

2. 目前，您所生活工作的地区生态环境状况如何？

3. 您所在地区当地政府为保护生态环境采取了哪些措施？（这些措施包括法律制度和政策）

4. 您对生态补偿制度如何看？

5. 您所在地区是否存在对自然资源过度开发情况？

6. 自从党中央国务院投入大量物力、人力和财力保护青藏高原生态环境，您的生活发生了哪些变化？

7. 少数民族习惯（宗教习惯）对保护生态环境有哪些作用？

8. 您所在地区的自然资源是谁的？

9. 您在党中央国务院确立的对口支援政策中得到了哪些实惠？

10. 污染和破坏环境者应当承担什么责任？

11. 您认为保护青藏高原生态环境好的办法有哪些？

12. 您认为生态环境保护宣传工作做得如何？

第二部分：访谈结束语

再次感谢您的配合，祝您吉祥如意！扎西德勒！

五、采访步骤

1. 和当地干部（村干部）密切沟通。

2. 选取访谈对象（对访谈对象要热情）。

3. 开始访谈并记录（录音，特别注重对藏语翻译老师的翻译内容进行记录和录音）。

4. 访谈评估（总结）。

六、可能遇到的问题

1. 民族宗教问题。对于这一敏感问题，访谈过程中尽量回避，若无法回避，访谈者必须坚持党的民族宗教政策并耐心地解释和宣传党的民族宗教政策。

2. 民族团结和祖国统一问题。必须坚持我国是统一的多民族的社会主义国家这一宪法原则。

3. 少数民族的风俗习惯问题。少数民族习惯大都带有强烈的宗教色彩，访谈者一定要慎重对待。

4. 对政府的态度问题。访谈者一定要做正面引导，避免或消弭消极情绪扩展宽展或蔓延。

5. 对国家的政策问题。访谈者在调研前务必做好党和国家关于少数民族地区发展和生态环境保护的方针策略，确保访谈的正确的政治方向。

七、访谈必备器材

1. 个人证件、本子、笔和必要的纸张。

2. 录音笔。

3. 访谈提纲、笔记本电脑等。

4. 感谢访谈对象的礼品。

《青藏高原生态环境保护法治化问题研究》课题组

2014 年 7 月 30 日

后　记

课题成果终于脱稿，作者的忐忑不安与诚惶诚恐仍在继续。

我有一位要好的医学博士，每每以电话方式相互问暖，他总是不厌其烦地说紧张和担心是自己的生活方式。对此我不以为然，海归之医学博士自信安在焉？使这位医学博士辗转反侧、寝食难安的是他亲自操刀被手术者的病情，他总是将"只要病人危险期一过，我就解放了"的话语重复许多遍，我在电话的这面几乎每次都能通过无线触摸到他活灵活现地娓娓道来的神情。当然，忠实的听众和观众唯有我自己。我俩谈话结束的方式非常有趣，这种方式绝对具有公因式性、通项公式性和"法的规范性"，那就是这位博士的"我还忙，保重！再见！"。

确实奇怪，现在的我与医学博士操刀手术后的心情不约而同地心照不宣地惊人地相似。

成果脱稿只能说明此课题研究告一段落，之后在什么时候什么地点发生什么事情，我不得而知，但我唯一能明智地且确切地知道的是"三不能""三艰辛"和"三欢愉"。

"三不能"之一是不能忘怀国家社会科学规划办和前辈专家们对我们的偏爱。常言说，知他人者，明也，知己者，智也。吾辈有何德何能承担课题任务？这种弥足珍贵的信任、学界向之往之的殊荣和我曾经迎接的挑战使自己不能忘怀。

之二是学界前辈和同仁们在本课题相关问题研究领域积累

了丰硕的成果，为我提供了可资借鉴的学术路径。"前人栽树，后人乘凉"，自己确实享福不少。有些学者的学术成果在本课题成果中有所引用，有些学者的观点给我们以启迪和启示却遗憾地在成果中未能体现和引注。他们扎实的基本功、高超的语言驾驭能力、缜密的逻辑思维能力和观察分析问题的睿智给课题成果所作的无私贡献使我不能忘怀。

之三是学界的"道友""所谓的惺惺惜惺惺者"、爱自己而不求回报的同乡、同学、学生乃至儿时的玩伴，特别是始终如一关心体贴不离不弃的自己的家人，他们春风化雨润物无声的爱，以及与我心有灵犀一点通的温馨使我不能忘怀。

"三艰辛"之一是田野调查艰辛。上小学时，老师讲过"中国地大物博"，地到底有多大？最远的亲戚离自家也就十几公里，老师讲的能信吗？现在我确实信了，调研长途旅行的艰辛带给我的腰疼、腿肿和饥饿强迫自己对"大"理解得心服口服。

"一天可遇四季"说起来着实令人费解。2015 年 7 月，我在黄河源头第一县——青海省果洛州玛多县，就感受到了"一天确有四季"。一会儿，艳阳高照，万里无云，太阳照在人的脸上炙热刺烫，难怪生活在那里的藏族同胞脸手的皮肤黝黑粗糙，这种热的确让人烦躁。一会儿乌云密布，偶有雷电交加，起初大风夹杂着零星雨点和沙尘肆虐地砸在人的脸上和地上，接着就是冰雹，持续时间约 20 分钟，冰雹过后，天的威力似乎减弱，雪花袅袅娜娜地似天女散花般地从天而降，地上基本见不到雪，雪落地而化。一会儿，我仰望天空，天空深邃无垠的蓝色，绝对给我以无限的遐想。很美吗？实在是美。说实话，这种美确实是自身的感受，可以说，感受对于恶劣的气候条件可能最有意义。

　　青藏高原的冬天冷得出奇。2016 年 9 月 3 日至 12 月 25 日，青海师范大学按省教育厅的安排，将 100 多名大学四年级师范专业学生派往玉树州囊谦县顶岗支教，因为主持本课题的研究工作，我主动申请前往囊谦县作一名驻县带队教师，顺便也进行调研。确如我所愿，我平生第一次也可能是最后一次上三江源头，三江源头已经成为自己人生的美好的回忆。我的食宿被安排在囊谦县第一民族中学，当时，县城的机关事业单位没有取暖设备，冬天靠牛粪和经长途运输而来的煤炭取暖。我的宿舍是靠煤炭取暖。因从小生活在陕西关中地区，我不会生炉子，只知道"人心要实，炉心要空"的道理，大道理针对我而言却解决不了小问题。待凌晨两点多钟，炉子就灭了。为何我能确切地知道这一时间呢？因为被冻醒了。从凌晨两点多到早晨七点半这一时段，我用两床被子裹着自己感觉到寒冷的躯体不时地看着表忍耐到七点半，七点半就是我的希望，因为七点半食堂开饭，我可以喝到滚烫的稀饭和吃到给自己身体提供蛋白质的煮鸡蛋。

　　更无法启齿的是，我所住的整个宿舍楼没有厕所，要上厕所就得出宿舍楼，前往离宿舍楼 20 多米的公共厕所（未进行水茅化改造）。白天倒好，晚上麻烦就来了，我就得拿上手电筒或打开手机手电筒用以照明。囊谦县城的野狗很多，白天的野狗似乎非常慵懒，但它们在晚上却格外兴奋。晚上的囊谦县城被淹没在狗吠声中，当地的藏族老师告诉我野狗们晚上都在抢夺自己的地盘，抢地盘的行动不是单个狗发动的，而是群狗与群狗的争斗。这位老师告诉我晚上最好不要出来，县城前两天就发生过野狗咬死小孩的事件。我表现得非常听话和顺从，甚至我怀疑自己的性格因此而发生变化。有天晚间上厕所，有三条野狗在厕所里，灯光照射在狗眼之上，我发现狗眼反射出的是绿光，着实令人惊恐。我同时发现，晚上的野狗根本不怕人，我倒害怕起野狗来。以后晚上每每上厕所，我最大的担心就是野狗冷不丁地从黑暗之处扑出将我咬伤，现在想起来确实是件可笑的事情。

在高原上感冒容易引发高原肺水肿，若来不及救治可能殒命高原。感冒是我首先要预防的疾病，高原的冷随时随地可能令人感冒。确保不感冒就自然成为自己的第一要务。

众所周知，青藏高原一般海拔在 3000～5000 米，我对海拔高的直接体验是，月亮、星星就像城市路灯一样，似乎跳一下就能抓住它们一样。严重缺氧是我在调研过程中不得不克服的困难。人缺氧的表现是气喘、呼吸急促、头晕、头疼和浑身软而无力，特别是晚上睡不着，天天无精打采。尽管如此，调研工作却仍然有序进行。

"三艰辛"之二是搜集研读文献之艰辛。尽管学者们对生态环境或青藏高原地区生态环境问题研究成果颇多，但大多表现为期刊论文。在青海搜集专著类文献非常困难，我只能依靠青海三大高校图书馆和省图书馆少有的资料，利用出差探亲机会前往内地高校或公共图书馆复印资料，或购买相关专著，有时，干脆就在书店里阅读文献并对其做必要的摘录。

"三艰辛"之三是撰写成果之艰辛。撰写成果是耗时费力的过程，在完成任务的几年里，我没有休息天、寒暑假、节假日之分。因为西宁夏天非常短促和久坐的原由，我感知冬天最早、夏天最晚到来，即便是 6、7 月份，更多的时候还得穿上棉衣来御寒。晚上经常熬夜的缘故，我的书房节能台灯灯管就烧坏了两个。由于频繁地被使用，一部笔记本电脑键盘被敲击失灵，最终使这部笔记本报废。

"三欢愉"之一是，我们始终认为教师有三乐，一乐自己有成果，二乐学生有成果，三乐学生超过自己。自己有成果当然欢愉。之二是给自己的教学科研生涯有所交待，使自己更加安然自在。之三是青藏高原鬼斧神工的油画般的大美景色和经历艰辛之后的幸福感和满足感一定会在我的人生中留下美好悦己的回忆。

本成果为国家社会科学基金一般项目（批准号：13BFX132，结项证书号：20192082）。

本成果各章分工如下：绪论、第一章、第二章第一、二节由孙璐执笔完成，第二章第三、四节、第三章由吴秀兰执笔完成，第四章由孙崇凯执笔完成。最终成果由孙崇凯统稿、定稿。

最后，向本成果的评审专家、向高原科学与可持续发展研究院的领导和同仁、向为本书出版付出辛勤劳动的中国政法大学出版社的领导和编辑冯琰老师表示最诚挚的谢意！

我们已尽其最大努力完成写作任务，由于能力之不逮，以及资料和诸多因素之拘囿，课题成果难免存有不足之处，恳请各位专家、前辈和同仁们不吝赐教，提出珍贵意见。

作　者

2020 年 6 月 14 日于古城西宁